Über den Autor

Klaus Douglass war nach dem Studium von Theologie und Philosophie viele Jahre Gemeindepfarrer in Niederhöchstadt. Heute arbeitet er als Theologischer Referent seiner Landeskirche im Zentrum Verkündigung in Frankfurt am Main. Er ist Autor mehrerer erfolgreicher Bücher und bekannt durch eine rege Seminartätigkeit in Deutschland, Österreich, Ungarn und der Schweiz. Seit vielen Jahren ist er darüber hinaus auch außerhalb der Kirche als Persönlichkeitstrainer tätig.

Klaus Douglass

Beten –
ein Selbstversuch

adeo

FSC
www.fsc.org
MIX
Papier aus verantwortungsvollen Quellen
FSC® C014496

Verlagsgruppe Random House FSC-DEU-0100
Das für dieses Buch verwendete FSC®-zertifizierte Papier *EOS* liefert Salzer, St. Pölten.

Die Bibelzitate wurden der Luther-Übersetzung entnommen.
Revidierte Fassung von 1984.
Durchgesehene Ausgabe in neuer Rechtschreibung.

1. Auflage 2011
Bestell-Nr. 814 252
ISBN 978-3-942208-52-9

Umschlaggestaltung und Illustrationen: gobasil GmbH, Hamburg
Satz: Die Feder GmbH, Wetzlar
Druck und Verarbeitung: GGP Media GmbH, Pößneck
Printed in Germany

Gott ist immer da – davon bin ich überzeugt.
Uns fehlt nur oft das nötige Handwerkszeug,
um uns für seine Gegenwart zu öffnen.

Inhalt

Vorwort

Vor ein paar Jahren habe ich einmal die **These** aufgestellt, es gäbe fünfzig Weisen zu beten. Langweilig sei Beten nur dann, wenn man (wie die meisten Menschen hierzulande) davon nur eine Handvoll kenne. – Ich und meine große Klappe! Doch scheinbar habe ich mit meiner Aussage einen Nerv getroffen, denn auf kaum einen Satz wurde ich in den vergangenen Jahren so oft und so interessiert angesprochen wie auf diesen. Vielen geht es scheinbar ähnlich wie mir: Sie glauben an Gott, empfinden aber, wenn sie ehrlich sind, das Gebet oft als eine ziemlich mühsame und eintönige Angelegenheit. Kein Wunder: Es ist ja auch nicht ganz einfach, sich mit einem Wesen zu unterhalten, das man weder sehen noch hören, noch anfassen kann.

Immer wieder bin ich darum gefragt worden: „Wie sehen denn diese fünfzig Weisen aus?" Hier und dort bin ich sogar eingeladen worden, Vorträge über dieses Thema zu halten. Ausgerechnet ich! Es gibt sicherlich einige Themen, zu denen ich Sinnvolles beitragen kann, doch „Beten" gehörte bislang nicht dazu. Also habe ich die Leute oft hingehalten und geantwortet, ich würde über diese Frage irgendwann mal ein Buch schreiben. Und in der Zwischenzeit habe ich klammheimlich Weisen zu beten gesammelt.

Über zehn Jahre sind seither vergangen und ich löse hiermit mein Versprechen ein. Endlich. Allerdings hatte ich ursprünglich vor, eine Art **„Rezeptbuch"** zu schreiben: „Man nehme diese und jene Zutat, gieße alles fröhlich ineinander, rühre das Ganze kräftig um, und fertig ist das Gotteserlebnis."

So funktioniert das aber nicht. Denn das Heilige lässt sich nicht mithilfe von Methoden einfangen. Als ich begann, mich ernsthaft mit diesem Projekt zu beschäftigen, wurde mir schnell klar, dass ich die fünfzig Arten des Gebets selbst erproben, das heißt einen **Selbstversuch** durchführen muss, wenn ich authentisch darüber schreiben will. Ich merkte aber auch, dass das, was ich dabei erlebte, höchst individuell war. Und dass ein Leser oder eine Leserin, wenn sie genau die gleichen Übungen machen würden wie ich, dabei möglicherweise völlig andere Erfahrungen sammeln würden.

So kam ich auf den Gedanken, eben kein „religiöses Kochbuch" zu veröffentlichen, sondern meinen Selbstversuch tagebuchartig zu dokumentieren und Sie an meinen Erfahrungen teilhaben zu lassen. Was ich dabei erlebte, war für mich teilweise wirklich bewegend. Anderes wiederum erschien mir eher kurios und wunderlich. Manches wirkte – wie Sie schnell merken werden – auf mich auch einfach nur skurril und komisch.

Nun! Ich kann die kritischen **Einwände** gegen ein solches Vorgehen schon ahnen: „So ein ‚Schnupperkurs in Sachen Gebet' ist bereits von seinem Ansatz her total oberflächlich und die Darstellung der einzelnen Gebetsformen alles andere als objektiv. Außerdem ist der lockere Ton eines solchen Buches dem ernsthaften Thema doch eher unangemessen."

Stimmt. Dem allen kann ich nur beipflichten. Wenn Sie eine hochtheologische und zugleich tiefgehende, eine objektive und garantiert humorfreie Darstellung des Themas „Gebet" suchen, sollten Sie unbedingt auf andere Bücher zurückgreifen. Davon gibt es schließlich eine ganze Menge. Einige davon würde ich Ihnen sogar ausdrücklich empfehlen. Lesen Sie die. Meistens beschäftigen sich solche Publikationen nur mit einer oder mit ganz wenigen Gebetsformen und behandeln diese mit der notwendigen Sachlichkeit und Tiefe. Und das ist auch gut so.

Dieses Buch hier ist ein wenig anders. Klar: Ein Selbstversuch ist schließlich schon vom Ansatz her etwas höchst Subjektives. Und da ich fünfzig Tage lang jeweils eine andere Gebetsart ausprobiert habe, ist der Vorwurf, nichts davon „richtig" gemacht zu haben, durchaus naheliegend. Wenn Sie es **„richtig" machen** wollen, müssen Sie eine Gebetsform oft monate-, ja, mitunter sogar jahrelang einüben. Erst dann können Sie wirklich etwas Qualifiziertes darüber sagen. Andererseits ist das Leben kurz. Ich hätte meine These von den 50 Weisen nie belegen können, wenn ich jede Gebetsart erst mal jahrelang ausprobiert hätte. Wenn Sie also zu den Vertretern der „Eine-Gebetsweise-pro-Jahr-genügt"-Theorie gehören: Bitte schön! Vielleicht kann dieses Buch Ihnen trotzdem helfen, sich einen Überblick darüber zu verschaffen, mit welcher Übung Sie den Anfang machen oder mal etwas Neues ausprobieren wollen.

Allerdings: So ganz kann ich die Theorie, dass wir uns auf wenige Arten des Betens beschränken sollen, nicht teilen. Es ist völlig normal, wenn wir unsere individuellen Favoriten und Schwerpunkte entwickeln. Aber schon unter uns Menschen ist „Kommunikation" ein unglaublich buntes, vielschichtiges Geschehen. Wir beschränken uns eben nicht auf zwei oder drei Ausdrucksmöglichkeiten, sondern funken sozusagen auf allen Kanälen: Wir reden, schreiben, singen, simsen, schimpfen, winken, lachen, weinen, umarmen einander usw. Je breiter die Palette der von uns genutzten Kommunikationswege ist, desto mehr erfahren wir voneinander und desto lebendiger ist unser Gespräch. Und umgekehrt: Je eingleisiger unsere Kommunikation verläuft, desto langweiliger und eintöniger wird sie. Ich behaupte: Ähnliches gilt auch für unser Gebet, denn Beten ist nichts anderes als **Kommunikation mit Gott.** Je breiter die Palette der Ausdrucksmöglichkeiten ist, derer wir uns dabei bedienen, desto lebendiger und interessanter wird dieses Gespräch. Ständige Gleichförmigkeit ist auch hier der Killer jeder lebendigen Kommunikation und endet in dem – wenn auch häufig unausgesprochenen – Gebet: „Lieber Gott, dasselbe wie gestern, Amen."

Der Philosoph und Psychotherapeut Paul Watzlawick hat einmal gesagt: **„Wer als Werkzeug nur einen Hammer hat, sieht in jedem Problem einen Nagel."** Ähnlich geht es jemandem, der nur ein oder zwei Weisen zu beten kennt. Ich erinnere mich, dass ich als Kind von meiner Mutter zwei Gutenachtgebete gelernt habe, mit denen ich viele Jahre versuchte, allen Situationen meines Lebens zu begegnen. Wenn „Müde bin ich, geh zur Ruh'" nicht passte (was bei einem lebhaften kleinen Bengel wie mir meistens der Fall war), dann betete ich eben: „Lieber Gott, mach mich fromm, dass ich in den Himmel komm." Schon damals war mir bewusst, dass dieses Instrumentarium ziemlich begrenzt war, weil es eine Vielzahl von Lebenslagen nicht wirklich abdeckte. Aber ich kannte nur diese beiden Gebete, und dass man Gott mit freier Rede ansprechen darf, lernte ich erst später. Allein diese eine neue Gebetsform eröffnete mir damals einen weiten Horizont. Vielleicht ahnen Sie, wie es mir jetzt ergeht, wo ich dieses Buch fertig habe.

Vielleicht fragen Sie sich auch: „Wie kommt dieser Typ eigentlich auf **die Zahl 50?** Vielleicht gibt es ja auch 96 oder 333 oder sogar unendlich viele Weisen zu beten." Und damit haben Sie völlig recht. Anfangs habe ich diese Zahl einfach mal provokativ in den Raum gestellt. Dann habe ich angefangen zu sammeln und bin im Laufe meiner Recherchen zu diesem Buch auf weit über hundert Weisen des Betens gekommen. Sie finden sie im Anhang aufgelistet. Und sicherlich sind es in der Tat noch sehr viel mehr.

Ich habe es bei meiner Ausgangsthese belassen und fünfzig dieser Formen im Rahmen meines Selbstversuchs ausprobiert. Dabei habe ich alle Grundgebetsarten berücksichtigt und darüber hinaus versucht, eine möglichst bunte Mischung von Gebetsweisen zu finden, die ich – ganz subjektiv – als inspirierend und horizonterweiternd empfand und von denen ich mir neue, ungeahnte Zugänge zu Gott erhofft habe.

Wobei ich manchmal gefragt wurde: „Ja, sind denn die Gebetsformen, die Sie da aufführen, alle **christlich?**" Ich verstehe diese Frage und finde sie doch irreführend. Denn ob unser Beten christlich ist oder nicht, entscheidet sich meiner Meinung nach nicht so sehr an der äußeren Form, sondern daran, an wen wir uns mit unserem Gebet wenden. Moslems knien vor ihrem Gott nieder, Juden erheben die Arme zum Himmel und Buddhisten meditieren – sollten Christen das deswegen nicht tun? Zweifellos gibt es Gebetsformen, die dem Wesen des Christentums widersprechen: Menschen- und Tieropfer zum Beispiel. Aber das ist viel seltener der Fall, als wir manchmal meinen. Im Großen und Ganzen empfehle ich, mit dieser Frage gelassen umzugehen und nicht so viele Berührungsängste zu haben.

Viel wichtiger als die Unterscheidung zwischen christlichen und möglicherweise unchristlichen Gebetsformen ist für mich die Frage, ob die jeweilige Weise des Betens zu uns **„passt"** oder nicht. Jeder von uns kommuniziert anders; das gilt auch für unser Gebet. Wenn eine bestimmte Art des Betens unsere Beziehung zu Gott vertieft, ist sie auch gut für uns. Und wenn das nicht der Fall ist, ist es unerheblich, ob vielleicht Tausende andere diese Art des Gebets mit Gewinn praktizieren. Für uns ist sie dann offensichtlich ungeeignet. Der Punkt ist: Es gibt keine Gebetsform, die für alle Menschen und in allen Lebenssituationen gleichermaßen geeignet und angebracht wäre. Ein trauriger Mensch muss nicht danken, ein glücklicher Mensch braucht nicht zu klagen, ein unmusikalischer Mensch muss nicht singen und ein ADHSler sollte sich nicht mit Stille-Übungen plagen. Was für den einen gut ist, ist es nicht zwangsläufig auch für den anderen. Vielmehr muss jeder Mensch seine ganz eigene Weise finden, mit Gott zu kommunizieren. Dass Sie eine Idee von der Vielfalt der Gebetsformen bekommen und dabei hoffentlich eine oder mehrere zu Ihnen passende Weisen finden, ist mein persönlicher Wunsch für dieses Buch.

Da es mir zuallererst um eine Entdeckungsreise in die Wunderwelt des Betens geht, bitte ich Sie auch, die von mir am Ende jedes Kapitels gegebenen **Noten** nicht als abschließende Bewertung einer Gebetsform zu verstehen. Sie sind nicht objektiv, sondern so etwas wie mein ganz persönlicher „spiritueller Fingerabdruck". Es ist nur normal, wenn der bei Ihnen völlig anders aussieht als bei mir. Ich fand es allerdings wichtig, mich im Rahmen meines Selbstversuchs zu positionieren und nicht einfach feige der Stimme zu enthalten. Kann sein, dass ich damit einigen auf die Füße trete, aber das ist nicht meine Absicht. Mir geht es vielmehr erstmal darum, meine eigenen Gefühle auf die Reihe zu bekommen. Doch auch Sie haben etwas von meinen Noten: Denn dadurch bringe ich Sie dazu, sich ebenfalls zu positionieren, und das ist auf alle Fälle positiv. Es holt Sie aus der reinen Leserrolle heraus. Sei es, dass eine gute Note Sie reizt, diese Gebetsform auch mal auszuprobieren, oder dass eine von mir gegebene schlechte Note Sie provoziert, sich Ihr eigenes Bild zu machen.

Eine Bemerkung noch zur Frage des **Humors.** Bei jedem von uns verläuft die persönliche Humorgrenze etwas anders. Ich versuche – und zwar durchaus als Bestandteil meiner Spiritualität! –, mich selbst, das Leben und auch religiöse Fragen zwar ernst, aber nicht allzu schwer zu nehmen. Darum kann ich fast allem eine humorvolle Perspektive abgewinnen. Ich weiß: Das geht nicht jedem so. Darum ist der Vorwurf, ich behandle die Dinge nicht mit dem nötigen Respekt, geradezu unvermeidbar. In meinen Augen aber verbindet sich das Heilige mit Lachen, Leichtigkeit und vor allem mit einem gesunden Schuss Selbstironie in viel besserer Weise als mit verbissenem Ernst. Wobei keineswegs jedes Kapitel ein Schenkelklopfer ist. Keine Sorge. Darum geht es auch nicht. Manche Übungen haben mich tief erschüttert, andere eine Vielzahl von Fragen aufgeworfen – und an die erwähnte Leichtigkeit musste ich mich im Lauf meines Selbstversuchs erst langsam herantasten. In jedes Kapitel habe ich deshalb auch versucht, reflektierende Gedanken einzubauen, schon allein, um meine Wissbegierde zu stillen, aber auch, damit das Buch nicht im Subjektiven verflacht.

Ich hatte das Glück, dass ich im Sommer 2010 vor Antritt einer neuen Stelle einen dreimonatigen **Studienurlaub** absolvieren konnte. In dieser Zeit habe ich den Großteil meiner Übungen gemacht und dokumentiert. Den Rest habe ich im Jahr darauf ergänzt. Dabei war es mir wichtig, eine möglichst bunte Mischung zu finden. Natürlich sind „die üblichen Verdächtigen" dabei, also Bitte, Lob, Dank usw. Aber in diesem Buch finden Sie auch recht exotische Versuche. Ich habe in einer alten Klosterkirche übernachtet (na ja, nicht ganz), in Zungen geredet, gefastet, eine Ikone gemalt, die 99 Namen Allahs gebetet, an einem

Zen-Kurs teilgenommen, den Sabbat geheiligt, gesungen und getanzt, einen virtuellen Andachtsraum besucht, Gott ein Rauchopfer gebracht, bin auf den Sinai gepilgert und vieles andere mehr.

Bei alledem habe ich eine Menge Spaß gehabt, viel gelernt und vor allem den Eindruck gewonnen, „empfänglicher" für die Gegenwart Gottes in meinem Leben geworden zu sein. Und das ist es, was Gebet letztlich bewirken soll: uns in Berührung mit Gott bringen. Das **Ziel dieses Buches** ist, Sie an der Fülle dessen teilhaben zu lassen, was Gebet sein kann. Dabei ist es nicht nötig, dass Sie es von Anfang bis Ende lesen. Sie können sich gezielt irgendwelche Kapitel heraussuchen. Nebenbei: Ich nehme den Vorwurf der Oberflächlichkeit gerne in Kauf, wenn Ihre Gottesbeziehung beim Lesen dieses Buches an Tiefe gewinnt. Wenn Sie am Schluss zu völlig anderen Ergebnissen kommen als ich, aber neu Lust verspüren, selbst wieder mehr und vor allem „bunter" zu beten, hat sich mein Buch auf jeden Fall gelohnt.

Ich wünsche Ihnen eine ebenso inspirierende wie vergnügliche Lektüre!

Eltville am Rhein, im Sommer 2011

Klaus Douglass

Der Herr ist mein Hirte
mir wird nichts mangeln
er weidet mich auf einer grünen Aue und führet mich zum frischen Wasser.
ER ERQUICKET MEINE SEELE;
er führet mich auf rechter Straße um seines Namens willen.
Und ob ich schon wanderte im finsteren Tal fürchte ich kein Unglück;
denn du bist bei mir, dein Stecken und dein Stab trösten mich.
Du bereitest vor mir einen Tisch im Angesicht meiner Feinde.
Du salbest mein Haupt mit Öl und schenkest mir voll ein.
Gutes und Barmherzigkeit werden mir folgen mein Leben lang
Denn ich werde BLEIBEN im Hause des Herrn immerdar.
Psalm 23

Tag 1: Zusammen auf dem Weg

Beten bei einer Prozession

Heute geht es also los – und ich bin sehr gespannt! Eine geistliche Reise von fünfzig Tagen liegt vor mir, und ich erwarte nichts Geringeres, als Gott zu begegnen. Wow! Wobei ich zugleich ahne, dass das nur auf dem Umweg über mich selbst geht. Sprich: Wenn ich mit Gott in Berührung kommen möchte, werde ich erst mal auf mich selbst treffen: auf meine Wünsche, Sehnsüchte und Träume. Auf meine Ideale, Stärken und Begabungen. Und leider auch auf meine Vorurteile, Ängste und Unzulänglichkeiten. Es gibt nämlich keinen Weg zu Gott an der Wahrheit unseres Lebens vorbei. Vielleicht habe ich mir deshalb mit meinem Selbstversuch so viel Zeit gelassen. Nicht, weil ich die Begegnung mit Gott, sondern die mit mir selbst scheue.

Verstehen Sie mich nicht falsch: Ich komme ganz gut mit mir zurecht. Meistens jedenfalls. Vielleicht, weil ich im Lauf der Jahre ein gewisses Bild von mir aufgebaut habe, mit dem ich recht gut leben kann. Eine Art Arbeitshypothese, die ich nicht groß hinterfrage. „Never change a running system – verändere nie ein funktionierendes System", heißt es in der Computerbranche. Denn wer allzu sehr daran schraubt und herumbessert, dem kann es passieren, dass ihm das ganze System abstürzt. Und fünfzig Tage auf verschiedene Weisen zu beten bedeutet, tief in das eigene „Betriebssystem" einzugreifen. Sich selbst auszuloten, neue Möglichkeiten zu entdecken, Grenzen zu überschreiten.

Eigentlich ist es genau das, worum es beim Christsein geht: immer wieder neu aufbrechen, sich nicht festsetzen, auf dem Weg bleiben. Einer meiner theologischen Lehrer pflegte zu sagen: „Das Wichtigste am Glauben sind die Füße." Dieses Wort hat sich mir tief ins Bewusstsein gebrannt, gerade weil es so ungewöhnlich klingt. Ist Glaube nicht eine Herzenssache? Oder auch eine Angelegenheit des Kopfes: eine bestimmte Weise, die Dinge zu sehen? Ja! Und dann ist Glaube natürlich auch eine Sache zupackender Hände: eben nicht nur Gesinnung und Theorie, sondern hoffentlich lebendige, tätige Praxis. So dachte ich jedenfalls immer. Und dann kam dieser Mann und sagte: „Das Wichtigste am Glauben sind die Füße." Ich vermute, dass ich nicht der Einzige war, der über diesen Satz unmerklich den Kopf schüttelte. Doch einmal auf diese Spur gebracht, entdeckte ich, wie viele Weg-Geschichten in der Bibel erzählt werden, angefangen von Abraham und Mose bis hin zu dem Wanderprediger Jesus und den Reisen der Apostel. Jesus berief seine Jüngerinnen und Jünger mit den Worten „Folge mir nach". Wussten Sie, dass sich die ersten Christen der Bibel zufolge nicht „Christen" nannten, sondern „Menschen des Weges"? Für sie war Christsein kein fester Standpunkt, sondern so etwas wie eine Straße, auf der sie sich miteinander vorantasteten. Wahrscheinlich wäre im Lauf der Kirchengeschichte viel Schaden vermieden worden, wenn Christinnen und Christen dies beherzigt hätten, statt sich und anderen einzureden, sie wären bereits angekommen.

Also: Wenn „Unterwegs-Sein" zum Kern des christlichen Glaubens gehört, wird es höchste Zeit, dass ich mich mal wieder auf den Weg mache. Hoffentlich habe ich mir da nicht zu viel vorgenommen. Ein bisschen mulmig ist mir schon. Egal. Jetzt will ich es wissen. Ich will diesem Gott ganz neu auf die Spur kommen.

Eigentlich wollte ich meinen Selbstversuch eher ruhig angehen lassen. Doch auf dem Kalender steht heute „Fronleichnam", und auch wenn es mir etwas schnell geht, nehme ich diesen besonderen Event natürlich mit. Und irgendwo passt es auch. Denn an diesem Tag begehen katholische Christen eine feierliche Prozession – einen religiösen Umzug. Ich bin zwar nicht katholisch, aber was könnte angemessener sein, als meine spirituelle Reise mit einer kleinen Wanderung zu beginnen, die unter einem großen religiösen Thema steht? So bleibt das Sich-auf-den Weg-Machen nicht nur ein Prozess, der sich in meinem Kopf abspielt, nein, ich spüre es am eigenen Leibe, was es bedeutet, den eigenen Standpunkt und die eigene Sicherheitszone, innerhalb derer ich mich eingerichtet habe, zu verlassen und mich aufzumachen zu neuen Ufern. Das Wichtigste am Glauben sind die Füße.

Ich muss gestehen, dass ich noch nie an einer Fronleichnamsprozession teilgenommen habe. Dieser wohl katholischste aller Feiertage ist mir innerlich eher fremd. Der Begriff „Fronleichnam" hat, nebenbei erwähnt, nichts mit einem „frohen Leichnam" zu tun, sondern leitet sich von dem mittelhochdeutschen *vrône lîcham* – „des Herren Leib" – ab. Im Englischen und anderen Sprachen trägt das Fest den Namen „Corpus Christi". An diesem Tag dreht sich alles um eine geweihte Abendmahlsoblate, die in einer feierlichen Prozession durch die Straßen getragen wird. Die Gläubigen sind fest davon überzeugt, dass es sich hierbei um den Leib des gekreuzigten Christus handelt. Ich gestehe,

dass ich mit dieser doch sehr gegenständlichen Vorstellung etwas Mühe habe. Aber das soll jetzt nicht mein Thema sein. Dem „Abendmahl" als Gebetserfahrung widme ich später ein eigenes Kapitel. Mir geht es heute vor allem um die Prozession, um das Unterwegssein, um meine geistliche Reise.
Ich habe in den letzten Tagen im Internet recherchiert, wo in der Nähe Fronleichnamsfeiern angeboten werden, und mich für diejenige auf dem Frankfurter Römerberg entschieden. Das wird wohl die größte. Und „groß" ist auf alle Fälle schon mal vielversprechend, oder? Tatsächlich: Scheinbar ist das gesamte katholische Frankfurt unterwegs, denn mehrere Tausend Gläubige haben sich an diesem frühsommerlichen Morgen versammelt. Die Kulisse ist hochfeierlich: Trompeten, Fahnen und Uniformen, wohin das Auge blickt. Mitten auf dem Platz befindet sich eine geschmückte Bühne, umgeben von rund einem Dutzend Priestern, bunt gewandeten Ordensleuten und später auch Kindern. Im Mittelpunkt der Aufmerksamkeit steht – von prächtigen Blumengestecken umrahmt – der sogenannte „Himmel", ein mit edlem Stoff bezogener Baldachin. Er beschirmt ein etwa 20 Zentimeter hohes Goldkreuz mit Sichtfenster – „Monstranz" genannt –, in der sich die bereits erwähnte Oblate befindet beziehungsweise nach katholischer Vorstellung eben der Leib Christi. Die Sonne scheint und es ist ein echtes Fest für die Sinne. Ich tauche ein in viele bunte Farben, eine Band spielt Sakro-Pop und das Ganze hat viel Bewegung. Der Gottesdienst ist kurzweilig und erstaunlich locker. Ist das gleich die erste sakrale Neuentdeckung für mich?

Denke ich. Doch dann beginnt die Prozession. Der diensttuende Weihbischof und eine Gruppe von Priestern laufen mit der Monstranz unter dem „Himmel" voran und etwa 3.000 Gläubige folgen ihnen auf dem gut anderthalb Kilometer langen Rundweg zum Frankfurter Dom. Seltsam: Sosehr ich mir auch vor Augen halte, dass ich hier gemeinsam mit anderen Gläubigen das Unterwegssein praktiziere, meine „spirituellen Sensoren" wollen sich einfach nicht auf Empfang stellen. Vielmehr ertappe ich mich dabei, wie mein Blick an einem Brezelstand am Straßenrand heften bleibt. Schlagartig fällt mir ein, dass ich nichts gefrühstückt habe, weil ich sonst meine S-Bahn verpasst hätte. Wie kommt so ein Stand eigentlich hierher? Und: Ob es wohl sehr auffallen würde, wenn ich den Zug kurz verließe, um mir eine dieser schrecklich lecker duftenden Laugenteile zu holen? Ich stelle mir nur vor, wie ich die Straßenseite wechsle, um mir eine Brezel zu kaufen, und plötzlich bleiben alle stehen und gucken mich groß an: „Das ist aber das falsche Brot, dem du folgst, Bruder!"

Auf einmal schallt uns von einer Seitenstraße ein Mordsgegröle entgegen: Sprechchöre, Tröten, Trillerpfeifen. Das irritiert mich vollends in meiner Andacht, mit der ich ohnehin Mühe habe. Sind es Rechtsradikale? Globalisierungsgegner? Protestiert der Atheistenbund? Aber es handelt sich nur um Schlachtenbummler, denn heute Abend findet in Frankfurt ein Fußball-Länderspiel statt. Es sind nicht sonderlich viele Fans, aber dafür machen sie ein ziemliches Spektakel. Es ist irgendwo witzig: Fahnen hier, Fahnen dort. Die einen grölen: „Deutschland!" (schrecklich falsch). Die anderen singen: „Wenn das Brot, das wir teilen, als Rose erblüht" (ziemlich falsch). Die skurrile Begegnung währt nur kurz, da trollen sich die Fans (die anderen) und verkrümeln sich in irgendwelche Seitengassen. Sie folgen dem Ball, wir der Oblate.

Doch auch nach diesem Zwischenfall gelingt es mir irgendwie nicht, mich in das Geschehen einzuklinken. Ich fühle mich einfach nicht wohl. Vielleicht liegt es daran, dass ich Umzüge und Aufmärsche nicht sonderlich mag, egal, in welcher Form. Es hat mich nie gereizt, bei so etwas länger zuzuschauen, geschweige denn mitzumachen. Und ich merke, dass ich auch heute eher die Position eines Zuschauers einnehme, als mich wirklich in das Geschehen zu integrieren. Allerdings spüre ich, dass sich mein Unbehagen nicht ganz so einfach auf den Punkt bringen lässt. Während ich neben den anderen hertrotte und überlege, was mich stört, komme ich nach und nach darauf: Es ist nicht so sehr nur das äußere Drum und Dran der Prozession mit ihren Fahnen, Farben und Symbolen, das mir fremd ist. Es sind die vielen Menschen. Ich suche nach Gott – und es fällt mir sehr viel leichter, mich auf diese Suche zu konzentrieren, wenn ich allein bin.

Im Verlauf der gut halbstündigen Route ertappe ich mich dabei, dass ich mal vorne, mal hinten, mal links und mal rechts an dem Zug entlanglaufe. Erst will ich mir die vom Weihbischof durch die Straßen getragene Monstranz näher anschauen, dann nehme ich Abstand von einer Gruppe leicht euphorisierter Gläubiger, die ausgesprochen laut und demonstrativ singt. Während ich so mit der Menschenmenge weiterlaufe und dabei klammheimlich nach einem weiteren Brezelstand Ausschau halte, merke ich mehr und mehr: Ich bin einfach kein Herdentier. Im Grunde ist das auch völlig okay. Es ist eine Frage der Persönlichkeitsstruktur. Ich bin ein eher introvertierter Mensch, der seine „inneren Batterien“ lieber dadurch auflädt, dass er sich von Menschen fernhält, als dass er mit anderen zusammen ist.

Das ist an sich nichts Schlimmes, aber Menschen wie ich müssen aufpassen, dass sie sich nicht allzu sehr von anderen abkapseln. Wie sagt Dietrich Bonhoeffer: „Wer nicht allein sein kann, der hüte sich vor der Gemeinschaft. Und wer nicht in der Gemeinschaft steht, der hüte sich vor dem Alleinsein.“ Ersteres ist für mich kein Problem. Letzteres ist für mich die Herausforderung schlechthin – auch auf spirituellem Gebiet. Denn anders als beispielsweise die fernöstlichen Religionen ist das Christentum auf Gemeinschaft angelegt. Es geht nicht nur um das Verhältnis zwischen mir und Gott. Wenn ich versuche, nur für mich selbst Christ zu sein, werden mir wesentliche Aspekte des christlichen Glaubens letztlich verschlossen bleiben. Das Gebet, das Jesus uns gelehrt hat, heißt mit gutem Grund „Vater unser“ und nicht „Vater mein“. Glaube, so wie er ihn verstand und vermittelte, ist zwar eine sehr persönliche, aber eben keine private Angelegenheit.

Und doch will es mir heute einfach nicht gelingen, mich auf die vielen Leute wirklich einzulassen. Im Lauf der gut zweieinhalb Stunden, die ich an diesem Vormittag in Frankfurt verbringe, gibt es für mich persönlich nur einen einzigen spürbaren spirituellen Moment: Im Frankfurter Dom findet nämlich das große Finale statt. Während ich zusammen mit Tausenden von Pilgern dieses gewaltige Gotteshaus betrete, umtost mich ein Orgelspiel, das mich wirklich umhaut. Es ist der absolute Hammer, was der Organist da bringt! (Und das sage ich als jemand, der diese Art von Musik überhaupt nicht mag.) Vielleicht liegt es ja daran, dass ich nichts im Magen habe, aber mir wird fast schwindlig, als ich in diesem lichtdurchfluteten gigantischen Dom unter Tausenden von Gläubigen dieses grandios brausende Orgelstück höre. Es geht mir durch und durch. So sehr, dass ich glatt verpasse, wie uns der Weihbischof mit der erhobenen Monstranz segnet.

Und dann ist plötzlich alles vorbei. Tausende Menschen strömen nach draußen und in alle Himmelsrichtungen davon. Während ich herzhaft in meine frisch erworbene Brezel beiße, überlege ich, welchen geistlichen Nährwert meine heutige Erfahrung hatte. Beim besten Willen kann ich nicht behaupten, dass ich in irgendeiner Weise Gott begegnet wäre. Stattdessen stieß ich ständig auf mich selbst: auf meine inneren Blockaden, Beschränkungen und Grenzen. Was genau genommen nichts über diese Art des Betens, sondern nur etwas darüber aussagt, dass sie bei mir eben nicht „anschlug“. Doch nur weil ich nichts mit diesem Event anfangen konnte, war er doch – den Gesichtern der Menschen um mich herum nach zu urteilen – für andere eine durchaus hilfreiche Veranstaltung. Jedenfalls schienen viele Leute um mich herum etwas zu erleben, das mir leider verschlossen blieb. Aber das ist ja die Grundthese dieses Buches: Gebetsformen, die für die einen gut sind, müssen dies nicht unbedingt für die andern sein.

Hat mich mein heutiges Gebetserlebnis also weitergebracht? Oberflächlich gesehen, nein. Ich bin mir nicht mal sicher, ob es für mich überhaupt „Gebet“ war. Aber ich habe etwas Wichtiges erkannt: Menschenmengen irritieren mich mehr, als dass sie meine Spiritualität fördern. Darum werde ich im Verlauf meines Selbstversuchs überwiegend Gebetsformen ausprobieren, die ich als Individuum praktizieren kann. Aber ich werde trotzdem auch das Gebet mit anderen suchen. Denn ich spüre, dass ich ganz bestimmte Erfahrungen mit Gott nicht allein, sondern nur in Gemeinschaft machen kann. Die Prozession war ganz sicherlich nicht „meins“ und wird es wohl auch nie werden. Aber es gibt ja noch andere Weisen, zusammen zu beten. Davon werde ich einige ausprobieren. Und darauf hoffen, dass sich wenigstens hier und dort eine Tür öffnet, hinter der mir Gott begegnet. Ich habe ja noch 49 Tage Zeit.

Portfolio

Name:	**Prozession**
Definition:	Religiöses Ritual, bei dem eine Menschengruppe einen nach bestimmten Regeln geordneten feierlichen Aufzug, meist zu Fuß, vollzieht.
Kategorie:	Gemeinschaftliches Gebet; Beten mit Leib und Seele; tätiges Gebet (Bekenntnis)
Verwandte Formen: ..	Abendmahl; Pilgerweg; Gebetsspaziergang; Jesus-Marsch; Stationenweg
Auf drei gezählt:	Eine Prozession kann man nicht für sich alleine durchführen. Also: 1. Gucken, wo und wann so etwas angeboten wird. 2. Hingehen. 3. Mitmachen und schauen, was passiert. (Und vorher was essen!)
Zeitaufwand:	Unterschiedlich; hier: ca. 2 ½ Stunden
Benötigte Hilfsmittel:	Feste Schuhe, je nach Jahreszeit Sonnen- oder Regenschutz, ggf. eine Flasche Wasser
Meine Erkenntnis:	Ich bin kein Herdentier.
Note:	4 Gott gesucht und dabei hart auf mich selbst gestoßen.

Tag 2: Hurra, ich habe Durst!

Beten voller Sehnsucht

Wunderbar: Heute kann ich für mich alleine beten – und dabei Thema und Tempo selbst bestimmen. Das ist gut so. Denn im Grunde ging mir das gestern einfach zu schnell. Ich habe mich – weil es der Kalender so vorgab – weitgehend unvorbereitet aus einem ziemlich stressigen Arbeitsalltag in die extravagante Erfahrung einer Fronleichnamsprozession hineingestürzt. Da muss ich mich nicht wundern, wenn meine gestrige Übung weitgehend an mir vorübergegangen ist. Heute werde ich einen oder zwei Gänge zurückschalten und ganz elementar beginnen. Ich suche nach einem neuen geeigneten Ausgangspunkt für meinen Selbstversuch.

Also noch mal ganz von vorne: Warum mache ich das Projekt überhaupt? *Äußerlich* betrachtet löse ich damit jenes Versprechen ein, das ich bereits in meinem Vorwort erwähnt habe. Es gibt aber auch einen *inneren* Grund, warum ich das gerade jetzt tue. Ich befinde mich nämlich in einer spirituell ziemlich ausgetrockneten Phase meines Lebens. Ich blicke auf eine 25-jährige Berufstätigkeit als Pfarrer zurück, die mich geistlich derart ausgepowert hat, dass ich für ein knappes Jahr einen Job im Personalwesen angenommen habe. Ernsthaft! Hätten Sie mir das vor zehn Jahren prophezeit, ich wäre vor Lachen vom Stuhl gefallen. Aber dann wollte ich den Boden tatsächlich einfach mal brachliegen lassen und mich neu sortieren. Für diese Erfahrung bin ich sehr dankbar, merke aber andererseits, wie viel Mühe es macht, ein geistliches Leben zu führen, wenn man in die Tretmühle eines Büroalltags eingespannt ist und dazu noch 90 Minuten am Tag pendelt. Um es auf den Punkt zu bringen: Ich hänge, gebetstechnisch gesehen, gerade ziemlich durch. Ich habe 25 Jahre lang zu viel gegeben und ein Jahr lang zu wenig genommen. Mein spiritueller Tank steht auf „Reserve". Ich fühle mich Gott zwar nicht fern, aber auch nicht besonders nahe. Ein idealer Zeitpunkt also für mein Gebetsprojekt, das ich so lange vor mir hergeschoben habe. Und letztlich ist das auch der tiefste Grund, warum ich die Form eines Selbstversuchs wähle: weil ich Sehnsucht habe, Gottes Gegenwart wieder stärker zu spüren.

Am Anfang meines Projektes steht also eine Sehnsucht. Ein großer Durst. Und statt mir gleich so ein Kulturschockerlebnis wie eine Fronleichnamsprozession auszusuchen, hätte ich wahrscheinlich besser daran getan, zunächst dieser Sehnsucht nachzuspüren und ihr Ausdruck zu verleihen. Was heißt „Sehnsucht"? Laut meinem Wörterbuch ist ein sehnsüchtiger Mensch „krank vor liebendem Verlangen". Das Wort „krank" gefällt mir in diesem Zusammenhang nicht, denn genau genommen halte ich die Sehnsucht nach Gott für grundgesund. Auf der anderen Seite reagiert mein Körper tatsächlich krank, wenn ihm lebenswichtige Stoffe entzogen werden. Das heißt: Nicht die Sehnsucht als solche ist krankhaft, sondern der Mangelzustand, der zu meiner Sehnsucht führt. Letztere ist lediglich ein Symptom, ein Weckruf meiner Seele, den beunruhigenden Missstand endlich zu beseitigen.

Die alten Hebräer wussten, dass es einen engen inneren Zusammenhang zwischen unserem leiblichen Durst und der Sehnsucht nach Gott gibt. Ihr Wort für „Seele" bedeutet seinem ursprünglichen Sinn nach so viel wie „Kehle". Die Seele des Menschen ist dieser Vorstellung zufolge jener Ort, an dem wir Durst nach Gott empfinden. Ich kann nicht für andere sprechen, aber *meine* Seele dürstet definitiv nach Gott. Dieser Zustand wird zwar oft von allem Möglichen überlagert – Sorgen, Wünschen, Plänen, dem täglichen Kleinkram. Aber immer, wenn ich wesentlich werde, kann ich meinen Durst nach Gott spüren. Ich kann ihn ab und zu überspielen oder betäuben, aber nicht gänzlich abstellen. Er kommt immer wieder nach oben.

Manche haben in der Tatsache, dass der Mensch sich nach Gott sehnt, so etwas wie einen „Gottesbeweis" gesehen. Sie sagen: So wie der leibliche Durst auf die Existenz von Wasser hinweist, so weist der Durst unserer Seele auf die Existenz Gottes hin. Ich finde, das ist ein durchaus erwägenswertes Argument. Wobei ich mir sehr wohl bewusst bin, dass nicht jeder Mensch diesen Durst in gleichem Maße empfindet. Darum sehe ich bereits die Sehnsucht nach Gott als ein Geschenk beziehungsweise theologisch gesprochen: als eine Gnade an, denn sie lässt unsere Seele Ausschau halten nach etwas, das diese Leere ausfüllen kann. Durst ist nicht schön, aber wenn wir nie durstig wären, würden wir wahrscheinlich auch nie etwas trinken. Auch der Durst nach Gott kann ein sehr unangenehmes Gefühl sein, doch wenn wir ihn nicht spüren könnten, würden wir früher oder später spirituell völlig austrocknen. Vielleicht sagt Jesus auch deswegen: „Selig sind die Dürstenden." Ich jedenfalls bin dankbar, dass ich diese Trockenheit in mir fast schon schmerzvoll empfinde. Hurra, ich habe Durst! Denn wäre das ganz und gar nicht der Fall, hätte sich mein Herz wohl schon in Stein verwandelt.

Der Mathematiker und Philosoph Blaise Pascal hat einmal gesagt: „Wir würden Gott nicht suchen, wenn er uns nicht schon gefunden hätte." Wenn wir Gott voller Sehnsucht suchen, ist dies ein Zeichen dafür, dass er bereits begonnen hat, zu unserer Seele zu sprechen. Im biblischen Buch Jeremia (29,13–14) heißt es: „… denn wenn ihr mich von ganzem Herzen suchen werdet, so will ich mich von euch finden lassen …" Das Gebet der Sehnsucht steht darum oft am Anfang unserer Kontaktaufnahme mit Gott. Gebet wird immer dann lebendig, wenn es nah am eigenen Herzschlag ist. Im Folgenden versuche ich daher, meine Sehnsucht in Worte zu fassen. Einige Zeilen habe ich aus einem Gebet von Thies Gundlach übernommen und es mit meinen eigenen Gedanken eingeleitet und ergänzt. Ob wir für unser Gebet der Sehnsucht eigene Worte formulieren oder uns an Worte anderer anlehnen, ist übrigens völlig zweitrangig. Nur *fremd* sollten uns die Worte nicht sein.

Mein Gebet der Sehnsucht

Gott – kannst du mich hören?
Verzeih, dass ich daran zweifle, aber ich selbst höre dich nicht.
Ich habe mich verrannt in meinem Alltag,
meinen Sorgen und Ambitionen;
habe mich verheddert in Belanglosigkeiten und sinnlosen Streitereien.
Mein Kopf ist voll, in meiner Seele tosen tausend Stimmen.
Es ist kein Platz für dich in meinem Herzen.
Ich höre dich nicht mehr – kannst du mich hören?

Ich sehe dich auch nicht mehr – sehe nicht die Spuren,
die du in meinem Leben hinterlässt.
Wie soll ich da glauben, dass du mich siehst?
Ich habe mich von dir entfernt und glaube deswegen,
dass du mir fern bist.
Wie ein Kind, das die Augen verschließt und darum denkt,
Vater und Mutter könnten es nicht sehen.

Ich sehe dich nicht. Ich höre dich nicht. Ich spüre dich nicht.
Doch halt: Irgendetwas spüre ich. Hunger. Sehnsucht. Durst.
Wenn ich innehalte und tief in mich hineinhorche,
merke ich, dass ich mich nach dir sehne:

Wie der Wüstenwanderer nach Wasser.
Wie der Wächter nach dem Morgen.
Wie der Bräutigam nach seiner Braut.

Gott, finde mich, wenn ich dich suche.
Und suche mich, wenn ich dich nicht finde.
Berühre meine Zweifel mit deiner Tiefe,
bringe Licht in mein Fragen
und lege Segen auf meine Sehnsucht.

Segne mich mit der Erfahrung deiner Nähe,
dass ich wachsen kann hin zu dir.
Amen.

Portfolio

Name:	**Das Gebet der Sehnsucht**
Erklärung:	Sehr elementare Form des Betens, besonders geeignet für Menschen, die in ihrem Herzen mehr Sehnsucht als Fülle, mehr Fragen als Antworten und mehr Zweifel als Gewissheit empfinden.
Kategorie:	Persönliches Gebet; Grundgebetsart
Verwandte Formen: ..	Bußgebet; Psalmgebete
Auf drei gezählt:	1. Sich in die eigene Sehnsucht hineinspüren. 2. Entweder ein eigenes Sehnsuchts-gebet formulieren. 3. Oder ein von anderen formuliertes Gebet zur Hand nehmen, an das man sich anlehnt (siehe Tag 22), zum Beispiel einen Psalm.
Zeitaufwand:	30–60 Minuten
Benötigte Hilfsmittel:	Hunger und Durst nach Gott, aufrichtige Zweifel, Sehnsucht; evtl. ein Gebetbuch
Meine Erkenntnis:	Innere Trockenheit kann ein Geschenk sein.
Note:	2 Gar nicht so schlecht.

Tag 3: Das Erinnerungsvermögen der Seele

Beten voller Dank

Auch heute nehme ich mir eine Grundform des Betens vor: das Dankgebet. Ich finde: Danke zu sagen ist auf jeden Fall ein guter Anfang. Denn in meinen Augen ist die Dankbarkeit einer der wichtigsten Schlüssel zu innerer Gesundheit und einem glücklichen Leben. Außerdem ist sie eines der wichtigsten inneren Tore zum Herzen Gottes. Wer viel und oft Danke sagt, kommt gar nicht umhin, darüber nachzudenken, wem er denn das Gute in seinem Leben verdankt. Allein schon darum ist das Dankgebet eine der grundlegenden Gebetsformen. Von Meister Eckhart, dem großen Mystiker des Mittelalters, stammt der schöne Satz: „Wäre das Wort ‚DANKE' das einzige Gebet, das du je sprichst, so würde es genügen." Ich könnte mir vorstellen, dass einige religiöse Hardliner das anders sehen, aber mir gefällt dieser Ansatz. Er ist lebens- und menschenfreundlich – und er stellt Gottes Güte in den Mittelpunkt.

Manche denken, wenn sie glücklich wären, wären sie auch dankbar. Das Umgekehrte scheint mir viel eher zuzutreffen: Nur wer für das, was ihm geschenkt wurde, dankbar ist, kann auch Glück empfinden. Dankbarkeit ist also so etwas wie das Erinnerungsvermögen der Seele an das Gute, das uns im Leben widerfahren ist. Mit einer Gruppe von Jugendlichen habe ich einmal eine Übung gemacht: Jeder sollte zehn Dinge aufschreiben, für die er oder sie dankbar war. Ein Mitglied dieser Gruppe war ein Mädchen, das, von außen betrachtet, eher auf der Schattenseite des Lebens aufgewachsen war: Sie war Sonderschülerin, die Eltern Alkoholiker, sie lebte in sehr armen Verhältnissen, und ich hatte die starke Vermutung, dass sie regelmäßig geschlagen wurde. Erstaunlicherweise war dieses Mädchen aber am schnellsten mit ihrer Liste fertig. Als Erstes schrieb sie: „Dass ich nicht blind bin." Dann: „Dass draußen die Sonne scheint und die Vögel singen." Und: „Dass ich diese tolle Gruppe hier habe." Das hat mich damals tief bewegt. In der Gruppe waren etliche Kids, die sehr viel besser situiert und trotzdem deutlich unzufriedener mit ihrem Leben waren.

An diese Übung möchte ich mich heute anlehnen. Und weil ich nicht kleckern, sondern klotzen will, habe ich mir vorgenommen, an einem Tag 100 Gründe zu finden, für die ich Gott in meinem Leben DANKE sagen will. Sie finden das ambitioniert? Ich, ehrlich gesagt, auch. Aber heute habe ich Zeit. Und da ich Gott wirklich dankbar bin, möchte ich ihm das auch mal in aller Ausführlichkeit sagen. So sitze ich also draußen auf einer Bank im Grünen und überlege, wie ich die Sache anpacke. Es ist mal wieder die alte Frage: „Wie verspeist man einen Elefanten?" Die Antwort lautet nicht: „Mit viel Ketchup", wie mir mal jemand empfahl, sondern: „Scheibchenweise." Ich lege mir also mein Tagesprojekt zurecht, indem ich es in kleine Portionen unterteile. Ich wähle mir zehn Bereiche meines Lebens aus, denen ich jeweils zehn Punkte zuordne, für die ich dankbar bin. Ich werde Sie nicht damit langweilen, alle meine 100 Gründe aufzulisten, sondern mich darauf beschränken, Ihnen eine Anregung zu geben, wie Sie eventuell selbst vorgehen können.

1. Als Erstes wähle ich den Bereich **Ehe bzw. Partnerschaft.** Ob ich wohl zehn Gründe finde, für meine Frau dankbar zu sein? Kein Problem, das dauert keine 30 Sekunden. Genau gesagt, so schnell kann ich gar nicht schreiben, wie mir hier Dinge einfallen. Und ich merke einmal mehr, wie super glücklich ich mit meiner Ehe bin.
2. Dann kommt der Bereich **Familie.** Die ist bei mir nicht sehr groß, aber für die wenigen Menschen, die ich dazuzähle, fallen mir gleich mehrere Gründe zur Dankbarkeit ein. Und registriere ein kleines Wunder: Ich gehöre zu den wahrscheinlich recht wenigen Menschen, die für ihre Schwiegereltern dankbar sind!
3. Als Drittes wähle ich den Bereich meiner **Freundschaften.** Ich habe wenige wirklich enge Freunde, aber Gott sei Dank: Ich *habe* welche! Und auf zehn Leute, denen ich mich freundschaftlich verbunden fühle, komme ich spielend. Dazu fallen mir noch die einen oder anderen guten sozialen Kontakte ein, für die ich ebenfalls dankbar bin.
4. Als Viertes blicke ich auf meine **Begabungen.** Meine Auffassungsgabe, meine Freude am Formulieren, meine Fähigkeit, Menschen zu motivieren, mit der ich behutsam umgehen möchte. (Nicht zu vergessen meine große Bescheidenheit, die mich das alles hier hinschreiben lässt, ohne rot zu werden.) Ich rede bewusst von „Begabungen", denn ich verstehe diese Fähigkeiten in erster Linie als Geschenk. Und als Berufung, damit etwas anzufangen, das anderen Menschen dient.
5. Fünftens schaue ich mir meinen **Beruf** an. Das fällt mir ein bisschen schwer, weil ich im Moment gar nicht in meinem eigentlichen Beruf

arbeite. Teils schaue ich also auf erfüllte Jahre in der Vergangenheit, teils auf gegenwärtige Herausforderungen beziehungsweise Chancen und zukünftige Perspektiven. Und komme alles in allem zu der schönen Erkenntnis: „Ich bewege etwas – DANKE!“

6. Damit bin ich schon beim nächsten Punkt: mein **Wirkungsradius.** Der geht bei mir – wie wahrscheinlich bei vielen Menschen – deutlich über das Familiäre und Berufliche hinaus. Es gibt Anliegen und Themen, für die ich mich engagiere, sowie Projekte, zu denen ich einen Beitrag leiste, und die Tatsache, dass Sie und andere dieses Buch lesen, gibt mir ebenfalls das Gefühl, dass ich einiges hoffentlich Positive im Leben anderer Menschen bewirken kann. Daneben gibt es zweifellos auch viel Fragwürdiges, aber damit beschäftige ich mich an einem anderen Tag.
7. Der nächste Bereich ist der äußere **Wohlstand**, in dem ich lebe. Ich bin zwar nicht reich, habe aber genug, um das Leben zu genießen, und vor allem: keine Not. Ich lebe in einem gutsituierten, freien, weitgehend sicheren Land in einer der schönsten Gegenden Deutschlands. Mir geht es wirklich gut – Gott sei DANK!
8. Auch der Bereich **Körper und Gesundheit** gibt Anlass zur Dankbarkeit. Ich kann sehen, hören, tasten, schmecken, riechen. Ich bin körperlich fit, habe keine größeren Zipperlein, bin zufrieden mit meinem Aussehen und habe – abgesehen von meiner Frau – keine größeren Süchte. All das empfinde ich als Geschenk, für das ich dankbar bin.
9. Auch mein **seelisches Befinden** ist frei von großen Komplikationen. Ich bin ein recht ausgeglichener Mensch, kann vergeben und vergessen, lache viel und herzlich, liebe und genieße das Leben, empfinde tief und bin – abgesehen von einigen sinnlosen Sorgen, die ich mir manchmal selbst mache – rundum glücklich, dankbar und zufrieden.
10. Der letzte Bereich, den ich mir aussuche, sind die **großen Weichenstellungen** in meinem Leben. Staunend stehe ich vor Begegnungen und Fügungen, ohne die mein Leben ganz anders verlaufen wäre. Dazu gehören nicht nur positive Dinge. Aber wenn ich manches Negative nicht erlebt hätte, wäre ich nicht der, der ich heute bin. Und das fände ich eigentlich schade. So kann ich auch für manches negative Ereignis in meinem Leben, wenn auch leise, DANKE sagen.

So. Meine Aufstellung ist fertig. Und ich finde, dass ich ein ziemlicher Glückspilz bin. Das war ich sicherlich auch schon vor dieser Übung, aber jetzt bin ich mir dieser Tatsache ganz intensiv bewusst. Und mal ehrlich: Nur Glück, das ich auch empfinde, ist wirklich Glück, oder? Selbst mit nur halb so vielen Punkten auf meiner Liste hätte ich viel Grund zur Dankbarkeit. Die ersten 50 Gründe habe ich innerhalb von zehn Minuten aufgeschrieben. Für die anderen 50 brauchte ich zugegebenermaßen etwas länger. Aber auch nicht wirklich lang. Nun nehme ich mir Zeit, meine Notizen noch einmal durchzugehen und mich bei Gott für jeden einzelnen Punkt zu bedanken. Ich registriere, wie ich gegen Ende der Übung breit lächelnd über meinem Tagebuch sitze. Das war nun wirklich prima! Das Projekt, das mir anfangs so groß vorgekommen war – nämlich 100 Gründe zum Danken zu finden –, erscheint mir nun, nach vollbrachter Tat, vergleichsweise klein. Ich habe den starken Eindruck, nur die Oberfläche angekratzt zu haben und dabei schon auf pures Gold gestoßen zu sein. Letztlich gebührt Gott tausend Dank – und noch viel mehr. Und je mehr wir dem auf die Spur kommen, desto glücklicher sind wir. Eine spannende Erkenntnis: Wenn wir Gott danken, erfreuen wir nicht nur Gott, sondern auch uns selbst.

Portfolio

Name:	**Dankgebet**
Erklärung:	Das Dankgebet erwächst aus einer Herzenshaltung, die gezielt die positiven Dinge des Lebens in den Blick nimmt und sie auf Gott zurückführt.
Kategorie:	Grundform des Gebets; auch als Gemeinschaftsgebet möglich
Verwandte Formen: ..	Lob/Lobpreis; Zehn-Finger-Gebet; Bohnengebet (siehe Tag 8)
Auf drei gezählt:	1. Gründe zur Dankbarkeit aufschreiben (wir vergessen sonst so schnell). 2. In jeder schönen Situation des Lebens von Herzen DANKE sagen. 3. Jeden Tag bewusst mit ein paar Minuten des Dankes beginnen und/ oder beenden.
Zeitaufwand:	Je nach Umfang der Liste 5–10 Minuten; hier: rund 1 Stunde
Benötigte Hilfsmittel:	Evtl. Stift und Papier
Meine Erkenntnis:	Wenn wir Gott danken, erfreuen wir nicht nur Gott, sondern auch uns selbst.
Note:	2+ Macht das Herz weit!

Tag 4: Erbauliche Gedanken vor Mitternacht

Beten in einer alten Kirche

Durch einen glücklichen Zufall kann ich mir heute für eine Nacht den Schlüssel zu einer 1.000 Jahre alten Klosterkirche ausleihen. Eigentlich habe ich vor, bis zum nächsten Morgen zu bleiben, blicke aber auf einen anstrengenden Tag zurück und bin mir nicht sicher, ob ich das schaffe. Doch ein paar Stunden will ich mir wenigstens Zeit nehmen und mich inspirieren lassen von den einzelnen Gegenständen und Kunstwerken, die überall in diesem Gotteshaus zu finden sind. Mal schauen, wie lange die Inspiration mich durch die Nacht trägt. Und ob sie mir hilft, Gott näherzukommen.

Viele Menschen lieben alte Kirchen. Ich selbst bin da innerlich gespalten. Die meisten Kirchen sind mir atmosphärisch zu düster und oft auch zu kalt. „Eure Kirchen sind wie Gräber und Grüfte Gottes für mich", hat Friedrich Nietzsche einmal gesagt, und ich verstehe, was er damit meint. Ob alt oder modern – leider strahlen die allerwenigsten Gotteshäuser jene Lebenslust und Lebensfreude aus, die man eigentlich angesichts des christlichen Auferstehungsglaubens erwarten sollte. Freilich gibt es auch Kirchen, die ich sehr schön finde, und die, die ich heute besuche, gehört definitiv dazu.

Als ich abends gegen 20:30 Uhr die Kirche betrete, staune ich, wie viele Menschen noch dort sind. Hey, was suchen all die Leute – auch solche, die mit dem christlichen Glauben an sich nicht viel anfangen können – in alten Kirchen? Sind es die vielen Kunstwerke, die sie hierher ziehen, oder ist es doch etwas anderes? Ich warte geduldig ab, bis die Letzten gegangen sind und die Küsterin abschließen möchte. Sie schaut ein wenig skeptisch, nein: total skeptisch, als ich ihr erkläre, dass ich hier die nächsten Stunden verbringen möchte, einen eigenen Schlüssel habe und das auch darf. Offensichtlich sehe ich aber nicht aus wie jemand, der irgendwelche Kirchenschätze rauben will (wie sehen solche Leute eigentlich aus?), darum sagt sie: „Na dann – auf Treu' und Glauben!", und überlässt mir die Kirche. Vermutlich ist sie diejenige von uns beiden, die früher anfängt zu beten. Oder sie observiert mich heimlich von draußen.

Die Klosterkirche ist groß, und ich nehme mir rund eine Stunde Zeit, um mir alles erst mal in Ruhe anzuschauen: das Kreuz, den Altar, die bunten Glasfenster, die Gemälde usw. Wir haben Mitte Juni, das heißt, die Tage sind lang, und noch spät erhellt warmes Tageslicht das Innere des großen Raumes. Ehrfürchtig bleibe ich vor einem alten Relief mit Darstellungen verschiedener Stationen aus dem Leben Jesu stehen. Ich schaue nach: Wer dieses wunderbare Kunstwerk erschaffen hat, ist nicht bekannt. Sprich: Der Künstler tritt völlig hinter die Botschaft zurück, die er verkündigen will. Kein Mensch kennt mehr seinen Namen, aber seit rund tausend Jahren erzählt er den Menschen die Geschichte von Jesus Christus. Ob er das wohl geahnt hat? Ich stelle mir vor, wie es sich für mich anfühlte, wenn ich wüsste, dass die Leute in 1.000 Jahren noch meine Bücher lesen, dabei aber meinen Namen längst nicht mehr wüssten: „Verfasser unbekannt. Frühes 21. Jahrhundert." Oder, schlimmer noch: Das Buch würde einem meiner Autorenkollegen zugeschrieben. (Ups!)

Das Verhältnis von Kunst und Religion war im Lauf der Kirchengeschichte immer wieder Gegenstand teils erbitterter Auseinandersetzungen. Schließlich heißt eines der Zehn Gebote: „Du sollst dir kein Bild von Gott machen." Weitgehend durchgesetzt hat sich im Endeffekt die Auffassung, dass Gott selbst zwar nicht abgebildet werden darf, wohl aber Jesus Christus und auch das Wirken Gottes durch einzelne Menschen, die man als „Heilige" bezeichnet. Auch Martin Luther, der an sich ein großer Gegner der Heiligenverehrung war, machte sich diese Ansicht zu eigen. Da die meisten Menschen damals nicht lesen und schreiben konnten, waren die bebilderten Kirchen oft die einzige „Bibel", die die Menschen lasen. Ich selbst kann mich erinnern, wie ich als Kind in einer großen Kirche so manche sterbenslangweilige Predigt ertrug, indem ich mir die großen Bilder an der Kirchendecke anschaute. Sie haben meine Vorstellung von Christus sicherlich mehr geprägt als die Worte des Pfarrers.

Ich gehe weiter und schaue mir die bunten Glasfenster an. Einige sind gegenständlich – das heißt, man kann erkennen, was sie darstellen sollen –, andere hingegen ungegenständlich, sprich: „moderne Kunst". Ich schätze eher die ungegenständliche Kunst, denn sie lässt mir Raum für eigene Bilder und Fantasien. Von gegenständlichen Darstellungen hingegen – vor allem bei religiösen Motiven – bin ich häufig enttäuscht, weil in meinem Inneren oft ganz andere Vorstellungen existieren. Auch hier in der Klosterkirche sprechen mich die modernen Kirchenfenster viel mehr an als die alten. Ich lese den Titel des Kunstwerks, der auf einer Tafel angebracht ist, und versuche zu verstehen, was den Künstler wohl bewogen hat, ausgerechnet diese Farben und jene Symbole zu verwenden, und bringe das in Beziehung zu den Bildern und Formen, die in meinem Inneren vorhanden sind. Ob das Gebet ist, weiß ich nicht, aber es ist ein durchaus intensiver innerer Prozess.

Langsam wird es dunkel. Bei meiner Runde durch die Kirche komme ich in einen ziemlich finsteren Seitengang, in dem sich eine Krypta befindet. Hier werden in einem mächtigen Steinsarg die Gebeine eines Heiligen verwahrt beziehungsweise das, was von ihm übrig geblieben ist, denn wer im Mittelalter heiliggesprochen wurde, hatte nicht viel zu lachen. Nicht nur, weil man dazu tot sein musste, sondern vor allem wegen des frommen Glaubens an die Wundertätigkeit selbst der kleinsten Reliquie. Einzelne Körperteile des oder der Toten wurden quer über den Erdball verstreut in kirchliche Altäre eingebaut: hier ein Finger, dort ein Zahn, andernorts ein ganzer Oberschenkelknochen. Ich kann also gut und gerne davon ausgehen, dass das, was dort in dem Steinsarg ruht, buchstäblich nur ein Bruchteil der sterblichen Überreste jenes Heiligen ist, dessen Name in verwitterten Lettern auf den Sarg gemeißelt steht.

Kerzenlicht flackert im Gewölbe, und ich frage mich, ob ich das jetzt gerade gruselig finde, merke aber andererseits, dass mich dieser Ort unzweifelhaft anspricht. Also setze ich mich, schaue mir den Steinsarg an und denke über den darinliegenden Toten und den Tod im Allgemeinen nach. Über den Toten: Uns Lebenden und unserem frommen Zugriff merkwürdig ausgesetzt kommt er mir vor. Ob er wohl – wovon der Katholizismus ausgeht – tatsächlich hören kann, was sich da über die Jahrhunderte hinweg an seinem Grab an Gedanken, Gebeten, Geschichten und Glaubensvorstellungen angesammelt hat? Angefangen von herzzerreißenden Bitten bis hin zu den merkwürdigsten Absurditäten – es scheint mir mehr, als ein Mensch ertragen kann. Und unwillkürlich fange ich an, für seinen Seelenfrieden zu beten, obwohl es nach katholischer Lehre eigentlich seine Aufgabe wäre, dies für mich zu tun.

Auf der anderen Seite bin ich es, der Lebende, der sich an diesem wunderschönen Sommerabend der Wirklichkeit des Todes aussetzt. Während draußen das Leben pulsiert und blüht, sitze ich in einer düsteren Krypta und sinniere über den Tod. „Memento mori – sei dir deiner eigenen Sterblichkeit bewusst!", sagten die Lateiner. Oder wie es die

Bibel ausdrückt: „Lehre uns bedenken, dass wir sterben müssen, auf dass wir klug werden." In der Tat: Nirgends erkennen wir deutlicher, was in unserem Leben wirklich wichtig ist und was nicht, als dann, wenn wir uns vor Augen führen, dass wir eines Tages sterben müssen. Es ist sicherlich eine Frage der Dosis, aber das Nachdenken über den Tod kann uns tatsächlich helfen, unser Leben klüger auszurichten, ja, sogar besser zu genießen. Zumindest, wenn es keinen konkreten Anlass zur Sorge gibt. Jedenfalls bin ich, als ich etwa 20 Minuten später aufstehe, keineswegs morbid oder depressiv gestimmt, sondern fühle mich heiter und gelassen.

Ich nehme im hinteren Teil der Kirche Platz und lasse – da ich einzelne Kunstwerke nicht mehr erkennen kann – mit dem Restlicht des Tages das Gesamtbild der Architektur auf mich wirken. Es ist ein gigantischer Bau mit klaren, strengen Formen. Ich frage mich: Gibt es so etwas wie „heilige Räume"? Die Christenheit kam bis ins 4. Jahrhundert hinein ganz offensichtlich ohne Kirchen aus, und das waren nicht ihre schlechtesten Zeiten. Große Kirchengebäude wurden erst gebaut, als das Christentum Staatsreligion geworden war und entsprechend viele Menschen untergebracht werden mussten. Bis dahin trafen sich die Christinnen und Christen auf öffentlichen Plätzen oder in Privathäusern. Kirche im Sinne des Neuen Testaments besteht jedenfalls aus Menschen und nicht aus Steinen. Entsprechend wird der Begriff „heilig" dort ebenfalls ausschließlich auf Menschen und nicht auf Gegenstände oder Orte verwandt.

Ich habe Schwierigkeiten mit der Vorstellung, dass es Orte gibt, die heiliger sein sollen als andere. Das Alte Testament ist zwar voll von dieser Vorstellung, im Neuen Testament aber sehe ich da eher kritische Einwände. Was ich allerdings glaube, ist, dass es Orte gibt, die es uns leichter machen, mit Gott in Berührung zu kommen. Ich kann an einer sprudelnden Quelle besser beten als auf einer Baustelle. Ein Gebäude wie diese alte Kirche, die bewusst in Gebet und Hingabe zu Gott gebaut und ausgestaltet wurde, hilft mir besser, mit eben diesem Gott in Berührung zu kommen, als beispielsweise die Betonfassade eines Plattenbaus. Schwierig wird es für mich allerdings dann, wenn man mich vor die Wahl zwischen einer Kirche und einer Quelle stellt. Ich glaube, für mich alleine würde ich die Quelle wählen, um dort zu beten. Vielleicht, weil Kirchen zwar *für* Gott, Quellen, Berge, Bäume und Seen aber *von* Gott gemacht sind?

Und doch beeindruckt mich an diesem Abend die Vorstellung, dass in diesem Gebäude, in dem ich gerade nachdenke und bete, Menschen dies seit über tausend Jahren tun. Das ist ein großer Gedanke und mir wird ganz schummrig im Kopf. Außerdem merke ich, dass ich müde werde. Ich ziehe die Schuhe aus und lege mich – es guckt ja keiner zu – auf die Kirchenbank. Natürlich nicht, um zu schlafen, auf keinen Fall, sondern nur, um es beim kontemplativen Nachdenken und Beten etwas bequemer zu haben!

Als ich aufwache, ist es kurz nach halb eins, mir ist kalt, und mein Rücken tut scheußlich weh. Den alten Ausspruch, dass der Kirchenschlaf der beste sei, kann ich nach der heutigen Erfahrung jedenfalls nicht bestätigen. Ich fühle mich total gerädert. So kann ich nicht gescheit beten, darum breche ich meinen Versuch ab. Schließlich wollte ich – man belügt sich ja gerne selbst – „bis zum Morgen" in der Kirche bleiben, und streng gesehen ist 0:30 Uhr genau dies: der neue Tag. Leise verlasse ich also die große Kirche und gehe auf mein Zimmer. Nicht, ohne Gott zu versprechen, dass ich gerne noch mal bei ihm vorbeischaue, wenn ich in dieser Nacht erneut aufwachen sollte. Er möge mich einfach wecken.

Worauf Gott aber scheinbar keinen besonderen Wert legt, denn als ich die Augen wieder aufschlage, scheint bereits die Sonne. Ich gehe trotzdem noch mal in die Klosterkirche, um zu beten, aber in den 20 Minuten, die ich mich dort aufhalte, kommen und gehen ungelogen etwa 40 Personen rein und raus. Von Ruhe nicht die Spur. Also verlasse ich die Kirche durch einen Seiteneingang und setze mich draußen in den Klosterhof, wo kein Laufpublikum hinkommt. Die Kirche strahlt im Licht der Morgensonne und plötzlich bricht es aus mir heraus: Ich bete und bete und bete. Was immer sich gestern Abend in dem Gotteshaus angestaut hat: Jetzt, wo ich diese wunderschöne Kirche von außen sehe, bricht es sich Bahn. Wenn ich ehrlich bin, war ich etwas enttäuscht, als ich gestern Nacht aus der Klosterkirche in mein Zimmer geschlüpft bin. Irgendwie war ich mit meinen Gedanken allein geblieben. Nun aber, zu einem völlig unverhofften Zeitpunkt, kommt es zu einer zarten Berührung mit Gott. Gestern Abend habe ich ihn gesucht – heute früh hat er mich gefunden.

Portfolio

Name:	**Gebet in einer alten Kirche**
Erklärung:	Kirchen sind Gebäude, die bewusst so gebaut und ausgestaltet wurden, dass sie Menschen dabei helfen, sich auf Gott zu konzentrieren und zu beten. Das merken oft sogar Menschen, die von Hause aus nicht sehr religiös sind.
Kategorie:	Gebet, das durch einen bestimmten Raum oder Ort geprägt ist; meditatives Gebet
Verwandte Formen: ..	Gebet an einem Wallfahrtsort, vor einem religiösen Kunstwerk oder in der Natur
Auf drei gezählt:	1. Langsam durch die Kirche schlendern und erspüren, wo es einen hinzieht. 2. Den Ort mit seinen Kunstwerken auf sich wirken und zu sich sprechen lassen. 3. Gott im Gebet antworten.
Zeitaufwand:	Unterschiedlich; gut sind mindestens 20–30 Minuten; hier: rund 2 ½ Stunden
Benötigte Hilfsmittel:	Evtl. Kirchenführer o. Ä.
Meine Erkenntnis:	Ich sehe mir eine Kirche lieber von außen als von innen an.
Note:	2– Eine (allerdings zeitlich versetzte) Gottesberührung.

Tag 5: Rennst du noch oder betest du schon?

Beten beim Laufen

Zugegeben: Für diese Art des Gebets muss man ein bisschen in Form sein. Wer bereits nach wenigen Minuten Joggen nach Luft schnappt oder Seitenstechen bekommt, wird erst etwas üben müssen, bevor er das Laufen mit Gebet verknüpfen kann. Das meine ich ernst: Joggen – andere berichten Ähnliches vom Schwimmen oder Radfahren, aber beides ist so gar nicht „meins" – lässt sich hervorragend mit Beten verbinden. Wahrscheinlich ist es die gleichförmige, rhythmische Bewegung, die in Kombination mit einer erhöhten Sauerstoffaufnahme diesen Effekt begünstigt. Sobald wir nicht mehr über das Laufen nachdenken müssen, können wir anfangen zu beten. Jeder, der regelmäßig läuft, kann von der starken Wirkung berichten, die eine gleichmäßige körperliche Bewegung auf unser Inneres hat. Stress, Ärger und Sorgen werden abgebaut, zusammen mit den Lungen weiten sich Seele und Geist, unsere Gedanken sortieren sich neu. Warum sollte ich all das nicht auch für mein Gebet nutzen?

Also: Raus aus dem Bett, zwei große Gläser Wasser getrunken, rein in die Joggingschuhe – und los! An dieser Stelle muss ich ein Geständnis machen: Ich habe es gestern Nachmittag schon versucht und bin grandios gescheitert. Nein, nicht mit dem Laufen, das geht. Aber mit dem Beten. Normalerweise finde ich über den Rhythmus des Laufens recht schnell zu einem eigenen Rhythmus des Gebets. Ich singe Lieder oder liturgische Stücke, rezitiere Bibelverse oder Wiederholungsgebete usw. Das klappt zusammen mit dem Laufen ganz vortrefflich und ich werde im Rahmen meines Projektes noch ausführlicher davon erzählen. Im ersten Anlauf aber habe ich einfach nur versucht zu beten, will sagen: Ich wollte mit Gott über all das sprechen, was mich gerade so umtreibt und beschäftigt. Und das ging gründlich schief. Meine Gedanken sind in 40 Minuten einmal rund um die Welt gelaufen, während mein Körper nicht einmal einen Bruchteil dieser Strecke absolvierte. Mein Geist war danach tatsächlich erfrischt, aber ich müsste lügen, wenn ich behaupten wollte, ich hätte in dieser Zeit mehr als drei oder vier Minuten gebetet. Ich war gefrustet: Das muss besser gehen! Und das geht auch besser.

Also noch mal von vorn: Heute nehme ich mir eine Hilfe mit, einen sogenannten „Totmannschalter". Ohne Frage ist das ein gruseliger Name für eine im Grunde recht sinnvolle Sache. Totmannschaltungen werden in der Arbeitswelt bei gefährlichen Maschinen eingesetzt. Sie reagieren auf Bewegungslosigkeit beziehungsweise erfordern eine regelmäßige Betätigung. So muss beispielsweise ein Lokführer regelmäßig auf einen Knopf drücken, um zu zeigen, dass er noch da und wach ist, andernfalls ertönt ein Signal, und im zweiten Schritt schaltet die Lokomotive ab. Einen solchen „Hallo-noch-wach?"-Schalter nehme ich mir heute mit zum Joggen. Es handelt sich um einen simplen elektronischen Küchenwecker mit Timerfunktion. Die stelle ich auf 60 Sekunden ein und laufe los. Das heißt: Jede Minute werde ich nun daran erinnert, dass ich eigentlich beten wollte, egal, wo sich meine Gedanken gerade befinden. Ich drücke den An/Aus-Knopf und das Spiel geht von Neuem los. Jede Minute fragt mich mein Totmannschalter: „Bist du noch da?" Ich gebe zu, ich finde es ein wenig albern, mit dem fetten Küchenwecker in der Hand loszurennen, aber nach der gestrigen Flop-Erfahrung will ich es heute einfach besser machen (auch wenn einige mich ziemlich blöd angucken).

Die wichtigste Regel, die ich mir dabei auferlege, ist die: Ich lasse alle Gedanken zu, verdränge nichts. Ich gebe ihnen nur, angeregt durch meinen kleinen piepsenden Freund, eine Adresse, indem ich etwa sage: „Gott, das beschäftigt mich gerade." Ich möchte heute in meinem Gebet keine religiösen Spezialthemen verhandeln, sondern glaube tatsächlich, dass das, was mich beschäftigt, auch Gott beschäftigt beziehungsweise dass er brennend daran interessiert ist, dass ich ihn in meine Gedanken mit hineinnehme (selbst in solche, auf die ich alles andere als stolz bin).

Also laufe ich los. In den ersten Minuten stört mich der Wecker kolossal, denn er holt mich andauernd aus dem Gebetsfluss heraus. Stellen Sie sich vor, Sie reden mit Ihrem Partner oder Ihrer Partnerin, während alle 60 Sekunden ein Piepsignal ertönt, das Sie daran erinnert, doch bitte schön einen Knopf zu drücken – das ist wahrscheinlich für alle Beteiligten ausgesprochen nervig. Ich will auch gar nicht wissen, wie der betreffende Partner darauf reagieren würde, wenn wir erklärend hinzufügten: „Schatz, ich habe mir den Timer auf ein 60-Sekunden-Intervall gestellt, damit ich bei unserem Gespräch heute nicht so abdrifte wie sonst." Jedenfalls bin ich dankbar, dass der Gott, an den ich glaube, den Humor hat, auch das mit Fassung zu ertragen!

Nach nicht ganz zehn Minuten beginne ich aber, den Totmannschalter mit anderen Augen zu betrachten. Nahezu minütlich erwischt mich das kleine Ketzerlein bei allen möglichen Gedanken, nur nicht beim Beten. Der erwünschte Effekt beginnt sich tatsächlich einzustellen. Die piepsende Frage „Betest du noch oder träumst du nur?" beantworte ich ebenso regelmäßig mit: „Ich träume." Und es piepst zurück: „Dann mach eben aus deinen Träumereien ein Gebet!"

Viele meiner Gedanken kreisen beispielsweise um den Umzug, der mir in wenigen Tagen bevorsteht. So viel muss noch bedacht und organisiert werden. Eigentlich kein Thema fürs Gebet, oder? Viel zu banal! Im Buch der Psalmen – dem Gebetbuch der Bibel – finden wir jedenfalls relativ wenig Stellen, die sich mit Umzugskisten, Gardinenlängen, Inbus-Schlüsseln oder neuen Küchenplatten beschäftigen. Und trotzdem glaube ich daran: Etwas, das wichtig genug ist, mich zu beschäftigten, ist nicht zu unwichtig für Gott.

So plane, denke und organisiere ich weiter, während ich laufe, und beziehe Gott mithilfe meines kleinen Piepsers wenigstens einmal pro Minute in meine Gedanken mit ein. Dass das am Ende zu besseren „Ergebnissen" führt, als wenn ich nur jogge, kann ich dabei nicht vermelden. Zumindest heute nicht. Gerne würde ich in mein Tagebuch schreiben: „Dies und das Problem hatte ich. Dann bin ich gelaufen und habe gebetet und dabei ist mir die göttliche Lösung eingefallen." So etwas habe ich in der Tat schon erlebt (und zwar nicht nur ein Mal), aber heute nicht. Heute habe ich lediglich das Gefühl, mit meinem Problem nicht allein geblieben zu sein. So als unterhielte ich mich mit einem guten Freund über eine Sache: Das bringt auch nicht immer gleich die Lösung, aber ich fühle mich trotzdem verstanden und bekomme durch das Gespräch vielleicht auch einen ganz anderen Abstand und Blickwinkel zu der besprochenen Angelegenheit.

Ich denke natürlich nicht nur über den Umzug nach. Schließlich bin ich ein Mann, und ... nein, nicht, was Sie denken ... es geht um etwas ganz anderes: Morgen fängt die Fußball-Weltmeisterschaft an! Bewusst hätte ich dieses Thema wohl eher nicht mit ins Gebet genommen. Aber meine Gedanken wandern nun einmal dorthin. Und während ich unverständig darüber den Kopf schüttle, dass unser Bundestrainer scheinbar immer noch an einem Mittelstürmer festhält, der seit über einem Jahr kaum mehr ein Tor geschossen hat (fragen Sie mich nicht, wie ich beim Beten auf so etwas komme!), piepst mein Wecker, und ich lenke auch diesen Gedanken in Richtung Gott: Mir fällt ein, dass Gott es mit uns eigentlich genauso macht und wie gut es ist, dass es einen großen göttlichen Trainer gibt, der an uns glaubt und an uns festhält, auch wenn alle Welt den Kopf darüber schüttelt. Und allein für diese Erkenntnis, finde ich, hat sich mein heutiger Gebetslauf gelohnt.

Gegen Schluss, nach einer guten halben Stunde, ertappe ich mich dabei, dass ich beim Piepsen nur noch mechanisch den Knopf drücke und gar nicht mehr groß darauf achte – ganz gleich, ob ich bete oder nur jogge und nachdenke. Auch an einen Totmannschalter kann man sich offensichtlich recht schnell gewöhnen. Trotzdem habe ich heute sehr viel mehr als gestern den Eindruck, bei der Sache geblieben zu sein und wirklich gebetet zu haben. Und das ist doch schon mal gut. Der Weisheit letzter Schluss ist das mit dem Piepser sicherlich nicht. Aber für den Anfang, wenn es hilft, die Gedanken zusammenzuhalten – warum nicht? Auch beim Beten ist noch kein Meister vom Himmel gefallen. Darum werde ich meinen Timer auch in den nächsten Tagen immer wieder mal einsetzen. So wie ein Kind, das mithilfe seiner Schwimmflügel erst mal Sicherheit gewinnt und die richtigen Bewegungen einüben kann, bevor es sie eines Tages nicht mehr braucht. Dabei finde ich den Gedanken tröstlich, dass es ziemlich lange her ist, dass ich das letzte Mal einen Erwachsenen mit Schwimmflügelchen gesehen habe. Ich habe also gute Hoffnung, dass ich demnächst wieder ohne Küchenwecker herumlaufe und trotzdem dabei beten kann.

Portfolio

Name:	**Gebet beim Laufen (Joggen)**
Erklärung:	Eigentlich eine sportliche Betätigung, die uns aber durch ihre gleichmäßige Bewegung hilft, in einen bestimmten Gebetsrhythmus zu verfallen. Mit dem Sauerstoff, der in Herz und Lungen strömt, weiten sich zugleich Seele und Geist, aufgewühlte Emotionen kommen zur Ruhe und die Gedanken sortieren sich neu.
Kategorie:	Gebet mit Körper und Geist
Verwandte Formen:	Gebet beim Schwimmen, Radfahren, Spazierengehen ...
Auf drei gezählt:	1. Das Lauftempo langsam und gleichmäßig wählen: so, dass man nicht außer Atem gerät. 2. Entweder dem Gebetslauf ein festes Thema geben (Dank, Fürbitte, Wiederholen eines Bibelverses oder liturgischen Liedes). 3. Oder die Gedanken einfach kommen lassen, aber Gott dabei einbeziehen.
Zeitaufwand:	Gut sind 30 Minuten; zu Beginn darf es ruhig kürzer sein
Benötigte Hilfsmittel:	Gute Laufschuhe; Sportsachen; evtl. Küchentimer
Meine Erkenntnis:	Besser mit Hilfsmitteln gebetet, als ohne nur mit sich selbst geredet.
Note:	2+ Wer behauptet, dass man beim Beten immer still sitzen muss?

Tag 6: Das sakrale Aschenputtel

Beten für andere

Unter den im Anhang dieses Buches aufgeführten Grundformen des Gebets ist die Fürbitte wahrscheinlich die ungeliebteste. Wenn wir für andere Menschen beten, dann meist nur, wenn diese uns sehr nahestehen und wenn die Bedrohung oder Herausforderung entsprechend groß ist. Wenn also jemand aus der engeren Familie schwer erkrankt, vor einer wichtigen Prüfung steht oder mit dem Rucksack um die Welt trampen will, dann beten wir für ihn, aber wenn alles seinen normalen Gang geht, brennt uns das Gebet für andere Menschen nicht allzu sehr unter den Nägeln. Das „Allgemeine Fürbittengebet" im Gottesdienst, bei dem für die Verantwortlichen in Kirche und Staat sowie für die Notleidenden dieser Welt gebetet wird, empfinden selbst treue Gottesdienstgänger als eher langweilig. Und auch wenn wir für uns alleine beten, steht das Gebet für andere meist in keiner Relation zu der Inbrunst, mit der wir uns für eigene Belange einsetzen. Mit Fug und Recht können wir die Fürbitte also als das „Aschenputtel" unter den Grundgebetsarten bezeichnen.

Hierin zeigt sich zum einen, dass die enorme Selbstbezogenheit, die unser ganzes Wesen zu prägen scheint, auch unsere Frömmigkeit und unser Gebet beeinflusst. Selbst wenn wir beten, hören wir nicht auf, Egoisten zu sein. Es gibt aber noch einen anderen Grund, warum wir uns mit der Fürbitte schwertun: Wir können nicht sehen, ob sie überhaupt etwas bewirkt. Wie oft haben wir in der Kirche für den Frieden in der Welt gebetet und es hat sich nichts getan? Vielleicht haben wir selbst schon mal für jemanden gebetet und das Gebet wurde nicht erhört – dann fragen wir uns mit Recht, warum wir das noch einmal tun sollten. Sicherlich: Immer wieder machen Menschen die Erfahrung, dass sich auf fürbittendes Gebet hin wunderbare Dinge ereignen. Doch das lässt sich leider nicht scharf stellen. Irgendwie herrscht hier eine unbefriedigende Kluft zwischen der subjektiven Erfahrung und der objektiven Messbarkeit göttlichen Eingreifens. Manche Personen verweisen gerne auf wissenschaftliche Studien, denen zufolge fürbittendes Gebet kranken Menschen tatsächlich hilft. Ich will diese Studien nicht in Zweifel ziehen, es gibt aber auch andere, nicht minder seriöse Untersuchungen, die – von Placebo-Effekten abgesehen – keinen nachweisbaren

Zusammenhang zwischen fürbittendem Gebet und der Genesung von Kranken feststellen können. Es bleibt letztlich eine Glaubensfrage. Die Wirksamkeit des Gebets lässt sich nicht wissenschaftlich einfangen.

Dessen ungeachtet finden sich in der Bibel immer wieder Beispiele und Aufforderungen, für andere zu beten. Fürbitte ist offensichtlich ein elementarer Bestandteil der christlichen Weltverantwortung, den wir nicht vernachlässigen sollen. Abraham betet für die Sünder von Sodom. Mose betet für sein Volk. Hiob betet für seine Kinder. Paulus fordert seine Leserinnen und Leser auf, für ihn und seinen Dienst zu beten. Überraschung Nr. 1: Zwar gibt es in den Bibel viele Geschichten, denen zufolge Fürbitte großartige Dinge bewirkt: Aussichtslose Schlachten werden gewonnen, Gefängnistüren öffnen sich, Tote stehen wieder auf usw. Aber keineswegs immer. Sodom beispielsweise wird zerstört. Das Volk Israel muss in der Wüste bleiben. Und die Kinder Hiobs kommen ums Leben. Die Frage der Gebetserhörung wird also schon in der Bibel höchst ambivalent verhandelt. Überraschung Nr. 2: Die großen Themen bei der biblischen Fürbitte sind offensichtlich nicht Heilung oder die wunderbare Lösung von Problemen. Die finden sich in der Bibel zwar auch, aber das Hauptmotiv, das sich wie ein roter Faden durch die biblische Fürbitte zieht, ist ein anderes. Hier geht es darum, dass Menschen zu Gott kommen, in Gott wachsen und bei Gott bleiben beziehungsweise sich von Gott nicht loslösen. Es geht – grob gesagt – gar nicht so sehr um unsere, sondern um *Gottes* Themen. Es geht in der Fürbitte darum, dass *sein* Wille geschieht und nicht so sehr der unsere.

Aber genug der Theorie. Ich mache das heute einfach mal, auch wenn ich keine befriedigende Antwort auf die vielen Fragen habe, die sich um das Fürbittgebet ranken. In bewährter Weise definiere ich wieder zehn verschiedene Bereiche, für die ich beten möchte: 1. meine Frau und meine Familie, 2. Menschen aus meinem beruflichen Umfeld, 3. Freunde und Bekannte, 4. Menschen in Krankheit und anderen Nöten, 5. Menschen und Ereignisse aus Politik und Umwelt, 6. Belange der Kirche und Mission, 7. Menschen, die mir in irgendeiner Weise anvertraut sind, 8. Menschen, für die ich in der Vergangenheit eine wichtige Rolle gespielt habe, 9. Menschen, denen ich viel zu verdanken habe, sowie 10. Menschen, die mir Probleme bereiten oder bereitet haben.

Nein, diesmal wird es keine Hunderterliste wie bei meiner Dankesübung – ich bin ja nicht zwanghaft. Ich bleibe bei den zehn Bereichen, schreibe sie mir auf einen Zettel, greife mir meine Eieruhr. Für jeden

Bereich nehme ich mir vier Minuten, um gezielt für Menschen und Ereignisse zu beten. Und weil mir das liegt, verbinde ich das wieder mit einem kleinen Laufprogramm. Aber die Übung lässt sich selbstverständlich auch im Sitzen, Stehen oder Spazierengehen durchführen. Vom Liegen rate ich in diesem Zusammenhang allerdings ab; zu leicht driften dabei die Gedanken ab.

40 Minuten später. Zuallererst: Es hat Spaß gemacht. Irgendwie habe ich das Gefühl, etwas Richtiges getan zu haben. Und ich staune:

- Ich staune darüber, wie viele Leute mir eingefallen sind, an die ich schon lange nicht mehr gedacht habe. Es ist ähnlich wie mit dem Dank: Ich vergesse so rasend schnell, wie viele Menschen in meinem Leben eine wichtige Rolle spielen beziehungsweise gespielt haben. Die Fürbitte hilft mir, die Verbundenheit mit diesen Menschen zu empfinden.
- Ich staune darüber, für wen ich noch nie gebetet habe, obwohl wir ganz oft miteinander zu tun haben. Angesichts der Tatsache, dass ich schon jahrzehntelang Christ bin, ist das ein ziemliches Armutszeugnis. Wir begegnen uns, sind freundlich zueinander, helfen uns mit allen möglichen Gefälligkeiten aus, aber mit dem größten Geschenk, das ich anderen zu bieten habe – mit meinem Gebet –, bin ich geradezu unfassbar sparsam!
- Ich staune darüber, wie wach ich plötzlich für die großen Zusammenhänge in Kirche und Gesellschaft werde, wenn ich mich betend in sie „einklinke“. Ich glaube nicht, dass es ausgerechnet mein Gebet ist, das das seit Wochen sprudelnde Bohrloch im Golf von Mexiko stopfen oder das sinnlose Töten in Afghanistan oder anderswo beenden wird. Aber wer weiß? Auf jeden Fall fühle ich mich durch meine Fürbitte nicht mehr nur als bloßer Zuschauer, sondern als jemand, der einen – wenn auch kleinen – Beitrag leistet.
- Ich staune darüber, was es mit mir macht, für meine „Feinde“ zu bitten. Für die, die mich verletzt haben, mir Schwierigkeiten bereiten, die mich verunglimpfen oder mir anderweitig Schaden zufügen. Ich schrieb es bereits an anderer Stelle: Im Grunde fällt es mir leicht zu vergeben. Aber wenn es darum geht, für diese Menschen im Gebet einzutreten, sie zu segnen und ihnen von Herzen das Beste zu wünschen, merke ich, dass ich doch schneller an meine Grenzen

komme, als ich dachte.

- Schließlich staune ich darüber, wie viel es mir hilft, die drei großen biblischen Fürbittthemen, die ich eben schon genannt hatte, in den Fokus zu nehmen: zu Gott kommen, in Gott wachsen, bei Gott bleiben. Zu fast jedem Menschen fällt mir dazu etwas ein, denn im Grunde betrifft uns immer mindestens eines dieser drei großen Leitmotive. Und indem ich mich dieser drei Fragen annehme, die vielleicht weniger mich als vielmehr Gott interessieren, hole ich mein Gebet aus dem oftmals kleinkarierten, eng gezogenen Kreis meiner eigenen Sichtweise und Interessen heraus und stelle es in einen weiten Horizont, ähnlich wie Jesus uns lehrt, vor allen eigenen Bitten erst einmal zu beten: „Dein Name werde geheiligt. Dein Reich komme. Dein Wille geschehe."

Hat mein Fürbittgebet etwas bewirkt? Bei mir selbst ganz gewiss. Das tut schon mal gut, und doch empfände ich es als zu wenig, wenn das alles wäre. Eine objektive Wirkung des Gebets lässt sich zwar nicht nachweisen. Und trotzdem glaube ich daran. Zu oft habe ich Dinge erlebt, die ich mir anders nicht erklären kann, als dass Gott irgendwo helfend eingegriffen hat. Aber ich gebe zu: Sobald ich da eine Waage oder ein Metermaß dranhalte, komme ich in Erklärungsnöte.

Trotzdem – und weil mein heutiges Erlebnis mir den Eindruck vermittelt hat, dass es richtig und wichtig ist, was ich hier tue – nehme ich mir vor, in Zukunft täglich für mindestens fünf Personen oder Zusammenhänge zu beten: eine Person, die mir nahesteht; eine Person, der ich unlängst begegnet bin; eine Person oder Personengruppe in Not und/oder ein weltpolitisches Ereignis; eine Person, die ich nicht mag oder die mir Probleme bereitet; darüber hinaus will ich mindestens eine „Reich-Gottes-Bitte" äußern und durch mein Gebet dafür eintreten, dass Gottes Einfluss in dieser Welt nicht zurückgeht, sondern wächst.

Portfolio

Name:	**Fürbitte**
Erklärung:	Die Fürbitte besteht darin, dass wir uns bei Gott betend für andere einsetzen, mit dem Ziel, dass Gottes Einfluss auf die Menschen und das Weltgeschehen zunimmt.
Kategorie:	Grundform des Betens; auch als Gemeinschaftsgebet möglich
Verwandte Formen: ..	Bittgebet; Gebet mit der Zeitung
Auf drei gezählt:	1. Gebetsanliegen für andere entweder spontan oder systematisch nach verschiedenen Bereichen geordnet vor Gott bringen. 2. Sich in die besonderen Herausforderungen und Bedürfnisse der betreffenden Person oder Sachlage hineindenken und Gott darum bitten, dass er helfend eingreift. 3. Die umgekehrte Perspektive einnehmen: sich überlegen, was Gottes Wünsche und Gedanken für/über diese Person, das Ereignis oder die Sachlage sein könnten, und Gott darum bitten, dass sein Einfluss zunimmt.
Zeitaufwand:	Beliebig; empfehlenswert: 5 Minuten täglich; hier: 40 Minuten
Benötigte Hilfsmittel:	Keine; evtl. eine Wochenliste
Meine Erkenntnis:	Subjektive Erfahrung und objektive Messbarkeit sind manchmal getrennte Dinge.
Note:	2 Horizonterweiternd.

***Tag 7:* An der Quelle**

Beten mit der Bibel

Ich finde, die Bibel ist hierzulande nicht nur ein völlig unterschätztes Kulturgut, sondern auch eine viel zu selten genutzte Quelle spiritueller Inspiration. Vor allem machen wir uns gar nicht bewusst, welches Privileg wir da genießen. Anderthalb Jahrtausende gab es die Bibel fast nur auf Latein. Und die Möglichkeit, das Buch der Bücher in der eigenen Sprache lesen zu können, wurde teuer erkauft: Viele Menschen mussten dafür ihr Leben lassen. Ja, noch heute steht in vielen Ländern der Erde schon der bloße Besitz einer Bibel unter strenger Strafe. Es ist schon eigenartig, dass Millionen Menschen auf der Welt für den Besitz oder das Lesen der Bibel mit Leib und Leben bedroht werden, während hierzulande – im sogenannten christlichen Abendland – nahezu jeder eine Tauf- oder Konfirmationsbibel im Schrank stehen hat und sie nie oder kaum nutzt. Wir wissen, glaube ich, gar nicht zu schätzen, was für ein Vorrecht es ist, ungehinderten Zugriff auf das „Buch der Bücher" zu haben.

Ich nehme also heute meine alte Lutherbibel aus dem Bücherregal. Zugegeben: Das tue ich nicht zum ersten Mal. Ich habe in meinem Leben viele Bibeln besessen und im Lauf der Zeit mehr davon weggeworfen, als der normale deutsche Bundesbürger je besitzen wird. Für mich ist die Bibel zunächst einmal ein Gebrauchsgegenstand, den ich irgendwann (etwa wie ein altes Telefonbuch) zerfleddert wegwerfe und durch einen neuen ersetze. Halten Sie mich für prosaisch, aber mir scheint diese Einstellung angemessener, als die Bibel für derart „heilig" zu erklären, dass man sie nicht anzufassen wagt.

Bereits im Alter von acht Jahren habe ich die Bibel zum ersten Mal durchgelesen. Eine witzige Geschichte: Wir zogen damals für ein Jahr in die USA. Meine Mutter fragte mich, ob ich für den Flug etwas zu lesen haben wolle. Sie dachte vermutlich an einen Comic. Daran dachte ich auch, fürchtete aber, dass dieser Spaß bereits nach zwanzig Minuten vorbei sein würde, und was sollte ich den Rest des langen Fluges lesen? Also wünschte ich mir eine Bibel. Meine Mutter hatte von diesen Dingen so gar keine Ahnung und kaufte mir – ich war damals gerade in der zweiten Klasse! – eine schwarz eingebundene revidierte Luther-Ausgabe von 1956 in altdeutscher Frakturschrift. Ich ließ mir während des

Flugs die merkwürdigen Buchstaben erklären, reimte mir mühsam Wort für Wort zusammen, und da wir in den USA nur wenige deutsche Bücher hatten, las ich die Bibel im Laufe des folgenden Jahres durch. Und habe sie in der Zwischenzeit noch viele Male gelesen.

Ich bin also kein Anfänger, was das Bibellesen betrifft. Trotzdem nehme ich mir die Bibel heute vor wie jemand, der sie zum ersten Mal seit Langem wieder in der Hand hält. Und um ehrlich zu sein: Sonderlich benutzerfreundlich wirkt sie auf den ersten Blick in der Tat nicht. Rund 1.200 eng bedruckte Seiten umfasst das Buch der Bücher. Wenn wir die Bibel mit Sinn und Verstand lesen wollen, ohne jedoch bei jedem Satz stehen zu bleiben, brauchen wir pro Seite – je nach Lesetempo und Schwierigkeitsgrad des Textes – zwischen zehn und zwanzig Minuten, insgesamt also rund 300 Stunden. Wer folglich jeden Tag ca. drei bis vier Seiten oder eine Stunde in der Bibel liest, schafft es in knapp einem Jahr. Doch wer – außer vielleicht dem oben erwähnten achtjährigen Bengel oder einem Pensionär – hat dafür die Zeit?

Was also kann ich tun, um *heute* – in einem relativ überschaubaren Zeitraum – meinen Nektar aus der Bibel zu saugen? Ich schlage die erste Seite auf und lese dort die Worte: „Am Anfang schuf Gott Himmel und Erde." Soll ich ehrlich sein? Das interessiert mich gerade überhaupt nicht. Klar gab es Phasen in meinem Leben, in denen ich mich gefragt habe, wie die Welt entstanden ist und warum Gott auf den merkwürdigen Gedanken gekommen ist, ein Wesen wie den Menschen zu schaffen. Vielleicht kommen diese Fragen irgendwann auch mal wieder. Aber das ist im Moment nicht mein Thema. Ich befinde mich – lebensgeschichtlich gesehen – derzeit auf ganz anderen Baustellen. Wenn also Gott in der Bibel zu mir spricht, wie es allgemein christliche Auffassung ist, dann jedenfalls nicht durch jeden Vers in gleicher Weise.

Deshalb blättere ich weiter. Und bin mit einem Mal dankbar dafür, dass in der Lutherbibel viele Verse fett gedruckt sind. Diese Auswahl „goldener Worte" – die nur zum geringen Teil auf Martin Luther selbst zurückgeführt werden kann – ist unter Theologen durchaus umstritten, aber sie hilft gerade dem Anfänger und der Anfängerin, sich ein wenig zu orientieren. Diese Verse sind einer größeren Zahl anderer Menschen wichtig geworden, und darum bestehen gute Chancen, dass der eine oder andere dieser Verse auch uns wichtig werden kann. Das ist – wie ich sehr schnell bemerke – bei Weitem nicht bei allen der Fall. Aber nach einigen Minuten bleibt mein Blick an folgendem Vers hängen:

Du sollst den Herrn, deinen Gott, lieben
von ganzem Herzen, von ganzer Seele,
von ganzem Gemüt und von allen deinen Kräften.

Markus 12,30

Bingo, das ist exakt mein Thema! Genau das hat mich zu meinem Selbstversuch bewogen: die Sehnsucht, Gott zu lieben. Und geht es nicht in allen Formen der Spiritualität letztlich um eben diese Frage: wie man Gott lieben kann bzw. wie man in eine liebevolle Kommunikation mit einem Wesen eintritt, das man weder hören, sehen, riechen, schmecken noch anfassen kann?

„Du sollst Gott, lieben von ganzem Herzen, von ganzer Seele, von ganzem Gemüt und von allen deinen Kräften" – dieser Satz trifft mich wie ein Hammer:

- Mein **„Herz"**, das ist die Mitte meiner Person, das, was mein Inneres mit Gott verbindet.
- Meine **„Seele"** ist mein Innenleben, die ganze Welt der Empfindungen und Gefühle.
- Das Wort, das Luther mit **„Gemüt"** übersetzt – das weiß ich als Theologe –, bedeutet eigentlich so viel wie „Gesinnung", „Absicht", aber auch „Verstand".
- Das Wort **„Kraft"** hingegen ist eindeutig. Es umfasst alle meine Stärken und Fähigkeiten und mein Vermögen im mehrfachen Sinn des Wortes.

Vieles, was heute als Spiritualität bezeichnet wird, plätschert ziemlich an der Oberfläche dahin. Viele suchen den kurzen religiösen „Kick" und sind nicht wirklich bereit, in die Tiefe zu gehen. Aber wir können nicht mit einem Schraubenzieher in die Wüste ziehen, um dort nach Öl zu bohren. Die Suche nach Gott erfordert unseren ganzen Einsatz. Vielleicht ist das auch ein Problem meines Selbstversuchs: Wer weiß, ob es nicht mehr bringen würde, fünfzig Tage lang die gleiche Übung zu machen, statt täglich etwas Neues zu probieren und so geradezu zwangsläufig in gewisser Weise an der Oberfläche zu bleiben? Zumindest hat mir ein guter Freund genau dies geraten. Doch die Entscheidung ist gefallen. Ich habe das Projekt angefangen und ziehe es auch durch. Außerdem finde ich es auch immer noch gut. Nur ist mir mein

Ziel heute wieder ganz neu bewusst geworden: Ich möchte Gott lieben lernen. Das hätte ich vermutlich gestern noch ganz anders ausgedrückt. Seit heute weiß ich – egal, wie ich es angehe –, mein Projekt wird nur dann von Erfolg gekrönt sein, wenn ich es von ganzem Herzen verfolge. Gott lässt sich finden, auch wenn er unsichtbar ist, so verstehe ich die Bibel. Aber nur, wenn ich mich voll und ganz auf ihn einlasse. Was mich wieder zu dem bereits früher zitierten Bibelwort zurückführt: „… denn wenn ihr mich von ganzem Herzen suchen werdet, so will ich mich von euch finden lassen …“ (Jeremia 29,13–14) – übrigens auch so ein fett gedruckter Vers der Lutherbibel.

Eine kleine, aber feine Übung, die mir einmal mehr zeigt, wie wichtig die Bibel für unsere Kommunikation mit Gott ist. Bislang habe ich mit Gott geredet. Heute habe ich zum ersten Mal im Laufe meines Selbstversuchs den Eindruck, dass er auch zu mir gesprochen hat. Und das bereits bei einem recht oberflächlichen Zugang zur Bibel. Wie wird das erst sein, wenn ich mich noch intensiver auf die Bibel einlasse? Ich nehme mir vor, im Laufe der nächsten Wochen noch ein paar andere, tiefer gehende Weisen des betenden Bibellesens auszuprobieren.

Portfolio

Name:	**In der Bibel blättern**
Erklärung:	Die Bibel ist nach christlichem Verständnis das Hauptmedium, durch das Gott zu uns Menschen spricht. In der Bibel zu blättern ist sicherlich keine allzu tiefgehende Methode des Bibellesens, aber vielleicht ein verheißungsvoller Anfang.
Kategorie:	Beten mit der Bibel
Verwandte Formen:	Das Lesen des im Handel erhältlichen Herrnhuther Losungshefts mit zwei ausgelosten Bibelversen für jeden Tag des Jahres
Auf drei gezählt:	1. Im Gebet darum bitten, dass Gott zu mir redet. 2. In der Bibel blättern, bis mich ein Wort/Satz anspricht. 3. Über den Satz nachdenken: „Warum spricht mich dieses Wort so an? Was will Gott mir dadurch sagen?“ Und dann Gott im Gebet darauf antworten. (4. Diesen Satz eventuell aufschreiben und als Erinnerungshilfe auf den Schreibtisch o. a. stellen.)
Zeitaufwand:	Mindestens 5–10 Minuten; hier: gut 20 Minuten
Benötigte Hilfsmittel:	Eine Bibel, möglichst mit fett gedruckten zentralen Versen
Meine Erkenntnis:	Schon an der Oberfläche ist das „Buch der Bücher“ tief.
Note:	1 Ins Schwarze getroffen!

Tag 8: Leben mit Ergebnissicherung

Beten als Tagesrückblick

Heute bin ich fix und fertig. Stundenlang war ich mit dem Zug unterwegs, um auf einer Open-Air-Veranstaltung einen Vortrag zu halten und an einer Podiumsdiskussion teilzunehmen. Es war regnerisch und kalt – und das mitten im Juni! Entsprechend schlecht war die Veranstaltung besucht und ich fror die ganze Zeit wie ein Schneider. Erst als ich abends wieder zu Hause bin, tut die Sonne so, als sei nichts gewesen, und scheint fröhlich in den Garten. Ich setze mich in unseren Strandkorb, trinke ein großes Glas Sprudel mit Zitrone und erinnere mich plötzlich daran, dass ich ja gerade mitten in einem dreimonatigen Gebetsprojekt stecke. „Auch das noch!", stöhne ich innerlich. Jetzt noch beten? Ich fühle mich doch völlig ausgelaugt!

Auf der anderen Seite: Ist das nicht ein ziemlich normaler Tag? Nicht einmal ein besonders unangenehmer, sondern einfach nur ein Arbeitstag, an dem man abends müde und geschafft nach Hause kommt. Also das, was Millionen Menschen hierzulande tagtäglich erleben. Und ich Warmduscher versuche, Gott und mir selbst zu erklären, dass ich heute nicht mehr beten kann – das ist echt peinlich! Als ob der Mensch nur beten kann, wenn er frisch, munter und ausgeschlafen ist. Wobei ich zugeben muss: Morgens im ausgeruhten Zustand geht mir das Beten tatsächlich leichter von der Hand beziehungsweise von den Lippen.

Während ich so dasitze und sinniere, gongt die Uhr achtmal – Zeit für die Tagesschau! Und zwar meine ganz eigene. In ihr geht es nicht um die Ereignisse aus aller Welt, sondern um meine ganz persönlichen Erlebnisse von heute. „Guten Abend, meine Damen und Herren …", genau gesagt: „Guten Abend, Vater im Himmel. Heute ist mir Folgendes passiert …"

Denn das ist die Gebetsform, die ich heute ausprobieren möchte: Ich will mir meinen Tag sozusagen noch einmal zusammen mit Gott anschauen. Langsam lasse ich vor meinem geistigen Auge die vergangenen Stunden Revue passieren. Bilder und kurze Filme steigen in mir auf: Menschen, denen ich begegnet bin; Momente der Freude, die ich heute erlebt habe; dazu mehrere kleine Ereignisse, die wohl einfach an mir vorbeigerauscht wären, wenn ich mir jetzt nicht die Zeit zum betenden Rückblick nehmen würde. Der liebevolle Kuss meiner Frau zum

Beispiel, als sie mich vom Bahnhof abholte – hoppla, den hätte ich ja fast vergessen! Kann ich den noch mal in Zeitlupe haben? Oder die Abiturientin aus dem Publikum, die sich im Gespräch nach der Podiumsdiskussion als großer Fan meiner Bücher outete – eine Szene, die ich gerne von meiner inneren Kamera noch mal scharf gestellt hätte. Aber auch die freundlichen Worte der Kritik, die eine meiner Gesprächspartnerinnen in der Podiumsdiskussion geäußert hat. So ganz unrecht hatte sie ja nicht. Um nicht zu sagen: Sie hatte recht. Ja, das hatte ich so noch nicht bedacht. An dieser Stelle muss ich meine eigene Ansicht noch mal nachjustieren.

Beim Tagesschau-Gebet kommt es nicht auf Vollständigkeit an. Da es mein ganz individueller Tagesrückblick ist, darf die Darstellung auch ruhig subjektiv sein. Einige Bilder brauchen vielleicht etwas länger, andere nehmen unverhältnismäßig viel Raum ein. Kein Problem. Hier ist meine ganz persönliche Tagesschau auf Sendung, die ich mit niemand anderem teilen muss. Und sie braucht auch keine Viertelstunde zu dauern. Fünf Minuten reichen oft vollkommen aus, dass wir merken: Dieser ganz normale, durchschnittliche Tag, an dessen Ende wir uns nicht mal besonders gut fühlen, war ein ganz besonderer Tag, an dem wir lieben, lernen und lachen konnten. Wir haben es nur nicht wahrgenommen beziehungsweise ganz schnell wieder vergessen.

Eine persische Sage erzählt von einem Mann, der am Strand des Meeres ein kleines Säckchen mit Steinen findet. Er schüttet es aus, lässt die Steine achtlos durch seine Finger gleiten und schaut dabei auf das Meer. Er beobachtet die Möwen, die auf den Wellen schaukeln, und beginnt, übermütig mit den Steinchen nach den Möwen zu werfen. Spielerisch schleudert er die Steine ins Meer, ein paar lässt er am Strand liegen, einen nimmt er mit nach Hause. Dort bemerkt er auf einmal im Schein des Herdfeuers, dass der Stein glitzert. Mit Schrecken erkennt er, dass es sich um einen Diamanten handelt. Er wird blass bei dem Gedanken, wie viele Diamanten mittlerweile unrettbar auf dem Meeresgrund liegen. Aber, denkt er sich, vielleicht liegen ja noch ein paar am Strand. Und er rennt los, um wenigstens noch diese Diamanten zu retten.

Jeder Tag unseres Lebens ist ein solcher Diamant von unermesslichem Wert. Und die Anzahl der Diamanten, die uns zur Verfügung stehen, ist leider begrenzt. Doch die meisten von uns haben nichts Besseres zu tun, als ihre Tage einen nach dem anderen achtlos ins Meer oder irgendwelchen Möwen nachzuwerfen beziehungsweise am Strand liegen zu lassen. Ich werde blass bei dem Gedanken, wie viele meiner Tage ich einfach nur habe verstreichen lassen, statt sie wertzuschätzen, zu achten, ans Licht zu halten und etwas daraus zu machen. „Wir bringen unsere Tage zu wie ein Geschwätz", heißt es in den Psalmen.

Der betende Tagesrückblick richtet meine Aufmerksamkeit darauf, dass jeder Tag ein Geschenk Gottes an mich ist. Und nicht nur an mich, sondern auch an andere. Jeder Tag ist mir geschenkt, um zu geben und zu nehmen, zu säen und zu ernten. In der Theorie ist mir das klar, doch ohne betende Rückschau lebe ich oftmals über diese Tatsache hinweg. Das Gebet hilft mir nicht nur, den Wert eines jeden Tages zu entdecken, sondern auch Konsequenzen und Lehren daraus zu ziehen. Wenn ich heute zu viel gegeben habe, sollte ich morgen vielleicht besser etwas mehr nehmen und umgekehrt. Beten macht es mir möglich, ein ausbalanciertes Leben zu führen.

Es gibt die verschiedensten Arten des rückschauenden Gebets. Kinder lernen zum Beispiel das **Zehn-Finger-Gebet**: Abends vor dem Schlafengehen überlegen sie bei jedem ihrer zehn Finger, was an dem zurückliegenden Tag schön war und wofür sie Gott danken können. Aus Afrika kommt das **Bohnengebet**, bei dem jemand seine rechte Jackentasche mit Bohnen füllt und bei jedem Ereignis, das ihn erfreut, eine Bohne von der rechten in die linke Tasche gleiten lässt. Abends holt er dann alle Bohnen aus der linken Tasche und führt sich die entsprechenden Ereignisse wieder vor Augen. Und für alle, die – wie ich – keine Bohnen mögen: Wahlweise können wir auch Kieselsteinchen nehmen (aber bitte nicht ins Meer werfen, man weiß ja nie!). All diese äußeren Hilfen dienen dem gleichen Ziel: den Tag nicht einfach achtlos verstreichen zu lassen, sondern die wichtigen Momente festzuhalten und noch einmal zu benennen. Damit übernehmen sie eine ähnliche Funktion wie die sogenannte „Ergebnissicherung", die ein Lehrer am Ende einer Schulstunde vornimmt: Sie führen uns das Wesentliche noch einmal vor Augen und stellen sicher, dass das, was zu lernen war, auch gelernt wurde.

Ob Finger, Bohnen oder Tagesschau: Zum *Gebet* wird das Ganze, indem wir die Begegnungen und Ereignisse des Tages bewusst Gott hinhalten, das heißt, ihm für das Gute danken, das uns widerfahren ist, ihn für Versäumtes und Misslungenes um Vergebung bitten und ihm die Folgen unserer Worte und Taten anbefehlen. Wir legen den Tag zurück in die Hände jenes Gottes, der ihn uns als besonderes Geschenk anvertraut hat. Wir werfen den „Diamanten“ nicht einfach achtlos fort, sondern legen ihn zurück in Gottes große Schatztruhe.

Portfolio

Name:	**Tages(rück)schau**
Erklärung:	Die Tagesrückschau hilft, uns einzelne Ereignisse und Begegnungen des Tages noch einmal vor Augen zu führen, sie wertzuschätzen und vor Gott zu bringen.
Kategorie:	Persönliches Gebet; Abendgebet
Verwandte Formen: ..	Tagebuch; Zehn-Finger-Gebet; Bohnengebet; den Tag mit Gott planen
Auf drei gezählt:	1. Einladung an Gott aussprechen, gemeinsam die folgende „Tagesschau“ anzusehen. 2. Den vergangenen Tag vor meinem geistigen Auge vorbeiziehen lassen. 3. Gott für die schönen Ereignisse danken, für Misslungenes um Vergebung bitten und ihm die Folgen des Tages anvertrauen.
Zeitaufwand:	5 Minuten oder mehr; hier: knapp eine Viertelstunde
Benötigte Hilfsmittel:	Keine; unter Umständen ein Notizblock, auf dem man die besonderen Momente des Tages kurz festhält; wahlweise auch Bohnen
Meine Erkenntnis:	Jeder Tag ist mir geschenkt, um zu säen und zu ernten.
Note:	2 Hilft auch an kritischen Tagen.

Tag 9: Mehr als nur Entspannungstechnik

Beten durch bewusstes Atmen

Sowohl im Hebräischen als auch im Griechischen – also in den beiden Ursprachen der Bibel – ist das Wort für „Atem" das gleiche wie für „Geist". Die Verbindung zwischen unserem geistlichen Leben und unseren Atemwegen ist für biblisches Denken sehr viel enger, als es unsere westliche Spiritualität vermittelt. Schlimmer noch: Die Verbindung von Gebet und bewusster Atmung ist bei vielen Christen mit Vorbehalten besetzt, weil sie diese eher der östlichen Mystik oder der „Alle Religionen sind letztlich eins"-Philosophie des sogenannten „New Age" zuordnen. Aber manchmal braucht es scheinbar den Umweg über andere Religionen, um Eigenes wiederzuentdecken. Ich fände es spannend, einmal alle Stellen in der Bibel, in denen vom menschlichen Geist die Rede ist, mit „Atem" wiederzugeben. Das wäre zwar nicht unbedingt die korrekte Übersetzung, aber wir würden auf diese Weise wahrnehmen, was die Menschen der Bibel zu ihrer Zeit bei diesen beiden Worten zumindest mithörten.

Genug der Theorie, hinein ins Experiment! Heute konzentriere ich mich bewusst auf meine Atmung. Dabei mache ich mir eine Atemtechnik zunutze, die mir in den verschiedensten Situationen meines Lebens begegnet ist. Sie scheint so etwas wie eine Grundübung der meditativen Entspannung zu sein. Christen bedienen sich ihrer genauso wie Buddhisten, sie wird im Autogenen Training ebenso eingesetzt wie bei der Schwangerschaftsgymnastik. Sie besteht im Grunde nur aus zwei Schritten, die ich für mindestens fünf, besser aber für zehn oder fünfzehn Minuten konsequent durchhalte:

1. Ich atme langsam und tief durch die Nase ein – bis die Lunge weitgehend gefüllt ist – und mache danach eine kurze Pause.
2. Danach atme ich langsam durch den Mund wieder aus, und zwar etwas länger, als ich eingeatmet habe. Auch danach mache ich eine kurze Pause.

Wie lange so ein Atemzug jeweils dauert, hängt natürlich stark vom individuellen Lungenvolumen und der persönlichen Fitness ab. Ein Kettenraucher wird hier vermutlich andere Werte haben als eine

Langstreckenläuferin. Anzustreben – so habe ich mal gelesen – ist jedenfalls, dass wir bei dieser Übung nicht öfter als viermal pro Minute ein- und ausatmen. Keine Sorge: Sie können dabei nicht ersticken. Wenn Sie allerdings lungenkrank sind, sollten Sie auf diese Übung vielleicht trotzdem verzichten.

Ich fange erst mal vorsichtig an und atme sechs Sekunden ein, mache eine bis zwei Sekunden Pause und atme dann acht bis neun Sekunden aus, um anschließend wieder eine kurze Pause zu machen. Ich merke, dass sich das nach bereits wenigen Atemzügen verschiebt: Ich atme unwillkürlich länger ein (etwa acht bis neun Sekunden), mache zwei Sekunden Pause und atme dann etwa elf bis zwölf Sekunden aus und mache wieder ein bis zwei Sekunden Pause. Bei alledem versuche ich, möglichst wenig zu denken. Ich konzentriere mich nur auf meine Atmung und den Sekundenzeiger meiner Uhr.

Nach etwa fünf Minuten merke ich, dass ich mich auf diese besondere Form der kontemplativen Atmung gar nicht mehr konzentrieren muss. Ich nehme meinen Atem sehr bewusst wahr, doch es ist wie ein sanfter Grundrhythmus, der sich unter mein Denken legt. „Es" beginnt in mir zu atmen. Das, was vorher eine etwas angestrengte bewusste Übung war – wer atmet schon so im normalen Alltag? –, erweist sich als eine sehr entspannende Art und Weise zu atmen, die mir und meinem Inneren viel mehr entspricht, als die ersten Minuten der Übung vermuten ließen. Auf jeden Fall fühle ich mich auf einmal ausgesprochen ruhig. Stress und Sorgen fallen nach und nach von mir ab. Ein Mediziner hat mir mal erklärt, das läge daran, dass sich durch diese Art der Atmung der Kaliumspiegel in unserem Blut erhöhen würde. Ist mir recht. Egal, woran es liegt: Ich habe den Eindruck, Störendes und innere Blockaden buchstäblich wegzuatmen und mich darum Gott besser öffnen zu können.

So verlagere ich mich langsam auf die spirituelle Dimension meiner Atemübung. Statt wie am Anfang Sekunden zu zählen, stelle ich mir beim Einatmen vor, dass Gott mir seinen Lebensodem einhaucht. So wie es in der biblischen Urgeschichte heißt: „Gott blies ihm [dem Menschen] den Geist/Atem des Lebens ein und so wurde der Mensch eine lebendige Seele" (so die wörtliche Übersetzung von 1. Mose 2,7). Beim Ausatmen schaffe ich diesem Lebensodem Gottes bewusst Raum in mir, indem ich alle abgestandene und verbrauchte Luft aus meiner Lunge förmlich herausblase. Ich denke beim Einatmen an den Geist Gottes, den ich in mich aufnehme. Und beim Ausatmen an alles, was ich abgeben möchte, um für Gott in meinem Inneren Platz zu schaffen. Ich erzeuge sozusagen ein Vakuum, in das Gott hineinströmen kann.

Das klingt komplizierter, als es ist. Eigentlich denke ich gar nicht groß nach, sondern begleite meinen Atem lediglich mit ein oder zwei Bildern: Gott bläst mir seinen Lebensodem ein – Pause. Ich gebe alles Belastende an ihn ab – Pause. Immer und immer wieder. Und vielleicht ist gerade das das Schönste: Ich brauche keine große Worte, keine Anliegen, keine existenziellen Lebensthemen, die ich mit Gott durcharbeiten muss. Nein, ich lasse ihn einfach sein. In mir sein. Schaffe ihm Raum und genieße seine Gegenwart. Bis nach 15 Minuten mein Wecker piepst, den ich mir für diese Übung gestellt habe. Eine etwas unsanfte Methode, um aus meinem fast tranceartigen Gebet geholt zu werden. Keine Ahnung, was sonst mit mir passiert wäre. Vielleicht hätte ich eine ganze Stunde so gebetet. Vielleicht wäre ich auch eingeschlafen. Nicht vor Langeweile, sondern weil mich diese Übung tief entspannt hat. Ich finde, es gibt Schlimmeres, als beim Gebet vertrauensvoll einzuschlummern, aber heute ist die Zeit für ein Nickerchen nicht drin. Schließlich will ich meine Erlebnisse noch aufschreiben.

Ich muss sagen: Das ist eine starke Übung! Sie ist vielleicht nicht für jeden Tag geeignet, aber ich möchte sie in meinem Gebetsportfolio nicht missen. Ich fühle mich gleichermaßen gelassen und erfrischt und habe vor allem den Eindruck, mit Gott ganz intensiv kommuniziert zu haben. Und ganz nebenbei habe ich eine Übung gefunden, mit deren Hilfe ich Gefühle wie Angst und Stress deutlich reduzieren kann. Wer weiß: Vielleicht ist eine Entspannungstechnik wie das Autogene Training lediglich das säkulare „Abfallprodukt" einer ursprünglich religiösen Praxis? Letztlich ist der Großteil unserer Kultur ein Abfallprodukt der Religion. Was ich dabei spannend finde: Mir hat das normale Autogene Training – Kaliumspiegel hin oder her – nie wirklich geholfen. Ich habe es öfters hoffnungsvoll versucht, aber es war für mich jedes Mal eine Pleite. Komischerweise schlägt aber die gleiche Übung, sobald sie „religiös aufgeladen" ist, bei mir an. Woran es auch immer liegt – ich bezweifle, dass man das mithilfe eines Bluttests herausfinden würde.

Portfolio

Name:	**Geistliches Atmen**
Erklärung:	Unsere Atmung und unser geistliches Leben sind enger miteinander verbunden, als unsere westliche Spiritualität vermittelt. Bewusstes Atmen bringt uns in Berührung mit der Tatsache, dass wir in jeder Minute unseres Lebens darauf angewiesen sind, dass Gott uns seinen göttlichen Geist einhaucht.
Kategorie:	Meditative Gebetsform
Verwandte Formen:	Wiederholungsgebet; Vertrauensgebet
Auf drei gezählt:	1. Langsam und tief durch die Nase einatmen, bis die Lunge weitgehend gefüllt ist. 2. Nach kurzer Pause noch langsamer durch den Mund wieder ausatmen. 3. Sobald das einigermaßen „automatisch" funktioniert, beim Einatmen daran denken, dass Gott uns mit seinem Lebensodem erfüllt, und beim Ausatmen Gott im eigenen Inneren bewusst ein Vakuum schaffen, in das Gott hineinströmen kann.
Zeitaufwand:	Mindestens fünf, besser zehn Minuten; hier: eine gute Viertelstunde
Benötigte Hilfsmittel:	Keine; evtl. ein Wecker
Meine Erkenntnis:	Ich atme – auch in geistlicher Hinsicht – viel zu flach.
Note:	1 Volltreffer!

Tag 10: Ohne Unterlass

Beten mit dem Jesusgebet

Gestern hat das mit dem Atmen so fantastisch geklappt, da will ich heute gleich noch eine Variante ausprobieren. Vielleicht bin ich ja auf dem richtigen Weg. Und so mache ich mich tatsächlich auf den Weg: Ich laufe an einem Getreidefeld entlang, atme dabei tief ein und aus und lasse meine Gedanken kommen und gehen, bis ich innerlich zur Ruhe finde. Es ist ein lauwarmer Sommertag, und es fällt nicht schwer, mir vorzustellen, dass ich Licht und Liebe einatme. Leise spreche ich: „Herr Jesus Christus …" Dann stelle ich mir vor, dass ich eine dunkle Wolke ausatme, und ich sage: „… erbarme dich meiner." Bei jedem Einatmen: „Herr Jesus Christus …" Und beim Ausatmen: „… erbarme dich meiner." Das mache ich etwa eine halbe Stunde lang.

Es ist fast 25 Jahre her, dass mir ein katholischer Mönch diese Art zu beten beigebracht hat. Es handelt sich dabei um das traditionelle Jesusgebet der Ostkirche, das auch „Herzensgebet" genannt wird. Die Textform dieses Gebetes variiert dabei je nach Überlieferung leicht, es gibt längere und kürzere Formeln, aber letztlich finden wir immer den gleichen Grundtext. In seiner Langfassung lautet das Gebet: „Herr Jesus Christus, (du) Sohn des lebendigen Gottes, erbarme dich meiner." In vielen Fällen und Traditionen wird die Anrede aber auf „Herr Jesus Christus" oder schlicht auf „Jesus" verkürzt. Das „Erbarme dich meiner" lässt weniger Variationsmöglichkeiten zu. Manchmal – etwa im gemeinschaftlichen Gebet – wird das recht selbstbezogen klingende „meiner" durch ein „unser" ersetzt oder gleich ganz weggelassen.

In all seinen Variationen ist das Jesusgebet eine sogenannte „mantrische" Gebetsform, das heißt, dass die gleiche Formel unaufhörlich wiederholt wird. Es spricht vieles dafür, dass das Wiederholungsgebet die Urform christlicher Meditation ist. Die alten Mönchsväter wiederholten Psalm- und andere Bibelverse über Stunden, Tage und Wochen hinweg. Anders als in der östlichen Meditation, in der es primär darum geht, innerlich leer zu werden, geht es in dieser christlichen Form darum, die eigene Person-Mitte mit bestimmten Aussagen anzufüllen, die man unzählige Male „wiederkäut".

Das ist auch der Unterschied zu der Gebetstechnik des bewussten Atmens, die ich gestern beschrieben habe. Auf den ersten Blick scheint das Jesusgebet einfach nur eine Variante davon zu sein. Tatsächlich zielt es aber in eine andere Richtung. Während das bewusste Atmen eine Art Oase im normalen Ablauf des Tages schafft, eine Auszeit, in der wir „durchschnaufen", um uns anschließend gestärkt wieder unseren Aufgaben zuzuwenden, zielt das Jesusgebet darauf, unseren Alltag mehr und mehr zu prägen und zu durchdringen.

Darum sticht auch das Argument frommer Hardliner gegen solche Gebetsformen nicht: Jesus habe seinen Jüngern in der Bergpredigt verboten, zu „plappern wie die Heiden". Es geht bei dieser Gebetsform nicht darum, Gott mit vielen Worten gnädig zu stimmen, sondern die eigene Seele mit geistlichen Inhalten zu bearbeiten, frei nach dem Motto: „Steter Tropfen höhlt den Stein." Ein anderer kritischer Einwand lautet, dass diese Form des Gebets eine Art Autosuggestion sei und der Mensch sich hierbei etwas einrede. Das ist zweifellos richtig. Aber sind nicht so gut wie alle unsere Glaubens- und Unglaubensüberzeugungen Folgen derartiger „Einreden" und basiert nicht nahezu unser gesamtes Selbst-, Welt- und Menschenbild auf häufig genug wiederholten Sätzen? Der eine meint, er sei der Größte, der andere glaubt, er sei nicht liebenswert, der Dritte ist überzeugt, die Welt sei schlecht. Den Grund dieser höchst unterschiedlichen Lebensanschauungen bilden immer Aussagen, die wir uns selbst oder die andere uns einreden. Das passiert meist unbewusst und eher selten sind diese Sätze wahr, hilfreich und gut. Trotzdem entwickeln sie die Kraft, unser gesamtes Weltbild und Lebensgefühl zu prägen – im Guten wie im Schlechten. Was liegt darum näher, als gezielt darauf Einfluss zu nehmen, welche Sätze unsere Seele prägen sollen und welche nicht? Manche tun das auf dem Weg der Autosuggestion. Andere nehmen – weil sie dazu mehr Vertrauen haben – ein Bibelwort oder ein altes Wiederholungsgebet und lassen es an ihrer Seele „arbeiten".

Das Jesusgebet fasziniert mich übrigens schon seit Jahren. Was äußerst erstaunlich ist angesichts der Tatsache, dass diese Gebetsform eigentlich gar nicht zu meinem Naturell passt. Sie ist mir im Grunde viel zu „langweilig". Ich bin ein Sinnenmensch und liebe die Abwechslung – das gilt ebenfalls für das Gebet. Ich kommuniziere ja auch mit anderen Menschen auf vielfältige Weise. Da sollte das Gespräch mit Gott nicht allzu sehr dagegen abfallen. Das Leben ist bunt und vielfältig, und mir ist nicht begreiflich zu machen, warum ausgerechnet unser Gebet – unsere Kommunikation mit Gott – eintönig und langweilig sein soll.

Ich habe daher großes Verständnis dafür, wenn einem Außenstehenden das Jesusgebet – also die ständige Wiederholung des immer gleichen Satzes – wie der Gipfel der Langeweile vorkommt. Diese doch eher schlichte Form des Gebetes will auch zu meiner Freude am prallen Leben und an facettenreicher Kommunikation scheinbar nicht passen. Und trotzdem spricht mich diese Art des Betens in ganz besonderer Weise an.

Das mag zum einen daran liegen, dass ich über dem Jesusgebet innerlich schnell zur Ruhe komme. So auch heute. Vielleicht spielt auch eine Rolle, dass sich diese Art des Betens ausgezeichnet mit den vielen kleinen Verrichtungen des Alltags verbinden lässt, mit denen wir einen Großteil unserer Zeit zubringen: Laufen, Kochen, Auto fahren, Wäsche bügeln, Holz hacken, Wasser vom Brunnen heimtragen usw. Es gibt übrigens eine kleine Schrift aus dem 19. Jahrhundert: „Die aufrichtigen Erzählungen eines russischen Pilgers." Der Protagonist dieser Geschichte, ein unbekannter, im Grunde recht schlichter Christ, möchte herausfinden, wie er die biblische Aufforderung „Betet ohne Unterlass!" im Alltag umsetzen kann, ohne dabei seine Arbeit und Weltverantwortung – und ich würde noch hinzufügen: wie auch seine Beziehungen – zu vernachlässigen. Er sehnt sich nach einem andauernden, intensiven Kontakt mit Gott, möchte aber auch weiterhin mit beiden Beinen auf der Erde stehen. Lange sucht er nach einer Antwort, bis er schließlich von einem Starez – einem Mönch und spirituellen Lehrer – in das Geheimnis des Jesusgebets eingeweiht wird. Dieser bringt ihm zunächst die Worte bei – „Herr Jesus Christus, erbarme dich meiner!" – und lässt sie ihn mehrmals am Tag üben. Dann erklärt der Starez ihm die Wirkweise dieses Gebets. Wenn man diesen Satz ständig spricht, erst mit den Lippen, allmählich immer verinnerlichter, vollzieht sich nach einiger Zeit eine Verwandlung: Die Worte des Gebets verbinden sich mit unserem Herzschlag, unserem Atem und dem Schritt unseres Ganges, und es beginnt von selbst, „ohne Unterlass" in uns zu beten. Nach einiger Zeit muss man es gar nicht mehr bewusst einüben, sondern der Atem, der Schritt beziehungsweise unser Herzschlag werden selbst zum Gebet. Der Beter beziehungsweise die Beterin kann ganz normal ihrer Arbeit und ihren Verrichtungen nachgehen. Trotzdem wird ihr Inneres durch die Worte des Gebets mehr und mehr geprägt: Das Bewusstsein der Gegenwart Gottes, die Liebe zu Jesus und die Barmherzigkeit zu den Menschen wachsen.

Als ich vor vielen Jahren diese Geschichte las, machte ich eine Zeit lang täglich einen Spaziergang und synchronisierte das Jesusgebet gleichzeitig mit meinem Atem wie mit meinem Schritt. Nach etwa drei bis vier Wochen passierte genau das, was der Starez dem russischen Pilger vorhergesagt hatte: Es genügte, das Herzensgebet zehn Minuten täglich zu sprechen. Den Rest des Tages oder doch einen großen Teil des Tages betete „es" in mir einfach weiter. Laufen und Beten beziehungsweise Atmen und Beten waren eins. Ja, ich konnte sogar auf einer Bewusstseinsebene nachdenken und auf einer anderen betete „es" weiter. Das Jesusgebet wurde zu einer Art Melodie, die in mir ständig im Hintergrund ablief. Selten fühlte ich mein Herz über einen so langen Zeitraum so nahe bei Gott. Das hörte eigentlich erst auf, als ich aufhörte, mir die zehn Minuten für die tägliche Übung zu nehmen. Warum? Weil ich – siehe oben – die Abwechslung liebe. Umso mehr freue ich mich, dass ich bis heute auf diese Erfahrung zurückgreifen kann und nicht erst lange üben muss, bis „es" anfängt, wieder in mir zu beten: „Herr Jesus Christus, du Sohn des lebendigen Gottes, erbarme dich meiner!"

Portfolio

Name:	**Jesusgebet**
....	(auch Herzensgebet genannt)
Erklärung:	Das Jesusgebet wendet sich zwar an Gott, wirkt aber weniger auf diesen als vielmehr auf die eigene Seele ein. Regelmäßig praktiziert, wächst in unserem Inneren das Bewusstsein der Gegenwart Gottes, die Liebe zu Jesus und die Barmherzigkeit zu den Menschen.
Kategorie:	Wiederholungsgebet
Verwandte Formen: ..	Rosenkranzgebet; das Ruhegebet des Cassian (um 400): „O Gott, komm mir zur Hilfe, Herr, eile mir zu helfen"; auch Taizégesänge sind letztlich Wiederholungsgebete
Auf drei gezählt:	1. Bewusst atmen und/oder gehen, bis ich meinen Rhythmus gefunden habe. 2. Beim Einatmen leise sprechen: „Herr Jesus Christus (du Sohn des lebendigen Gottes) ..." Beim Ausatmen dann: „... erbarme dich meiner." 3. Gegebenenfalls die eigenen Schritte damit synchronisieren.
Zeitaufwand:	Täglich 10 Minuten bewusste Übung; nach einigen Wochen beginnen die Worte in uns ein Eigenleben zu entwickeln; hier: 30 Minuten
Benötigte Hilfsmittel:	Keine
Meine Erkenntnis:	Es ist ein spannender Sprung von „Ich bete" hin zu „Es betet in mir".
Note:	1 Ist total meins!

Tag 11: Auf Du und Du mit dem Himmel

Beten ganz intim

Wie genau würden Sie den Papst ansprechen, wenn er Ihnen über den Weg liefe? „Herr Ratzinger" geht ja wohl gar nicht. Aber „Herr Papst" wäre sicherlich auch nicht richtig. Und gibt's da nicht vorgeschriebene Anreden wie „Eminenz" beziehungsweise „Hochwürden" oder so? Keine Ahnung. Tja, und welche Anrede würden Sie für den Dalai Lama wählen oder für die Queen? Eine ähnliche Unsicherheit ergibt sich bei der Frage, wie wir Gott richtig anreden sollen. „Hallo, Gott" hört sich ein bisschen blöd an. „Papa", was so gerne als Übersetzung des von Jesus empfohlenen Wortes „Abba" genommen wird, klingt ziemlich kindisch. Und „Kosmische Energie" ist keine wirkliche Anrede.

Überhaupt: Ist Ihnen schon einmal aufgefallen, dass Christen „du" zu Gott sagen? So ganz selbstverständlich finde ich das nicht. Während ich das hier schreibe, haben die Münchner Bayern einen Trainer, der sich nicht nur von seinen Spielern, sondern sogar von seinen Töchtern siezen lässt. (Was ihn allerdings nicht davor bewahrte, noch vor Reaktionsschluss dieses Buches von seinem Verein in hohem Bogen hinausgeworfen zu werden. Der Abstand, auf den man die Leute hält, hilft offensichtlich auch nicht immer.) Der Gott der Bibel hingegen macht es anders. Weder das Hebräische noch das Griechische kennen eine Unterscheidung zwischen „du" und „Sie". In beiden Sprachen sagt Gott sozusagen: „You can say ‚you' to me." Auf Deutsch übersetzt: „Sprich mich an, wie du willst, aber verlier dabei nicht den Respekt!"

Das Problem der passenden Anrede stellt sich natürlich nur, wenn wir uns Gott als personhaftes Wesen vorstellen. Ich gestehe, dass ich an dieser Vorstellung hänge, auch wenn sie derzeit nicht allzu stark im Trend liegt. Heute gehen die Leute mehr davon aus, dass Gott eine Art Kraft ist, eine Energie, die alles durchwaltet und durchströmt. Aber mir wäre das zu wenig: Ein Gott, der nicht „ich" und nicht „du" sagen kann, befände sich auf einer niedrigeren Evolutionsstufe als wir selbst. Und das kann schon per Definition nicht sein. Ein Gott, der nicht Person ist, kann weder kommunizieren noch lieben. Im Grunde wäre alles Gebet zu ihm sinnlos. Ich rede auch nicht mit dem Strom, der zu Hause aus der Steckdose kommt, sondern nutze lediglich seine Energie. Eine Kraft mache ich mir verfügbar oder baue – sozusagen als Abwehrzauber – die eine oder andere Sicherung gegen sie ein. Eine Person hingegen, also ein „ich“ und „du“ sagendes Wesen, muss ich auf einer völlig anderen Stufe ernst nehmen.

Bislang habe ich während meines Selbstversuchs meine Gebete fast ausschließlich an „Gott“ gerichtet. Gestern, als es um das Jesusgebet ging, war das naturgemäß anders. Dabei ist mir aufgefallen, dass die Anrede „Jesus“ für mich ein völlig anderes Lebensgefühl transportiert und ich dadurch unwillkürlich eine andere spirituelle Haltung einnehme. Jesus ist mir innerlich näher als Gott, zu dem ich einen sehr viel größeren Abstand empfinde.

Die bewusst gewählte Anrede im Gebet ist manchmal so etwas wie ein *Thermometer,* das unseren inneren Zustand in Bezug auf Gott auf den Punkt bringt. Sie kann aber auch eine Art *Thermostat* sein, der unsere innere Haltung Gott gegenüber in die eine oder andere Richtung beeinflusst. Anreden drücken Stimmungen aus, verstärken sie aber auch. Ich erinnere mich zum Beispiel, wie mir vor einiger Zeit ein Mensch, den ich sehr verehre, das „Du“ anbot. Die neue Anrede war gleichzeitig Ausdruck einer über Jahre gewachsenen Beziehung („Thermometer“), gleichzeitig aber erwuchs auf der Grundlage des „Du“ eine neue, sehr viel intensivere und vertrautere Beziehung („Thermostat“). Kann man das auch auf Gott übertragen?

In der christlichen Tradition sind es vor allem fünf Anreden, die die Liste der Gebetsanfänge mit weitem Abstand anführen: „Gott“, „Vater“, „Herr“, „Jesus (Christus)“ und „Heiliger Geist“ beziehungsweise „Geist Gottes“. Meine heutige Übung besteht darin, mich in diese Anreden hineinzuspüren und zu schauen, was sie mit mir machen. Ich nehme mir für jede dieser Anreden fünf Minuten Zeit.

GOTT. Gott ist eigentlich kein Name, sondern ein Gattungsbegriff. Er steht für das höchste Wesen, an das Menschen glauben. Ein „Gott“ ist über alle anderen Kräfte und Mächte erhaben. Er ist der Ursprung aller Dinge. Je nach Auffassung lenkt oder begleitet er das Weltgeschehen und unser Leben. Und er ist das Ziel, auf das alles zuläuft und zu dem wir Menschen hinstreben. Martin Luther hat einmal sehr schön gesagt: „Woran du dein Herz hängst, das ist dein Gott.“ Diese Definition drückt zum einen die ungeheure Wertschätzung aus, die Gott gebührt, aber auch die Einzigartigkeit und Konkurrenzlosigkeit, in der unsere Beziehung zu Gott steht. *Wenn ich Gott als „Gott“ anspreche, fühle ich*

Ehrfurcht, Abstand, Respekt, Wertschätzung, Vertrauen und Hoffnung, aber durchaus auch Angst.

HERR. In diesem Begriff vereinen sich gleich drei verschiedene biblische Anreden Gottes.

a) Zum einen ist „Herr" im Alten Testament die Übersetzung des hebräischen *Adonai*. Als „Herr" hat er das Sagen, gibt er den Menschen Gesetze, regiert und sorgt für sie, beauftragt sie, fordert Rechenschaft von ihnen, urteilt über ihr Handeln usw. Es ist naheliegend, dass Gott in diesem Sinne „Herr" ist. Dieser Begriff betont und verstärkt noch einmal den unendlichen Abstand beziehungsweise das prinzipielle Oben-unten-Verhältnis zwischen Gott und uns Menschen. *Wenn ich Gott als „Herr" anrede, fühle ich, dass Gott unendlich größer und mächtiger ist als ich. Das muss nicht unangenehm sein, sondern kann sich durchaus mit positiven Empfindungen wie Dankbarkeit oder Vertrauen in Gottes Macht mischen. Schließlich ist nichts normaler, als dass wir uns Gott gegenüber als klein empfinden. Dennoch dokumentiert der Begriff „Herr" den Abstand, der zwischen Gott und mir herrscht.*

b) Etwas völlig anderes ist gemeint, wenn im Alten Testament „HERR" groß (manchmal auch „HErr") geschrieben ist. Dann steht da im Original nämlich eigentlich gar nicht „Herr", sondern der hebräische Gottesname: *JAWHE*. Da dieser Name Gottes nicht leichtfertig geführt werden soll, wurde und wird er bis heute im frommen Judentum nicht ausgesprochen, sondern durch das bereits erwähnte Wort *Adonai* („Herr") ersetzt. Dem haben sich die meisten deutschen Bibelübersetzungen aus Respekt vor unseren jüdischen Wurzeln angeschlossen. Fest steht aber, dass überall dort, wo wir in unserer Bibel „HERR" lesen, eigentlich „JAHWE" steht. Gott ist in der Bibel eben nicht nur ein Gattungsbegriff, sondern er hat einen Namen, der ihn von allen anderen Göttern, an die Menschen glauben, unterscheidet: JAHWE. Übersetzt wird das oft mit: „Ich bin der ich bin", aber das trifft es nicht wirklich. Angemessener und auch aussagekräftiger ist die Übersetzung, die der jüdische Religionsphilosoph Martin Buber dem JAHWE-Namen gibt: „ICH BIN DA" – und zwar da, wo wir sind, inmitten unserer Situation, sodass wir auch übersetzen können: „ICH BIN MIT DIR." Ein wunderbarer Name, den wir nicht einfach mit dem eher trockenen „Herr"-Begriff übermalen sollten. Natürlich sollen wir Gottes Namen nicht leichtfertig führen, aber das heißt nicht, dass wir ihn *gar nicht* führen sollen, sonst hätte Gott uns Menschen seinen Namen nicht verraten. *Wenn ich Gott als „JAHWE" anrede, spüre ich Ehrfrucht, Intimität (ich kenne seinen Namen!), Ruhe, Vertrauen und unendlichen Trost.*

c) Schließlich ist „Herr" im Neuen Testament auch die Bezeichnung, mit der Jesus oft von seinen Jüngern angesprochen wurde. Der Begriff „Herr" beschreibt hier weniger ein Verhältnis zwischen einem Herrscher und den von ihm Beherrschten als vielmehr den Umgang zwischen einem Meister und seinen Schülern. Erst nach der Auferstehung Jesu verschmelzen diese Anrede des Rabbis aus Nazaret und die Vorstellung von Jesus als dem (zukünftigen) Herrscher der Welt, dem Gott alles zu Füßen legt. *Wenn ich Jesus als „Herr" (oder „Herr Jesus") anrede, sehe ich in ihm vor allem den Meister: den spirituellen Unterweiser, das Vorbild für vollkommenes Vertrauen und gelebte Liebe sowie den Anleiter zu gelingendem Leben.*

VATER. Jesus hat uns gelehrt, Gott im Himmel als „Vater" anzusprechen. Das gab es vorher so noch nicht. Im Judentum wurde Gott zwar als Vater des Volkes Israel, nicht aber als Vater jedes einzelnen Menschen angesehen. Wörtlich muss man das von Jesus gewählte Wort *Abba,* wie schon gesagt, sogar als „Papa" übersetzen. Damit zeichnete er in die Beziehung zu Gott eine ganz neue, sehr dichte, ja, geradezu intime Dimension ein. Zweifellos: Gott bleibt immer noch das höchste Wesen und damit ehrfurchtgebietend. Aber da er gleichzeitig unser Vater ist, stehen Vertrauen und Liebe eindeutig über aller Angst und allem inneren Abstand. *Wenn ich Gott als „Vater" anspreche, spüre ich: Intimität, Vertrauen/Zutraulichkeit, Zuneigung, ja, Liebe, Ehrfurcht sowie eine erstaunliche Mischung aus Sehnsucht und Irritation wegen meines eigenen eher unerfreulichen Vaterverhältnisses in meiner Kindheit.*

JESUS (CHRISTUS). Vielleicht ist es vor allem die gezielte Anrede Jesu im Gebet, die eine spezifisch christliche Spiritualität am stärksten von anderen Religionen, aber auch von einer allgemeinen Gottgläubigkeit unterscheidet. Indem wir Jesus im Gebet ansprechen, drücken wir implizit aus: „Du bist für uns Gott beziehungsweise der ‚Sohn Gottes', du gehörst wesensmäßig ganz nah zu Gott." Der Zusatz „Christus", der ja kein Nachname ist, sondern ein Titel – der „Gesalbte" –, betont ebenfalls diese total enge Verbindung zwischen Gott und Jesus: Jesus ist Gottes einzigartiger Repräsentant auf Erden. Auch wenn die genauen Vorstellungen darüber teilweise sehr unterschiedlich sind, kann kein Zweifel bestehen, dass die Behauptung, Jesus gehöre so sehr zu Gott, dass man sogar zu ihm beten kann, eine der zentralen Aussagen des Neuen Testaments ist. Vielleicht kann man es so sagen: **Jesus ist das menschliche Angesicht Gottes.** *Wenn ich Gott als „Jesus" anrede, spüre ich: Nähe, Vertrauen, Trost, Verständnis, Gnade, Solidarität, Beistand, Unterstützung, Freundschaft und Liebe.*

HEILIGER GEIST/GEIST GOTTES. Diese Anrede ist von den hier aufgeführten die seltenste, aber zum einen kommt sie relativ häufig in der liturgischen Sprache vor, zum anderen meine ich zu beobachten, dass ihre Bedeutung in den vergangenen Jahren stark gewachsen ist. Vor allem aber betont die Anrede Gottes als „Heiliger Geist" oder „Geist Gottes" einen wichtigen Aspekt, der in den bisher behandelten Gottesanreden noch nicht zum Tragen gekommen ist: dass Gott nämlich nicht nur *über* uns und *bei* uns, sondern dass er auch *in* uns ist und *durch* uns wirkt. Gottes Geist ist die Gottes Kraft in uns. Sie ist aber nicht *nur* eine Kraft, sondern sie hat Eigenschaften, die einer Person zukommen, weswegen Gottes Geist zum Gegenstand unseres Gebets werden kann: Er/sie spricht zu unserem Inneren und ist ihrerseits ansprechbar. (Der Geist Gottes ist im Hebräischen weiblich!) Er/sie vermittelt Trost und Liebe, mahnt aber auch und korrigiert. Und vor allem motiviert und beflügelt er/sie uns, diese Welt in seinem/ihrem Sinne umzugestalten. *Wenn ich Gott als „Geist" anrede, spüre ich: Kraft, Freude, Begeisterung, Beauftragung, Vollmacht, Klarheit, Sehnsucht und inneres Brennen, vor allem aber auch Liebe zu Gott und den Menschen.*

So. Meine Übung ist etwas länger geworden, weil ich für die Anrede „Herr" länger gebraucht habe. Aus ursprünglich gedachten fünf sind plötzlich sieben Anreden geworden. Wenn ich die Namen als „Thermometer" meines inneren Gottesgefühls verstehe, dann würde ich mich derzeit erstaunlicherweise für den Begriff „Herr" entscheiden. Aber gerade bei der Meditation dieses Begriffs habe ich für mich ein echtes Goldkorn wiederentdeckt: den Namen JAHWE. Klar kannte ich den schon vorher, aber ich habe ihn heute ganz neu schätzen gelernt. Der JAHWE-Name wird mein persönlicher „Thermostat" sein, mit dem ich in näherer Zukunft versuchen werde, meine derzeitige Beziehung zu Gott zu intensivieren.

Es gibt nicht „die" richtige oder falsche Anrede Gottes. Alle, die ich genannt habe, haben ihren Ort und ihre Zeit. Und das gilt auch für viele Anreden, die ich hier nicht aufgeführt habe und von denen es in der Bibel Dutzende gibt. Es ist stark situationsabhängig, welche davon für uns gerade „stimmig" ist. In aller Regel sprechen wir Gott ganz unbewusst oder aufgrund biografischer Prägungen und Gewohnheiten an. Ich möchte das in Zukunft bewusster tun. Mein Verhältnis zu Gott ändert sich von Tag zu Tag, manchmal sogar von Stunde zu Stunde. So ist das eben in einer lebendigen Beziehung. Mal empfinde ich Liebe und Vertrauen, dann Abstand und Zurückhaltung, ein andermal erlebe ich Kraft und Begeisterung, dann wiederum suche oder finde ich bei Gott Trost und Beistand usw. Die verschiedenen Anreden Gottes geben mir die Möglichkeit, dem angemessen Ausdruck zu verleihen und die entsprechende Stimmung sogar noch etwas zu verstärken. Denn die Art, wie ich Gott anspreche, mag zunächst ein Gradmesser für unsere Beziehung sein. Noch stärker aber wirkt ihre regulierende Kraft, diese Beziehung dauerhaft zu prägen. Probieren Sie es aus: Sie werden erleben, dass es einen Unterschied macht, ob Sie Gott als „Vater" oder als „Mutter", als „Friedensbringer", „Herrn" oder „Retter" ansprechen. Die Anrede „färbt" Ihr ganzes Gebet. Und dadurch wird Ihr Gebetsleben bunt.

Portfolio	
Name:	**Die Anrede Gottes**
Erklärung:	Unser Verhältnis zu Gott ist – wie alle Beziehungen im Leben – vielfältig und vielschichtig. Die Möglichkeit, dass man Gott auf unterschiedliche Weise ansprechen kann, verleiht dieser Tatsache Ausdruck.
Kategorie:	Grundform des Betens
Verwandte Formen:	Lob Gottes; Anbetung; die 99 Namen Allahs
Auf drei gezählt:	1. Die fünf genannten Anreden Gottes Schritt für Schritt durchgehen. 2. Sich in die eigene Stimmung beziehungsweise das eigene aktuelle Gottesverhältnis hineinspüren und dem durch eine entsprechende Anrede Ausdruck verleihen („Thermometer"). Für einige Minuten dabei verweilen. 3. Überlegen, ob es eine „Wachstumsstufe" gibt, eine Anrede Gottes, die einen herausfordert und das eigene Gottesverhältnis einen Schritt über den derzeitigen Stand hinausführt. Auch bei dieser Anrede für einige Minuten verweilen („Thermostat").
Zeitaufwand:	Die Grundübung dauerte eine gute halbe Stunde. Mit einiger Übung lässt sich die jeweils angemessene Anrede in wenigen Sekunden erspüren.
Benötigte Hilfsmittel:	Keine; evtl. eine Liste mit den fünf/sieben Anreden Gottes
Meine Erkenntnis:	Mein Gottesverhältnis ändert sich von Tag zu Tag, manchmal sogar von Stunde zu Stunde.
Note:	2+ Hat mich weitergebracht.

Tag 12: Komplimente erhalten die Freundschaft

Beten und Loben

So ein Lob ist eine ausgesprochen zweischneidige Sache: Auf der einen Seite gibt es kaum etwas, das uns mehr beflügelt. Es gibt aber – wegen seiner schmeichelnden Wirkung – auch kaum etwas, mit dem man uns so gut manipulieren kann. So bewirkt beispielsweise in der Kindererziehung ein Wort des Lobes oft mehr als ein ganzes Bündel an Tadeln und Verboten. (Wenn Sie, liebe Leserinnen und Leser, Kinder haben, werden Sie das natürlich noch nie bewusst eingesetzt haben.) Oder wenn Ihr Chef Sie schon einmal gelobt hat, kann das natürlich von Herzen gekommen sein. Es ist aber durchaus möglich, dass er Ihnen damit signalisieren wollte, in Zukunft doch bitte genauso weiterzumachen. (Wenn Sie, liebe Leserinnen und Leser, zu den Chefs gehören, ist Ihnen eine solche Vorgehensweise natürlich ebenfalls völlig wesensfremd.) Damit will ich das Lob insgesamt nicht diskreditieren – schon gar nicht in Familie und Beruf –, sondern lediglich darauf hinweisen, dass es gar nicht so einfach ist, wirklich „sauber", das heißt ohne eine verborgene Nebenabsicht zu loben. Wenn diese Nebenabsicht allzu offensichtlich wird, nennt man das – je nach Kultur – „schmeicheln" oder „einschleimen" („Herr Lehrer, Sie haben heute wieder einen ganz tollen Unterricht gehalten!"). Oder auch Manipulation.

Nichts verwundert darum mehr, als dass die Kategorie „Lob" in der Palette der Grundgebetsarten auftaucht. Warum – um alles in der Welt – sollen wir Gott loben? Was hat Gott davon? *Uns* gibt das Lob eines anderen Menschen vielleicht ein gutes Gefühl, es baut unser Selbstbewusstsein auf und beflügelt uns – aber Gott? Doch die Bibel ist erstaunlicherweise voll von Aufforderungen, Gott zu preisen und zu loben, ja, spricht sogar davon, Gott durch unser Lob zu „erheben". Aber kann man das höchste Wesen inner- wie außerhalb des Universums denn überhaupt noch erheben, und wenn ja: Sind ausgerechnet wir Menschen die richtigen für diese Tätigkeit? Wie würde ich mich fühlen, wenn Tausende von Zecken mein Loblied sängen und die Süße meines Blutes priesen? Würde mich das erheben? (Oder würde nicht vielmehr *ich* mich erheben und schleunigst ein Zeckenmittel holen?)

Sei's drum. Schieben wir die Fragen einfach mal zur Seite. Wer immer nur das tut, was er bereits im Vorfeld versteht oder gut findet, wird nie seinen Horizont erweitern. Und da ich Gott in meinem Leben schon oft gelobt habe und diesbezüglich gerne mal etwas Neues ausprobieren möchte, wähle ich – zwecks eigener Horizonterweiterung – einen auch für mich etwas ungewöhnlichen Weg. Denn als ich mich gestern mit den Anreden Gottes beschäftigt habe, ist mir eingefallen, dass der Islam nicht nur einen, sondern 99 Namen Allahs kennt. Ich habe vor Jahren mal den Koran gelesen, und mir fiel schon damals auf, dass dieser geradezu durchsetzt ist mit Lobpreisungen Gottes. Zu ihnen gehören auch die „99 Namen", die genau betrachtet keine Namen sind, sondern Eigenschaften beziehungsweise Qualitäten Gottes. So steht beispielsweise der Name „Al-Malik" für den „Herrscher und König", „Al-Wakīl" für den „Vertrauenswürdigen" oder „Al-Ghafūr" für den „Immer-wieder-Verzeihenden". Das sind, wie gesagt, weniger Namen als vielmehr Lobpreisungen. Spannend auch, dass es 99 sind: einer weniger als hundert. Das kann ein Hinweis darauf sein, dass alle Aussagen, die wir über Gott machen, letztlich unvollkommen bleiben und dass wir sein Wesen, selbst wenn wir es mit 99 Namen beschreiben, nie wirklich ganz erfassen können. Das ist eine tiefe Weisheit.

So habe ich mir für heute – Wikipedia macht's möglich – mal alle 99 Namen Allahs ausgedruckt. Und war beim ersten Überfliegen erstaunt, wie sehr ich auch als Christ zu den hier aufgelisteten Gottesprädikationen nahezu durchgängig „Ja" sagen kann. Klar liegen mir einige der hier Gott zugeschriebenen Eigenschaften näher, andere eher fern. Aber das ist auch in der Bibel so. Im Großen und Ganzen bin ich aber erstaunt: So ist auch der Gott, an den ich glaube. Hier merkt man – bei allen zweifellos vorhandenen Unterschieden und Gegensätzen – doch die starke Verwandtschaft von Judentum, Christentum und Islam.

Es gibt viele Weisen, Gott zu loben. Viele machen das zum Beispiel gerne, indem sie singen, aber dem werde ich ein eigenes Kapitel widmen. Heute nehme ich mir die 99 Namen mitsamt ihrer Transliteration (Übertragung in die deutsche Buchstabenschrift) aus dem Arabischen vor. Ich beherrsche kein Arabisch, aber so viel Ehre muss sein. Außerdem fühlt sich das irgendwie „heilig" an, diese geheimnisvollen Namen auszusprechen. Es hat für mich etwas von Zungenrede, auf die komme ich ebenfalls später noch zu sprechen.

Also: Ich spreche nacheinander die 99 Namen. Erst den arabischen – in der Hoffnung, dass die Transliteration wenigstens einigermaßen korrekt ist. Dann mache ich eine kurze Pause. Dann sage ich: „Du …", lasse dem die deutsche Übertragung des arabischen Namens folgen und beende das mit den Worten: „… ich lobe dich (dafür)." Also beispielsweise: „Ar-Rahmān, du Gnädiger – ich lobe dich!" Ich lasse den Satz kurz auf mich wirken, dann folgt der nächste Name. Das dauert, wenn man es mit Sinn und Verstand macht, durchaus ein Weilchen. Vor allem verliere ich mich gedanklich bei einigen Namen, weil ich manches noch nie so gesehen habe. Zum Beispiel, dass Gott „Ash-Shakūr" ist – das heißt, denen dankbar, die ihm dienen. Wow, was für ein erhabener Gedanke! Und bei Weitem nicht der einzige, den ich an diesem Morgen hege. Nach etwa 50 Minuten bin ich mit allen 99 Namen durch und spüre das starke Verlangen, diese Übung unbedingt noch mal zu machen. Warum?

Erstens: Ich habe den Eindruck, etwas „richtig" gemacht zu haben. Wenn Gott wirklich Gott ist, dann ist das Lob – neben der Bitte um Vergebung – die wahrscheinlich angemessenste Form des Gebets. In keiner anderen Kommunikationsform behandeln wir Gott so sehr wie Gott – so, wie es ihm gebührt –, wie, wenn wir ihn loben. Es rückt sozusagen die Verhältnisse klar: Wir sind Menschen, wir sind seine Geschöpfe. Er hingegen ist Gott, er hat uns geschaffen, er ist unendlich gut. Es ist absolut angemessen, ihn dafür wertzuschätzen. Unser Verhältnis zu Gott ist – wie die Beziehung kleiner Kinder zu ihren Eltern – ziemlich einseitig von Bitten, Klagen und Nehmen geprägt, und das wird auch zeit unseres Lebens so bleiben. Doch mit unserem Lob werfen wir ab und zu etwas in die andere Waagschale. Nicht, weil Gott unser Lob bräuchte, um sich gut zu fühlen. Und doch glaube ich, dass es ihn freut, weil es signalisiert, dass wir etwas Richtiges erkannt haben: wer er ist und wie viel Gutes er uns den lieben langen Tag tut.

Zweitens: Diese Übung hat mir einen Eindruck davon vermittelt, wie groß Gott ist. Es ist ein wesentlicher „Effekt" allen Lobgebets, dass es uns vor Augen führt, mit welchem Gott wir es zu tun haben. Juden und Christen machen es ganz genauso: Sie vergegenwärtigen sich die Eigenschaften, Taten und Verheißungen Gottes und fassen in Worte (beziehungsweise auch in Musik), wie groß und wie wunderbar er ist. Allerdings scheint mir das Wort „Lob" ziemlich ungenügend für diese Art des Gebets zu sein. Mangels besserer sprachlicher Alternativen bleibt uns vielleicht nichts anderes übrig, aber es ist irgendwie unbefriedigend. Im Englischen heißt es „to praise", das trifft es schon eher. Es bewegt sich irgendwo im Umfeld von „wertschätzen", „anerkennen",

„ehren", „achten" und „in höchsten Tönen preisen". Lob in diesem Sinne kann dabei verschiedene Färbungen annehmen: angefangen von stiller Ehrfurcht bis hin zu lautstarkem Jubel.

Und schließlich: Loben tut mir gut. Ein ehrlich gemeintes Lob ist schon etwas Eigenartiges: Es erfreut nicht nur den, dem es gilt, sondern auch den, der es ausspricht. Denken wir nur daran, wie gut es uns tut, wenn wir andere Menschen loben, oder auch, wenn wir von irgendetwas „schwärmen". Das hat einen einfachen Grund: Indem wir das tun, *äußern* wir nicht nur unsere Freude, sondern *vermehren* sie gleichzeitig. Beim Gotteslob ist es im Prinzip nicht anders: Indem wir unseren Blick darauf richten, wie groß und wunderbar Gott ist, statt nur um uns selbst und um unsere Probleme zu kreisen, weitet sich – zusammen mit unserem Blick – auch unser Herz. Wie heißt es so schön? „Loben zieht nach oben." Es ist paradox: Da will man mal etwas in die andere Waagschale werfen und Gott etwas geben und ist am Ende doch selbst der Beschenkte. Eine schöne kleine Übung.

Portfolio

Name:	**Gott loben**
Erklärung:	Im Lob Gottes vergegenwärtigen wir uns die Eigenschaften, Taten und Verheißungen Gottes und fassen in Worte, wie groß und wie wunderbar er ist.
Kategorie:	Grundform des Gebets, vor allem in musikalischer Form auch als Gemeinschaftsgebet möglich (siehe Tag 43)
Verwandte Formen: ..	Dank; Anbetung; Singen
Auf drei gezählt:	1. Sich eine oder mehrere Eigenschaften Gottes vornehmen, für die man ihn loben will (alternativ: ein Loblied auswählen). 2. Diese Eigenschaft/en benennen. (Gott dabei mit „du" anreden!) 3. Die eigene Dankbarkeit und Freude darüber in Worte fassen.
Zeitaufwand:	Unterschiedlich; hier: rund 50 Minuten; ohne die 99 Namen geht es sicherlich schneller.
Benötigte Hilfsmittel:	Evtl. Liedtext; eine Liste mit Eigenschaften Gottes o. Ä.
Meine Erkenntnis:	Gott lässt sich nichts schenken.
Note:.................	2+ Eine echt positive Überraschung!

Tag 13: Die dreizehnte Aufgabe des Herkules

Beten mit dem Vaterunser

Martin Luther hat einmal gesagt, er habe es in seinem ganzen Leben nicht geschafft, auch nur ein einziges Vaterunser mit Sinn und Verstand zu sprechen. Diese Aussage erstaunt umso mehr, als er das Vaterunser zeit seines Lebens mehrmals täglich gebetet hat. Ich selbst bete das Vaterunser keineswegs täglich. Um ehrlich zu sein: In meiner persönlichen Frömmigkeitspraxis nimmt das Vaterunser relativ wenig Raum ein. Das war mal anders, aber es wurde mir auf Dauer zu mechanisch. Seither ist das Vaterunser für mich in erster Linie ein Gebet, das ich mit anderen Menschen zusammen spreche, vor allem natürlich im Gottesdienst, aber auch bei anderen Gelegenheiten, wenn Christen zusammenkommen und miteinander beten.

Martin Luther hat es also nicht geschafft, auch nur ein einziges Vaterunser konzentriert zu Ende zu beten? Hatte der Mann Konzentrationsstörungen, oder was? Sorry, aber das kann doch nicht das Problem sein! Schließlich bin ich kein Amateur. Das wird heute eine kurze Übung. Also:

Vater unser im Himmel,
geheiligt werde dein Name.
Dein Reich komme.
Dein Wille geschehe wie im Himmel so auf Erden.
Unser tägliches Brot gib uns heute.
Und vergib uns unsere Schuld,
wie auch wir vergeben unseren Schuldigern.
Und führe uns nicht in Versuchung, sondern erlöse uns von dem Bösen.
Denn dein ist das Reich und die Kraft und die Herrlichkeit in Ewigkeit.
Amen.

Mist. Irgendwo muss ich abgeschweift sein. Es war, glaube ich, bei der Stelle mit dem täglichen Brot. Im Moment habe ich zehn Kilo Übergewicht. Um was genau bete ich da? Eigentlich müsste ich sagen: „Das Letzte, was ich im Moment brauche, sind Kohlenhydrate." Meine Gedanken kreisen noch um diesen Themenbereich, als meine Lippen schon längst „Führe uns nicht in Versuchung" murmeln.

Also: Zurück auf Los! „Vater unser im Himmel …" – das hatten wir doch bereits. Das Wort „Vater" erweckt in mir ein warmes, positives Gefühl. Obwohl – oder vielleicht gerade weil? – ich selbst keine allzu guten Erinnerungen an meinen leiblichen Vater habe. „Dein Name werde geheiligt" – diese Zeile hat mir schon immer Probleme gemacht. Was genau bedeutet das? Ich erkläre es mir damit, dass ich, wann immer ich über Gott nachdenke und über ihn rede, das mit einem hohen Maß an Ehrfurcht und Liebe tun will. Was mir nicht ganz leichtfällt, weil ich ein ziemlich lockeres Mundwerk habe. Gott wäre wahrscheinlich der Erste, den ich trotz aller Liebe nicht doch schon öfter mit einer unangebrachten Bemerkung unwillentlich verletzt hätte. „Dein Reich komme": Will ich das eigentlich wirklich? Ich fühle mich momentan eigentlich ganz wohl. Und wenn mir wirklich so viel daran läge, dass „dein Wille geschehe", warum tue ich dann nicht mehr in dieser Richtung?

Ich merke, dass das Gebet anfängt, mir unbequem zu werden. Dann sind wir wieder bei dem täglichen Brot und der Tatsache, dass ich im Moment im Grunde zu fett bin. Aber auch diese Klippe umschiffe ich mit Geschick. Ha – mehr als die Hälfte habe ich schon mal geschafft! Spätestens bei „Vergib uns unsere Schuld" denke ich mehr darüber nach, wie toll mir gerade mein Gebet gelingt und dass ich in dem, was ich gerade schreibe, wahnsinnig witzig bin und mir die Leute wahrscheinlich das Buch aus den Händen reißen werden ...

Okay, okay, zurück an den Start: „Vater unser im Himmel, geheiligt werde dein Name." Wie komme ich eigentlich auf diese schwachsinnige Regel, immer, wenn ich abschweife, gleich wieder von vorn zu beginnen? Ach so: Es hat keinen Sinn, weiterzumachen, denn die Regel lautet ja, ein *komplettes* Vaterunser mit Sinn und Verstand zu beten. Das heißt, selbst wenn ich den Rest ablenkungsfrei schaffe, habe ich trotzdem verloren, weil ich mich mittendrin ablenken ließ. Also kann ich auch gleich wieder an den Start zurückgehen. Das ist so ein bisschen wie bei diesen Computerspielen, bei denen man immer wieder neu anfangen muss, sobald man aus der Kurve geflogen ist – selbst kurz vor Schluss. Himmel – worüber denke ich da eigentlich nach? Ich war bei „Geheiligt werde dein Name"! Ja, ja – schon gut: „Vater unser im Himmel …"

Mann, das ist doch ganz schön anstrengend. Und ich fange an, vor Martin Luther, den ich eben noch für einen Stümper gehalten habe, Abbitte zu tun. Aber jetzt helfe ich mir mit einem Trick. Vor Jahren habe ich mal eine tolle Art kennengelernt, das Vaterunser zu beten. Mit

Gebetsgebärden, die gleichzeitig als Konzentrationshilfe fungieren. Mal gucken, ob ich das noch zusammenkriege.

- Bei „Vater unser" kreuze ich die Arme über der Brust. Das fühlt sich warm und gut an.
- Bei „Geheiligt werde dein Name" beuge ich mich und öffne ehrfürchtig die Arme. Auch hier „stimmt" das Gefühl.
- Bei „Dein Wille geschehe" lege ich die Hände an die Stirn, wie als wolle ich mich konzentrieren, was dieser Wille ist.
- Beim „täglichen Brot" öffne ich die Hände zu einer Schale. (Pfeif auf das Überwicht!)
- „Vergib uns unsere Schuld, wie wir vergeben unsern Schuldigern": Ich schlage die Hände schamhaft vors Gesicht und öffne sie dann seitlich, wie um den an mir schuldig Gewordenen in die Arme zu nehmen.
- „Und führe uns nicht in Versuchung" – beide Arme und Hände beschreiben eine abwehrende Geste –, „sondern erlöse uns von dem Bösen" (Arme und Hände wischen nach beiden Seiten das störende Böse weg).
- Das Tollste ist der Schluss. „Denn dein (die Arme weisen nach vorne) ist das Reich (die Arme gehen zur Seite) und die Kraft (die Arme werden auf Schulterhöhe gehoben, der Bizeps dabei angespannt) und die Herrlichkeit (die Arme weisen nach oben) in Ewigkeit (die Arme werden in kreisförmiger Gebärde seitlich herabgeführt, bis sie locker am Körper anliegen). AMEN (die Hände werden gefaltet)."

Grandios, oder? Ich kann's noch! Und der alte Zauber ist noch da. Ich bin ganz verzückt. Aber haben Sie was gemerkt? Ich habe „Dein Reich komme" vergessen – oh nein! Also noch einmal zurück auf Los!

Der gute alte Luther hatte offensichtlich recht. Ich will nicht sagen, dass es unmöglich ist, ein Vaterunser konzentriert mit Sinn und Verstand zu beten. Aber es ist schon verdammt schwer. Herkules, der zwölf übermenschliche Aufgaben mit Bravour löste, hätte hier seine Probleme gehabt. Luther hat es zeit seines Lebens nicht geschafft. Ich in den letzten 20 Minuten auch nicht. Obwohl ich sicherlich nicht ganz so hohe Anforderungen an diese Übung hatte wie er. Und eigentlich immer noch denke, dass es möglich müsste, dieses Level zu knacken. Zumindest solange man – wie ich – im Anfängermodus spielt.

Vielleicht fragen Sie sich: „Warum macht der Typ sich so einen Stress? Bete einmal die Worte des Vaterunsers, und gut ist's, oder? Kein Mensch verlangt, dass er sich dazu groß Gedanken macht." Stimmt. Oder vielleicht doch nicht? Jesus hat seine Jüngerinnen und Jünger niemals aufgefordert, das Vaterunser zu sprechen. Vielleicht erstaunt Sie das. Er sagte nicht: „*Das* sollt ihr beten", sondern: „*So* sollt ihr beten." Nennen Sie mich einen Erbsenzähler, aber das ist – wie ich finde – ein himmelweiter Unterschied. Es geht nicht darum, den immer gleichen Wortlaut zu rezitieren, sondern sich von dem Wortlaut des Vaterunsers zum eigenen Gebet anleiten zu lassen. Entsprechend finden sich in der Bibel zwei Versionen des Vaterunsers. Das belegt meine Theorie, dass es nicht um den Wortlaut geht. Und das „Dein ist das Reich und die Kraft usw." findet sich in den Urfassungen der Bibel überhaupt nicht, sondern wurde dem Vaterunser erst später von der syrischen Kirche hinzufügt. Wenn es um die korrekte Wiedergabe der Wort Jesu ginge, wäre dies ein Sakrileg. Wenn es aber darum geht, sich durch das Beten Jesu zu eigenem Beten anleiten zu lassen, ist dieser Zusatz völlig sachgemäß.

Meine Theorie ist also die: Jesus wollte uns mit dem Vaterunser nicht ein *Gebet* lehren, sondern er wollte uns das *Beten* lehren: „So, wie ich es hier tue, so sollt ihr beten. Auf die gleichen Dinge achten, auf die ich beim Beten achte: darauf, dass Gott in dieser Welt etwas mehr zu Gott und ihr etwas mehr zu Menschen werdet – diese Anliegen sollen auch wichtig sein in eurem Beten und Handeln. Und vor allem dürft ihr Gott als einen liebenden Vater ansprechen, zu dem ihr Vertrauen haben könnt und bei dem alle eure Anliegen gut aufgehoben sind." Vielleicht sollten wir uns also doch Gedanken machen.

Natürlich müssen die Worte des Vaterunsers von Generation zu Generation überliefert werden, damit wir uns von ihnen zum Beten anleiten lassen können. Das heißt: Wir müssen die Worte Jesu immer wieder mal nachbeten. Aber wir verfehlen das, was Jesus mit dem Vaterunser bewirken wollte, bereits im Ansatz, wenn wir uns damit begnügen, seine Worte lediglich zu rezitieren. Ich glaube, Martin Luther ist dem ursprünglichen Sinn des Vaterunsers ziemlich nah gekommen, als er empfahl, jede einzelne Zeile dieses Gebets immer aufs Neue zu wiederholen und wiederzukäuen, sie gedanklich zu drehen und zu wenden, bis sich einem der Sinn wie von selbst erschließe und man zur nächsten Zeile übergehen könne. Das ist ein höheres Level des Spiels. Mit meiner heutigen Übung bin ich auf Level 1 geblieben. Ich hab's zwar nie ganz geschafft, bin aber trotzdem recht stolz auf das Ergebnis. Zum ersten Mal seit langer Zeit habe ich den Eindruck, ein Vaterunser mit Sinn und Verstand gebetet zu haben.

Portfolio

Name:	**Ein Vaterunser beten**
Erklärung:	Das Vaterunser ist das Grundgebet der Christenheit. Seit 2.000 Jahren beten Christinnen und Christen diese Worte, die uns von Jesus übermittelt wurden und lassen es dabei bewenden. Meiner Meinung nach haben sie damit das, was Jesus eigentlich mit dem Vaterunser bewirken wollte, im Ansatz verfehlt.
Kategorie:	Klassisches Gemeinschaftsgebet, hier als Anleitung zum individuellen Beten verwandt
Verwandte Formen: ..	Psalmen; Gesangbuch; feste Gebete; in diesem Fall auch: Gebetsgebärden
Auf drei gezählt:	1. Das Vaterunser langsam Vers für Vers sprechen. 2. Jeden Vers einzeln bedenken, „wiederkäuen" und in eigene Worte fassen. 3. Mit Gott über das, was einem dazu einfällt, ins Gespräch kommen, anschließend zum nächsten Vers übergehen.
Zeitaufwand:	Nach oben offen; hier: rund 20 Minuten
Benötigte Hilfsmittel:	Text des Vaterunsers (schriftlich oder auswendig)
Meine Erkenntnis:	Nicht alles, woran man scheitert, muss deswegen sinnlos sein.
Note:	2 Hat Spaß gemacht und war sinnvoll, obwohl ich die Übung nicht geschafft habe.

Tag 14: Liebe lebt von der Vergebung

Beten voller Bedauern

Heute Morgen habe ich mal versucht, anhand der Zehn Gebote meinen aktuellen Sündenstand zu spiegeln, aber ehrlich gesagt: Von sonderlichem Gewinn war diese Übung für mich nicht. Ich bin Gebot für Gebot durchgegangen und habe mir dafür rund eine halbe Stunde Zeit genommen und dabei natürlich eine ganze Menge gefunden. Wie soll es auch anders sein? Die Zehn Gebote lassen niemanden gut aussehen, vor allem, wenn wir sie nicht nur als reine Verbote nehmen, sondern sie – wie beispielsweise Martin Luther in seinem Kleinen Katechismus – positiv wenden und jeweils die eigene Verantwortung für den gesamten Bereich wahrnehmen, den sie zu schützen versuchen. Zu dem Gebot „Du sollst nicht töten", bei dem doch viele von uns sagen würden, dass sie es noch nie übertreten haben, schreibt Luther zum Beispiel: *„Wir sollen Gott fürchten und lieben, dass wir unserm Nächsten an seinem Leibe keinen Schaden noch Leid tun, sondern ihm helfen und beistehen in allen Lebensnöten.*" Wenn ich das Gebot so verstehe, muss ich gestehen, dass ich anderen Menschen – willentlich oder unwillentlich – sehr wohl geschadet und ihnen keineswegs immer beigestanden habe.

Dennoch ging mir das Ganze nicht tief genug. Vielleicht habe ich mich schon zu oft mit den Zehn Geboten beschäftigt und bin darum etwas abgestumpft. Jedenfalls bin ich weder sonderlich erschrocken noch hatte ich das Gefühl, für diese Dinge die Hölle verdient zu haben. Natürlich waren da ein paar „Kracher" dabei, die mir wirklich leidtun, aber ich behaupte mal: Das, was die Bibel unter „Sündenerkenntnis" versteht, war das sicherlich nicht.

Auf der anderen Seite: Möchte ich das überhaupt? In der Bibel steht, dass es eine der Aufgaben des Heiligen Geistes ist, uns unserer Sünde zu überführen. Das Wort „überführen" kommt übrigens aus der Gerichtssprache. Es bedeutet, die Schuld eines Menschen gegen sein hartnäckiges Leugnen und gegen alle kunstvoll aufgebauten Gegenargumente einwandfrei nachzuweisen. Und ich frage mich ganz ehrlich: Will ich das überhaupt? Will ich meine Schuld, mein Versagen, meine Lieblosigkeiten, meine Übertretungen und Unterlassungen wirklich einmal mit den Augen Gottes sehen? Habe ich den Mut, hier und jetzt zu beten: „Heiliger Geist, zeige mir meine Sünde!"?

Vor ein paar Tagen habe ich in unserer neuen Wohnung eine Wand gestrichen. Ich war super zufrieden mit dem Ergebnis, fand allerdings anderntags ein paar kleine Macken, die ich wohl übersehen hatte. Also holte ich noch einmal den Eimer Farbe, einen Pinsel und einen Halogenstrahler, um die Wand nach weiteren Stellen abzusuchen, die nicht ganz sauber gestrichen waren. Was ich im Licht dieser Lampe sah, erschreckte mich zutiefst. Meine Malerarbeit nahm sich auf einmal wie der reine Pfusch aus – da schien überhaupt nichts richtig ordentlich gestrichen! Was tags zuvor im dämmrigem Abendlicht richtig gut ausgesehen hatte, erwies sich im Licht der Halogenlampe als das, was es war: schlechte Arbeit. Ich überlege: Wenn ich mein Leben, das oberflächlich – von ein paar kleineren und größeren Macken abgesehen – vielleicht ganz in Ordnung aussieht, unter dem Licht Gottes betrachte, sozusagen unter der Halogenlampe des Herrn, entpuppt es sich dann bei näherem Hinsehen vielleicht auch als oberflächlich übertünchte schlechte Arbeit?

Die Bibel ist davon überzeugt, dass wir alle Sünder sind. Es gibt einen unendlichen Abstand zwischen Gott und Mensch, zwischen Schöpfer und Geschöpf, den wir nicht überbrücken können: weder durch unsere fünf Sinne noch durch unseren forschenden Verstand, noch durch irgendwelche spirituellen Übungen. Irgendwie ist in unserer Beziehung zu Gott „der Wurm drin", irgendetwas trennt uns von Gott – das bezeugen alle großen Religionen dieser Welt. Sie haben verschiedene Erklärungen für diesen „Graben", der zwischen Mensch und Gott klafft, und vor allem machen sie unterschiedliche Vorschläge, wie diese Trennung zu überwinden ist. Das Juden- und Christentum sagen, dass es vor allem unsere „Sünde" – das heißt unsere Selbstbezogenheit – ist, die uns von Gott trennt. Für sie ist ein wesentlicher Schlüssel zu gelingendem Gebet, dass wir diese Sünde bekennen und damit die Grundlage legen, den versperrten Zugang zu Gott wieder freizulegen.

Paulus schreibt, wir hätten den Glanz (manche übersetzen auch: die „Herrlichkeit" – oder wäre, um im Bild von eben zu bleiben, „der schöne Anstrich" besser?) verloren, den Gott uns einmal zugedacht hat. Als Gott uns schuf, hatte er etwas ganz anderes im Sinn. Ein Wesen, das man – wie die Engel – nur als „herrlich" beziehungsweise „leuchtend" beschreiben kann. Davon sind wir alle – davon bin *ich* – meilenweit entfernt. Wir sind ein Tropfen im Meer Gottes, der statt den Himmel zu spiegeln, das Zwielicht und Dunkel der Tiefe reflektiert. Möchte ich das wirklich so genau wissen? Und: Warum reitet das Christentum so sehr darauf herum? Wo doch die Bibel sagt, dass Gott uns trotzdem liebt. Ist das nicht viel wichtiger, grundlegender und entscheidender für unsere Selbstwahrnehmung: dass wir zwar sündige, vor allem aber geliebte Kinder Gottes sind?

Doch Liebe und Klarheit schließen sich keineswegs aus. Ich liebe zum Beispiel meine Kinder. Aber wenn sie richtig Mist bauen, erwarte ich, dass sie sich entschuldigen. Und manchmal auch, dass sie dafür geradestehen und versuchen, den Fehler wiedergutzumachen, soweit das möglich ist. Warum tue ich das? Nicht, weil sie sonst meine Liebe verlieren. Sondern weil unsere Beziehung nicht besser, sondern schlechter wird, wenn sich die Grenzen zwischen Richtig und Falsch verwischen. Ich rede nicht von Bagatellen und kleinen Verfehlungen. Manche Irr-, Um- und Abwege sind auch pädagogisch (um nicht zu sagen: therapeutisch) notwendig. Aber wenn mein Kind mir, anderen oder sich selbst nachhaltig schadet, muss das angesprochen werden. Das hat etwas mit Ernstnehmen und Respekt, aber auch mit Fürsorge zu tun. Solche Gespräche sind für beide Seiten immer unangenehm, aber wenn sie nicht stattfinden, ist der Schaden ungleich größer.

Das Bußgebet – die Bitte um Vergebung – hat im Christentum immer eine große Rolle gespielt. Es ist wie ein Eingangstor zu einer neuen, gereinigten Beziehung zu Gott. Ob wir an das Gleichnis vom verlorenen Sohn denken oder an die erste große christliche Predigt an Pfingsten, als die Menschen erschrocken fragten: „Was sollen wir denn tun?“, und Petrus antwortete: „Tut Buße – kehrt um –, und lasst euch taufen als ein Zeichen, dass ihr eure Sünde abwascht und ein neues, gereinigtes Leben führen wollt“ – die Bitte um Vergebung und Neuanfang steht oft am Anfang eines bewussten Lebens mit Gott, und sie zieht sich in unregelmäßigen Abständen wie ein roter Faden durch diese Beziehung. Denn es gibt keine noch so liebevolle Beziehung, in der wir nicht immer wieder mal Vergebung und einen neuen Anfang bräuchten. „Liebende“, so hat es der Dichter Manfred Hausmann einmal ausgedrückt, „leben von der Vergebung.“ In dem Moment, wo wir uns um diese Tatsache herumschlängeln, nimmt unsere Beziehung Schaden.

Das Bußgebet hilft mir, mich nicht dauerhaft selbst zu belügen. Meine Schattenseiten und Abgründe gelegentlich mit den Augen Gottes zu sehen – vielleicht nur punktuell, es muss ja nicht immer gleich ein kompletter Seelenscan sein – macht mich etwas weniger großspurig.

Ich spüre, dass ich auf Gnade angewiesen bin: von Gott und den Menschen. Die Bitte um Vergebung stellt mein Gottesverhältnis, mein Lebensgefühl und mein Selbstbild vom Kopf auf die Füße. Sie gibt mir die Möglichkeit, hier und da etwas zu korrigieren und an mir zu arbeiten. Gleichzeitig bleibt mir aber bewusst, dass meine Beziehung zu Gott letztlich ein Geschenk ist und nicht etwa das Resultat meiner spirituellen Anstrengung. Und – last but not least – macht sie mich barmherziger in meinem Urteil anderen Menschen gegenüber.

Der Generalscan von heute Morgen war ein Fehlschlag. Mir war einfach nicht nach Buße zumute und einfach auf Knopfdruck funktioniert das nicht. Und doch verrät mir die Tatsache, dass ich Hemmungen hatte, das Gebet „Heiliger Geist, zeige mir meine Sünde" zu sprechen, etwas über mich selbst. Tief in meinem Inneren ahne ich, dass mein Leben korrekturbedürftig ist. Offensichtlich mache ich mir Sorgen darüber, was ich zu sehen bekomme, wenn Gott seinen „Halogenstrahler" anmacht, um mein Leben zu beleuchten.

In der Tat gibt es Dinge in meinem Leben, die mich tief beunruhigen und mit Sicherheit auch von Gott trennen:

- wie viele Möglichkeiten ich in meinem Leben nicht genutzt habe;
- wie viele wertvolle Tage ich vergeudet habe;
- wie wenig mein Leben dem entspricht, was ich von mir selbst erwarte, geschweige denn, was Gott von mir möchte;
- wie viele Menschen ich zum Weinen gebracht habe;
- wie viele Menschen meine Hilfe gebraucht hätten, sie aber nicht bekommen haben;
- wie egoistisch ich selbst dann bin, wenn ich zu lieben meine;
- wie wenig meine guten oder auch schlechten Taten ins Gewicht fallen im Vergleich zu meinen Unterlassungen;
- wie viel Schreckliches auf der Welt und wie viele Menschen mir im Grunde meines Herzens gleichgültig sind;
- wie viele Sünden ich nur deswegen nicht begangen habe, weil ich zu bequem war, überhaupt etwas zu tun;
- und: wie es wohl wäre, wenn Gott mich mit dem gleichen Maßstab messen würde, mit dem ich andere messe?

Erschreckend. Sünde ist weit mehr als moralische Verfehlung. Sie wütet wie ein Krebsgeschwür in meiner Seele. Und ich sehe letztlich auch nicht, wie ich dieses Problem selbst lösen könnte. Natürlich kann ich mich ein bisschen mehr anstrengen, aber ich glaube einfach nicht, dass ich diese Bilanz auch nur halbwegs ins Positive wenden kann. Nein, ich brauche Vergebung. Ich denke oft, ich muss mehr lieben, um Vergebung zu bekommen. Aber Gott macht es genau umgekehrt: Er vergibt mir, damit ich wieder mehr lieben kann. Ich bin ein Tropfen in Gottes Meer, der zu viel Schmutz in sich trägt, um den Himmel zu spiegeln. Trotzdem ist und bleibt das meine Berufung. Das Bußgebet hilft mir, mich daran zu erinnern und immer wieder in die Nähe dessen zurückzukehren, der meinem Leben neuen Glanz verleiht.

Portfolio

Name:	**Das Bußgebet**
Erklärung:	Die Bitte um Vergebung zieht sich durch unser gesamtes Leben mit Gott. Wir sind von dem, wie wir eigentlich sein sollten, weit entfernt. Das Bußgebet hilft uns, zu Gott zurückzufinden und ein Leben an seiner Hand zu führen.
Kategorie:	Grundform des Gebets
Verwandte Formen:	Selbstbetrachtung; Beichte; Bitte um einen neuen Anfang; bedingt auch: Rachepsalm
Auf drei gezählt:	1. Gott oder den Heiligen Geist bitten, dass er uns unsere Sünde zeigt. 2. Der eigenen Schuld punktuell oder in einer Art Totalscan (etwa anhand der Zehn Gebote) in die Augen schauen. 3. Gott um Vergebung und einen Neuanfang bitten. (4. Gegebenenfalls Konsequenzen ziehen.)
Zeitaufwand:	Punktuell: je nach Intensität; ein Generalscan dauert mindestens 30–60 Minuten
Benötigte Hilfsmittel:	Keine; evtl. den Text der Zehn Gebote (2. Mose 20 oder 5. Mose 5)
Meine Erkenntnis:	Zu manchen Gebeten bin ich zu feige, aber Gott erhört sie trotzdem.
Note:	2 Danach fühlt man sich besser.

Tag 15: Gottes Stimme in unserem Inneren

Beten und Hören

Menschen, die immer nur reden und nie zuhören, können einem tierisch auf die Nerven gehen. Zu jedem guten Gespräch gehört beides: das Senden und Empfangen, dass wir unser Inneres nach außen kehren, aber auch wahrnehmen, was der oder die andere uns sagen möchte. Wenn Beten – wie ich bereits im Vorwort gesagt habe – „Kommunikation mit Gott" ist, gehören dazu nicht nur die vielfältigen Weisen, mit ihm zu reden, sondern auch die unterschiedlichen Formen, auf ihn zu hören. Denn Gott schweigt nicht – wir lassen ihn nur so wenig zu Wort kommen. Darum geht es bei meiner heutigen Übung.

Gott spricht zu uns Menschen auf vielerlei Weise. Auf die Bedeutung der Bibel in diesem Zusammenhang bin ich bereits zu sprechen gekommen. Eine andere Art, wie er zu uns spricht, ist durch „innere Eindrücke". Das kann der innere Impuls sein, irgendetwas tun oder nicht tun zu sollen. Es kann ein Wort der Ermutigung oder des Trostes sein, das uns Frieden gibt. Oder uns fällt plötzlich etwas ein: entweder ein neuer Gedanke oder ein alter, der in unserem Inneren irgendwie verloren gegangen war.

Am besten können wir diese Stimme Gottes in uns hören, wenn es um uns und in uns still wird. Darum ist es gut, von Zeit zu Zeit zur Ruhe zu kommen und Abstand zu nehmen von der Hektik und Betriebsamkeit des Alltags. Das hilft, uns innerlich zu sortieren und inmitten der Vielfalt der Stimmen, die uns umgeben, auf unsere eigene innere Stimme zu achten. Das aber ist – genau betrachtet – noch keine Stille, sondern höchstens ein „ruhiges Nachdenken". Es hat noch nicht die Qualität einer spirituellen Übung; es ist lediglich die Vorstufe dazu. Um einen solchen ruhigen Moment auch geistlich für uns fruchtbar zu machen, brauchen wir eine bewusste Ausrichtung dieser Zeit auf Gott. Erst sie macht die Ruhe zur Stille. Etwas plakativ gesagt: Ruhe kann ich selbst herstellen. Stille hingegen ist etwas, das mir geschenkt wird. Meist ist äußere Ruhe die Voraussetzung dafür, dass wir auch innerlich zur Ruhe kommen können. Die innere Ruhe aber ist – spirituell gesehen – kein Selbstzweck. Sie dient vielmehr dazu, dass *Gott* anfangen kann, in unserem Inneren zu reden.

Mir hilft dazu – ganz simpel – das Anzünden einer Kerze. Das verhilft mir nicht nur dazu, zur Ruhe zu kommen (obwohl das leise Flackern des Kerzenlichtes schon eine stark meditative Wirkung auf mich hat), eine angezündete Kerze erinnert mich auch an die Gegenwart Gottes. Ich hatte mal einen spirituellen Mentor, der jedes Mal, wenn ich ihn besuchte, eine Kerze ansteckte und dazu sagte: „Das soll uns daran erinnern, dass Gott bei unserem Gespräch mit dabei ist." Vermutlich hat er damit bei mir eine Art Pawlow'schen Reflex angelegt. Sie erinnern sich: Der Hund, dem jedes Mal, wenn das Glöckchen klingelt, das Wasser im Mund zusammenläuft, weil er gelernt hat, „Glocke" und „Chappi" gedanklich miteinander zu verknüpfen. Bei mir funktioniert das ähnlich: Wenn ich eine Kerze anzünde, läuft mir zwar nicht das Wasser im Mund zusammen, aber ich assoziiere die flackernde Flamme unmittelbar mit der Gegenwart Gottes. Und das ist gar nicht so weit hergeholt. In der Bibel ist Feuer beispielsweise ein Symbol des Heiligen Geistes. Wenn ich also bete, hilft mir eine Kerze nicht nur dabei, zur Ruhe zu kommen, sondern sie erinnert mich auch immer wieder daran, dass Gott jetzt da ist.

Ich bin heute in eine große, offen stehende Kirche gegangen und habe eine Kerze angezündet. Die Kirche hilft mir, äußerlich zur Ruhe zu kommen, und die Kerze innerlich. Meine Hoffnung dabei ist, dass ich nicht nur *ruhig*, sondern *still* werde, das heißt, dass Gott anfängt, zu mir zu sprechen. Denn ich komme an einem bestimmten Punkt nicht weiter. Seit Tagen beiße und knoble ich an einem Problem herum, habe auch schon viel darüber gebetet, und es ist heute auch keineswegs das erste Mal, dass ich versuche, still zu werden und so etwas zu hören wie eine „Stimme Gottes". Das Vertrackte ist nur: Solange ich noch an mein Problem denke und auf eine Lösung hoffe, werde ich gerade *nicht* still. Je angestrengter ich nach einer Lösung suche, desto weniger offen bin ich dafür, dass mir eine „von oben" zufällt. Es ist ein bisschen wie in Michael Endes „Unendlicher Geschichte", in der Bastian – der jugendliche Held – unbedingt durch ein Tor muss, das sich allerdings erst dann für ihn öffnet, wenn er nicht mehr daran denkt. Und das ist nicht ganz einfach: Versuchen Sie mal, wenn Sie ein Problem haben, nicht mehr daran zu denken (womöglich mit dem Hintergedanken, dass Ihnen so hoffentlich eine Lösung einfällt)!

Am besten funktioniert das, wenn ich meine Gedanken gezielt auf etwas anderes richte. In meinem Fall ist es das Licht der Kerze, das mich daran erinnert: Gott ist da. Ich versuche, einige Zeit bewusst in der Gegenwart Gottes zu verweilen. Das Problem, um das meine Gedanken kreisen wie Vögel um einen Turm, tritt mehr und mehr in den Hintergrund. In den Vordergrund rückt stattdessen dieser „Turm" selbst: JAHWE, jener Gott, der zu mir spricht: „Ich bin da." Mehrfach wiederhole ich halblaut diesen Satz: „JAHWE – du bist da. Alles ist gut." Ich nehme den Moment als Geschenk, als Oase in meiner derzeitigen Wüste. Und tatsächlich gelingt es mir, diese Wüste für einen Augenblick zu vergessen. Wen kümmert es, dass ich nachher wieder weitermuss? Jetzt, für einen Moment, ist alles gut. Es ist Friede. Und irgendwo in einem fernen Winkel meines Bewusstseins weiß ich: Selbst wenn mir keine Lösung einfällt, hat sich dieser Moment gelohnt, denn ich werde die Kraft haben, meinen Weg weiterzugehen. Dann verschwindet der Gedanke an mein Problem endgültig aus meinem Blickfeld und ich tauche ganz ein in das Bewusstsein der Gegenwart Gottes: JAHWE.

Was ich jetzt schreibe, wird für Sie vermutlich etwas unbefriedigend sein. Denn plötzlich – es mögen wohl vier oder fünf Minuten vergangen sein – steht mir ein Satz geradezu kristallklar vor Augen. Ich bin mit einem Schlag hellwach! Es ist zwar nicht die fertige „Lösung" für mein Problem (die wäre am heutigen Abend auch gar nicht umsetzbar), aber eine Aufforderung, ein Wort der Orientierung, eine Weisung, wie ich mich zu verhalten habe. Wie gesagt: kristallklar, Wort für Wort. „Na, das klingt doch prima. Und was ist daran unbefriedigend?", mögen Sie sich fragen. Nun: die Tatsache, dass ich Ihnen diesen Satz nicht verraten werde. Ich sehe Sie förmlich an diesem Buch rütteln: „Hey, Mann, nun rück's raus! Uns erst neugierig machen und dann keine ‚Butter bei die Fische' geben, das haben wir nicht so gerne!"

Sorry. Da mein Problem und damit auch die „Weisung", die ich meine, empfangen zu haben, etwas mit anderen Menschen zu tun hat, die vermutlich kein allzu großes Interesse hegen, sich auf diese Weise in meinem Buch verewigt wiederzufinden, muss ich an dieser Stelle passen. Sie, lieber Leser und liebe Leserin, müssen es mir jetzt einfach glauben, dass es so war – oder es sein lassen. Ich bin auch meilenweit davon entfernt, Ihnen das als „Rezept" zu verkaufen. Ich habe in meinem Leben Hunderte Male eine Kerze angezündet und es ist nichts Derartiges passiert. Dass ich nun gerade inmitten meines Selbstversuchs ein derartig klares Wort empfange, ist auch für mich in dieser Form völlig unverhofft. Ich habe Ihnen in diesem Buch auch von Pannen und gescheiterten Versuchen berichtet. Sie können sicher sein, dass ich das auch hier getan hätte.

Es bleiben ein paar gewichtige Fragen: Wie ist so eine „innere Stimme" einzuordnen? Was soll ich davon halten? Hat hier wirklich *Gott* gesprochen? Und soll und kann ich einer solchen inneren Stimme einfach trauen? Der amerikanische Journalist Jon Krakauer erzählt in seinem ebenso spannenden wie erschütternden Buch „Mord in Gottes Auftrag" die wahre Geschichte einiger religiöser Fanatiker, die andere Menschen umbrachten, weil sie allen Ernstes der Meinung waren, Gott habe ihnen das so befohlen. Es ist nicht zu glauben, wie häufig so etwas passiert! Krakauer kommt zu dem Schluss, dass jeder, der ernsthaft der Überzeugung ist, dass Gott zu ihm persönlich spreche, als potenziell gefährlich und damit als ein Fall für die Psychiatrie einzuordnen ist. (Ich kann nur hoffen, dass er dieses Buch niemals zu lesen bekommt).

Ich bin trotzdem der Überzeugung, dass Gott zu Menschen spricht. In der Tiefe unseres Herzens sind „Gottes Stimme" und unsere eigene allerdings nicht wirklich trennscharf zu unterscheiden. Aber ist es tatsächlich so wichtig, genau zu wissen, ob das jetzt Gott gewesen ist, der da zu mir gesprochen hat, oder die Stimme meines Unterbewusstseins? Wenn Gott mir – und daran glaube ich gemeinsam mit wahrscheinlich jedem religiösen Menschen dieser Welt – näher ist als ich mir selbst, warum soll er nicht die Stimme meines Unterbewusstseins wählen, um zu mir zu sprechen? Es ist doch auch bei einer guten Predigt oder einem guten geistlichen Buch so, dass Gott die Stimme eines Menschen dazu gebraucht, um zu mir zu sprechen, wobei ich keineswegs immer klar unterscheiden kann, wie groß nun bei jedem einzelnen Satz die „Anteile Gottes" und die des Menschen sind, der da gerade als sein „Sprachrohr" fungiert. Gott redet durch Menschen: durch die Menschen, die die Bibel geschrieben haben, durch viele Menschen, die mir begegnen – warum nicht auch durch den Menschen, der meinen Namen trägt?

Wenn ich mich also anschicke, im Gebet auf die „Stimme Gottes" zu hören, muss ich mir eines bewusst sein: Wenn ich etwas vernehme, wird das immer eine Mischung aus meiner eigenen Stimme und der Stimme Gottes in mir sein. Auf die Stimme Gottes zu hören wird darum nie den Charakter einer „exakten Wissenschaft" haben. Und doch kann man einige klare Kriterien benennen, die helfen können, den „Krakauer-Effekt" zu vermeiden. In der Tat können uns innere Stimmen ziemlich in die Irre führen, wie wir wahrscheinlich alle wissen. Da brauchen wir gar nicht bis zu einem angeblich befohlenen Mord zu gehen.

So glaube ich, dass Gott uns niemals etwas befehlen wird, was anderen Menschen schadet beziehungsweise dem widerspricht, was von uns Menschen allgemeinhin als „gut“ anerkannt wird. Wir können auch sagen: was gegen die Zehn Gebote verstößt beziehungsweise gegen die Goldene Regel: „Behandle andere Menschen so, wie du auch selbst behandelt werden möchtest.“ So einfach ist das. Gott wird uns nie befehlen, zu töten, zu stehlen, zu lügen oder die Ehe zu brechen usw. Er wird uns im Gegenteil immer nur in einer Weise führen, die anderen Menschen nützt und die uns selbst in unserer Persönlichkeitsentwicklung weiterbringt. Das ist das eine.

Das andere ist: Ob eine Stimme in uns wirklich „göttlich“ ist oder nur menschlich, allzu menschlich, können wir manchmal ganz gut daran unterscheiden, ob das, was wir da zu hören meinen, für uns ein wirklich neuer und vielleicht sogar korrigierender Impuls ist, oder ob es etwas ist, das wir eh schon die ganze Zeit so gedacht haben. Ein Freund von mir war mal fest davon überzeugt, dass Gott zu ihm gesprochen habe. Daraufhin erzählte er mir von einer Idee, die er meines Wissens schon seit Längerem hatte und von der ich wusste, dass er ganz vernarrt darin war. Darum sagte ich zu ihm: „Dafür hättest du den Heiligen Geist nicht zu bemühen brauchen. Da wärst du spielend auch selbst drauf gekommen!“ Leider haben wir dieses scharfe Auge meist nur bei anderen und nicht bei uns selbst. Darum mein dritter Rat:

Wenn das, was wir hören oder zu hören meinen, uns in irgendeiner Weise irritiert oder wenn es ein großer Schritt ist, den zu gehen uns unsere innere Stimme auffordert, würde ich (mindestens!) einen Menschen meines Vertrauens darauf ansprechen, wie er oder sie das einschätzt, bevor ich dem Gehörten Folge leiste. Ich bin mit meinem Eindruck nahezu umgehend zu meiner Frau gegangen und habe sie gefragt, ob das ihrer Meinung nach von Gott kommen könne. Ihrer Ansicht nach war das eindeutig der Fall. Allerdings ist meine Frau, so weise sie auch ist, in das Problem involviert. Darum werde ich zur Sicherheit auch noch mit einem zweiten Menschen darüber sprechen. Denn wie sagt Dietrich Bonhoeffer so schön: „Der Christus im eigenen Herzen ist schwächer als der Christus im Wort des Bruders.“ Wenn beides aber zusammenkommt, haben wir gute Chancen, nicht nur uns selbst, sondern wirklich seine Stimme zu hören.

Portfolio

Name:	**Hörendes Gebet**
Erklärung:	Beim „Hörenden Gebet" geht es darum, still zu werden und unsere inneren Stimmen zum Schweigen zu bringen, damit Gott anfangen kann, zu unserem Herzen zu reden.
Kategorie:	Meditatives Gebet
Verwandte Formen: ..	Kontemplation; Gebetsgarten; Gebetsspaziergang; Gebet mit einer Kerze; Stille
Auf drei gezählt:	1. Äußere Ruhe suchen (etwa in einer Kirche, an einem See o. Ä.). 2. Innere Ruhe suchen, die Gedanken auf die Gegenwart Gottes fokussieren. 3. In der Stille darauf achten, ob und wie Gott zu unserem Herzen spricht.
Zeitaufwand:	Ich empfehle, sich mindestens 20–30 Minuten Zeit zu nehmen; hier: rund 10–12 Minuten (was sehr kurz ist)
Benötigte Hilfsmittel:	Kerze; Kaminfeuer o. Ä.
Meine Erkenntnis:	Ruhe kann man herstellen, Stille ist ein Geschenk.
Note:	1 Aber es klappt bei Weitem nicht immer so gut!

Tag 16: Das große theologische Rätsel

Beten und Bitten

Vor der heutigen Übung habe ich mich bislang etwas gedrückt, aber jetzt ist sie langsam fällig. Vielleicht haben Sie sich schon gewundert, warum ich nach rund einem Drittel meines Selbstversuchs immer noch nicht auf *die* Grundform des Gebets zu sprechen gekommen bin, die für die meisten Menschen geradezu gleichbedeutend mit dem Wort „Beten" ist: das Bitten. Allein schon sprachlich sind beide Worte ja eng miteinander verwandt. Was übrigens an den alten Germanen liegt: Sie kannten das Beten nicht. Als das Christentum Mitte des ersten Jahrtausends in unsere Gegend kam, wurde der fehlende Begriff durch das vorhandene Wort „bitten" abgedeckt. Erst Jahrhunderte später unterschied man im Deutschen zwischen „beten" und „bitten". Zu spät – wir haben es seither quasi in unseren Genen: Beten bedeutet für uns Deutsche so viel wie Bitten. Das ist jedoch eine starke Engführung. Das Bittgebet ist nur eine von vielen Dimensionen des Gebets – wenn auch eine sehr elementare.

Von allen Grundformen des Gebets habe ich vor dem Bittgebet am meisten Respekt. Ich habe große Ehrfurcht beziehungsweise Hemmungen, den Schöpfer des Himmels und der Erde, der nun wahrhaftig Wichtigeres zu tun hat, mit den kleinen Belangen meines Alltags zu belästigen. Jesus hat uns zwar ermutigt, uns an Gott so vertrauensvoll zu wenden wie an einen liebenden Vater. Und doch muss selbst das, was für mich groß aussieht, sich in den Augen der Ewigkeit ziemlich unerheblich ausnehmen. Ganz zu schweigen von meinen kleinen Alltagsbitten und -wünschen. Und damit soll ich Gott behelligen?

Dazu kommt noch etwas anderes: Ich kann mir einfach nicht erklären, was geschieht, wenn ich Gott um etwas bitte. Ich musste mal auswärts einen Vortrag halten und geriet in einen Stau. Daher traf ich erst auf den letzten Drücker ein. Weit und breit war nirgends ein Parkplatz zu sehen. Ich betete: „Oh Gott, ich brauche dringend einen Parkplatz!" In diesem Moment fuhr jemand direkt vor der Eingangstür aus seiner Parklücke heraus und ich kam auf diese Weise noch pünktlich. So weit, so gut. Schwierig wird es, wenn ich anfange, über dieses kleine Erlebnis nachzudenken: Hat Gott da tatsächlich eingegriffen? Will sagen: Wenn ich *nicht* gebetet hätte – hätte der andere Fahrer seinen Wagen an diesem Abend stehen gelassen? Ich denke mal, dass er seinen Parkplatz nicht etwa deswegen freigegeben hat, weil er sich just in diesem Moment von Gott so geführt fühlte, sondern weil er einen Termin hatte. Und zu glauben, er habe seinen Termin extra so gelegt, weil Gott schon vorher wusste, dass ich gerade an diesem Abend einen Parkplatz brauchen würde, fällt mir dann doch ein bisschen schwer.

Das Bittgebet gehört zu den großen Rätseln des christlichen Glaubens. Für mich geht es dabei nicht so sehr um die Frage, ob Gott die Naturgesetze außer Kraft setzen kann, wenn man ihn darum bittet. Warum sollte er das nicht können? Wenn Gott wirklich Gott ist, kann er Wunder tun, selbstverständlich. Meine Frage ist viel elementarer: Greift Gott in den Lauf der Geschichte ein, und wenn ja: Wie macht er das? Die Welt läuft nach einer scheinbar lückenlosen Verzahnung von Ursachen und Wirkungen ab. Hält Gott diesen Ablauf einfach an und schafft – sozusagen senkrecht von oben – eine neue Ursache? Oder wirkt er – wiederum direkt von oben – auf eine der vielen vorhandenen Ursachen ein, sodass sie die gewünschte Wirkung zeitigt? Dabei hat auch diese Ursache eine Ursache und eigentlich müsste Gott dann schon lange vorher auf diese einwirken beziehungsweise auf die Ursache davor …

Sorry, ich bin philosophisch geworden. Aber das beschäftigt mich. Dazu kommt noch etwas anderes: Ich habe – wie wahrscheinlich jeder von uns – nicht nur *gute* Erfahrungen mit dem Bittgebet gemacht. Selbst wenn ich davon ausgehe, dass meine Bitten und Wünsche Gott in irgendeiner Weise wichtig sind (so jedenfalls legt es uns die Bibel nah), habe ich doch allzu häufig erlebt, dass Gott meine Gebete nicht erhört hat. Manchmal habe ich den Eindruck: Er erhört gerade so viel, dass ich noch bei Laune bleibe und nicht aufhöre zu bitten. Aber mir ist der Verteilungsschlüssel völlig schleierhaft, nach dem Gott meine Bitten erfüllt oder nicht. Selbst wenn ich alle als solche erkannten selbstsüchtigen, kurzsichtigen und kleingeistigen Bitten meines Lebens abziehe, bleiben doch viele Gebete übrig, die in meinen Augen sinnvoll, edel und selbstlos waren und die Gott dennoch nicht erhört hat. Im Gegenteil: Ich könnte einige selbstsüchtige Bitten aufzählen, die Gott in meinem Leben im Unterschied zu den abgeschlagenen edlen Bitten sehr wohl erhörte.

Ich verstehe also nicht, nach welchen Regeln Gott Gebete erhört oder nicht erhört. Zwar glaube ich, wie gesagt, dass meine Anliegen Gott wichtig sind und dass mein Bittgebet etwas bewirkt. Allerdings bin ich etwas vorsichtig mit meinen Bitten. Für mich ist das Bittgebet nur ein kleiner Ausschnitt aus der breiten Palette an Kommunikationsmöglichkeiten, die das Gebet umfasst. Ich freue mich, wenn Gott meine Bitten erhört, aber ich mache mein Vertrauen auf ihn nicht davon abhängig, sondern gehe davon aus, dass Gott in seiner Weisheit, Gerechtigkeit und Güte sehr viel weiter sieht als ich und darum seine Gründe hat, mir immer wieder einen Wunsch abzuschlagen. Ebenso wie ein Vater tagtäglich viele Bitten seiner Kinder ablehnt: nicht, weil er sie nicht liebt, sondern weil er weiter blickt als sie. Ein Satz, der mich in diesem Zusammenhang tröstet, lautet: „Wer erwartet, dass Gott zu seinen Bitten immer nur ‚Ja' sagt, rechnet zwar mit Gottes Allmacht, aber nicht mit seiner Allwissenheit."

Ich habe sogar eine Weile lang darüber nachgedacht, ob ich Gott überhaupt noch um etwas bitten soll. Aber so großartig es einen Augenblick lang klingt, dass ein Mensch Gott nur noch danken und nichts mehr erbitten will – kann ich mir das wirklich leisten, auf diese wunderbare Möglichkeit zu verzichten? Der Gott der Bibel jedenfalls fordert uns auf, mit unseren Bitten und Wünschen zu ihm zu kommen. Von König Salomo wird zum Beispiel berichtet, dass er vor Gott so viel Gnade gefunden hatte, dass der ihm einen Wunsch freigab. Daraufhin bat er ihn um etwas, worum wohl nur die wenigsten bitten würden, nämlich um ein weises Herz, und Gott, heißt es, war so begeistert darüber, dass Salomo nicht um Geld, Macht oder Ehre gebeten hatte, dass er ihm all das noch zur Weisheit hinzugab. Hier wird nicht das Bild eines Gottes gemalt, der, von unseren Wünschen und Träumen völlig unbeeindruckt, oben im Himmel thront und seinen unabänderlichen Willen durchsetzt, egal, worum wir ihn bitten. Der Gott der Bibel lässt zwar nicht über sich verfügen, wohl aber mit sich reden. Und das ist die theologische Grundlage des Bittgebets.

Nietzsche vertrat den heroischen Standpunkt: „Das Kind betet – der Mann will." Ich selbst halte es da lieber mit dem Mann aus Nazaret, der die kindliche Abhängigkeit von Gott für das Normalste auf der Welt hielt. Das Bittgebet erinnert mich tagtäglich daran, dass ich auf die liebevolle Zuwendung eines göttlichen Gegenübers angewiesen bin. Außerdem glaube ich, dass Gott nicht wie ein anonymes Schicksal über uns waltet, sondern dass er mit sich reden lässt. Abraham, der Stammvater des jüdisch-christlichen Glaubens, macht es uns vor: Er feilscht regelrecht mit Gott (vgl. 1. Mose 18,16 ff.). Vielleicht ist dieses Bild zu menschlich, aber ist es nicht tausendmal besser als die Vorstellung eines erhabenen, unzugänglichen Gottes, der sich durch das Gebet von uns Menschen nicht erweichen lässt? Der biblische Gott ist wie ein Vater, der sich geduldig und liebevoll anhört, was seine Kinder von ihm erbitten. Das bedeutet nicht, dass er uns alle unsere Bitten erfüllt. Wohl aber, dass er alle unsere Gebete hört und auch irgendwie darauf reagiert – selbst wenn seine Antwort nicht immer so aussieht, wie wir uns das vorstellen und erhoffen.

Das macht mir Mut, heute eine Liste meiner großen Wünsche an das Leben aufzustellen. Bitte haben Sie Verständnis, wenn ich diese hier nicht veröffentliche. Ich heiße nicht Salomo, wenn Sie verstehen, was ich damit andeuten will. Zum einen ist meine Wunschliste sehr privat, zum anderen ist mir tatsächlich ein bisschen peinlich, was ich da hingeschrieben habe. Da ist zwar nichts, das direkt auf Kosten anderer ginge, aber das meiste nimmt sich angesichts der großen Probleme dieser Welt doch etwas töricht und selbstbezogen aus. Okay: Ein paar große und gute Anliegen sind auch mit dabei. Aber eben nicht nur, ja, nicht einmal mehrheitlich. Ich bin, wenn ich ganz ehrlich bin, letztlich ein Mensch, der sich zutiefst wünscht, es möge ihm gut ergehen. Sorry. Besonders großmütig und edel ist das sicherlich nicht. Aber es sind meine ehrlichsten Wünsche und das Gute ist: Gott kann ich sie offen darlegen. Ich brauche ihm nichts vorzumachen. Er weiß sowieso, was mich im Innersten bewegt. Mein Bittgebet macht weniger *ihm* als vielmehr mir selbst etwas klar. Und weil es ihn rührt, dass ich mich mit meinen kindlichen Bitten an ihn wende – davon bin ich überzeugt! –, überlegt er, wie er mir das eine oder andere trotzdem ermöglichen kann, obwohl ich mir sicherlich klügere und edlere Dinge hätte wünschen sollen. So wie ein liebevoller Vater nicht immer nur die sinnvollen Bitten seiner Kinder erhört. In der Bibel heißt es: „Gott kann unendlich viel mehr an uns tun, als wir jemals von ihm erbitten oder auch nur ausdenken können" (Epheser 3,20; „Gute Nachricht"-Übersetzung). Daran glaube ich tatsächlich.

Es sind drei kurz- und sieben langfristige Bitten, die ich auf diese Weise zusammentrage und aufschreibe. Die kurzfristigen Wünsche fallen mir sofort ein, weil sie mir sozusagen auf der Seele brennen. Für die langfristigen brauche ich etwas mehr Zeit. Eine spannende Übung, weil ich mir auf diese Weise mal darüber Gedanken mache, was mir in meinem Leben wirklich wichtig ist. Ich weiß nicht, ob Gott mir diese Wünsche erfüllen wird. Es ist sicherlich eine etwas unverschämte Liste, die ich da zusammengetragen habe. Doch ich weiß sie bei Gott, den Jesus als unseren „Vater im Himmel" bezeichnet, in guten Händen.

Portfolio

Name:	**Das Bittgebet**
Erklärung:	Das Bittgebet ist seinem Wesen nach ein Wunder. Es geht davon aus, dass Gott sich von unseren Anliegen und Bitten bewegen lässt, in unserem Sinne in das Weltgeschehen einzugreifen. Dass ein solches Gebet, wenn es nicht mehr Schaden als Nutzen bringen soll, Reglementierungen unterliegen muss, ist fast selbstverständlich. Die Nichterhörung unserer Bittgebete ist darum etwas völlig Normales. Trotzdem können wir uns vertrauensvoll an Gott wenden wie an einen liebenden Vater.
Kategorie:	Grundform des Betens
Verwandte Formen:	Fürbitte (Bitte für andere); Stoßgebet
Auf drei gezählt:	1. Gott vorbereitend um lautere Motive und ein großes Herz bitten. 2. Gott ehrlich die eigenen Bitten und Wünsche vortragen. 3. Die Ergebnisse vertrauensvoll ihm überlassen. Auch wenn er uns unsere Wünsche nicht erfüllt, meint er es gut mit uns.
Zeitaufwand:	Alles vom sekundenschnellen Stoßgebet bis hin zu einer über Stunden erarbeiteten „Lebenswunschliste“ ist möglich; hier: ca. 20 Minuten
Benötigte Hilfsmittel:	Keine; evtl. Stift und Papier
Meine Erkenntnis:	Meine geheimsten Wünsche sind ziemlich selbstsüchtig. Trotzdem liebt Gott mich.
Note:	2 Gut, aber mit gemischten Gefühlen.

Tag 17: Unverschämt fromm oder fromme Unverschämtheit?

Beten mit Jabez

Habe ich gestern geschrieben, meine Bitten seien ziemlich unverschämt? Pah – verglichen mit diesem Typ namens „Jabez", bin ich ein Waisenknabe! Wenn Sie von dem noch nie gehört haben, trösten Sie sich. Selbst Bibelkundige können mit dem Namen meist nicht viel anfangen, obwohl er genau dort zu Hause ist. Er wird irgendwo in den Geschlechtsregistern des ersten Chronikbuches erwähnt, die etwa so umfangreich und so spannend zu lesen sind wie das Telefonbuch einer Kleinstadt. Inmitten der langen Auflistung Tausender von Namen (hier ein Originalvers: „Malkiram, Pedaja, Schenazzar, Jekamja, Hoschama, Nedabja") kann man folgende Randbemerkung schon mal übersehen:

Ein Mann namens Jabez war der angesehenste unter seinen Brüdern. Bei seiner Geburt hatte seine Mutter gesagt: „Ich habe ihn mit Schmerzen geboren", und deshalb hatte sie ihn Jabez genannt. Er selbst aber hatte zum Gott Israels gebetet: ***„Segne mich und erweitere mein Gebiet. Steh mir bei und halte Schmerz und Unglück von mir fern."*** *Diese Bitte hatte Gott erhört.*
1. Chronik 4,9–10; Gute Nachricht (Hervorhebung des Autors)

Aus diesem unscheinbaren Gebet eines ebenso unscheinbaren Mannes wurde vor einigen Jahren vor allem in den USA ein regelrechter Hype. Über 20 Millionen Mal verkaufte sich das Buch „Das Gebet des Jabez" des amerikanischen Autors Bruce Wilkinson, seit es 2000 erschien. Seit 30 Jahren, schreibt Wilkinson, bete er dieses Gebet jeden Morgen. Dies habe sein Leben total verändert. Er habe erfahren, wie Gott sein Leben gesegnet habe. Deshalb wünsche er, dass sich auch andere das Gebet des Jabez zu eigen machen. Denn wenn Gott diese Bitte bei Jabez und bei ihm, Bruce Wilkinson, erhört habe, werde er es auch bei jedem anderen Menschen tun. Man müsse es nur treu und voller Vertrauen über einen längeren Zeitraum jeden Tag beten.

Um es vorweg zu sagen: Ich halte das für Unsinn. Es gibt keinen Automatismus, keinen Zauber und auch keine Formel, mit deren Hilfe wir Gott manipulieren und zwingen können, uns mit Glück und Segen zu überschütten. Aber ich befürchte, dass Wilkinson bei vielen Menschen genau diesen Glauben erweckt. Denn auch wenn er sich in seinem Buch gegen eine abergläubische Verwendung des Jabez-Gebetes abzugrenzen versucht, lautet seine Botschaft letztlich: „Bete diese Worte Tag für Tag und es wird dir immer besser gehen." Völlig aus dem Fokus geraten dabei der Beitrag, den ich selbst leisten, und die Weichen, die ich selbst stellen muss, damit mein Leben gelingen kann. Wilkinson selbst hat dieses Prinzip offensichtlich beherzigt, auch wenn er das seinen Lesern vorenthält. Er hat eben nicht nur sein Gebet gesprochen, sondern auch ein Buch geschrieben und es erfolgreich vermarktet. Doch eine millionenfache Enttäuschung ist bereits für alle vorprogrammiert, die hoffen, mithilfe dieses kleinen Verses Eigeninitiative, harte Arbeit und Beständigkeit aus ihrem Leben ausklammern zu können. Im Endeffekt wird das dazu führen, dass viele sich leider nicht nur von dem Autor Bruce Wilkinson, sondern vom Beten überhaupt abwenden.

Und natürlich auch vom Gebet des Jabez. Was ich durchaus schade fände. Denn ich muss gestehen, dass ich das Gebet des Jabez ziemlich charmant finde. Zum einen, weil ich mich nach meinem gestrigen Bittgebet immer noch ein bisschen beschämt fühle und mir dieses Gebet – wie auch die Tatsache, dass viele Millionen Menschen es täglich nachbeten – zeigt, dass ich mit meinem Wunsch nach Glück beziehungsweise Verschonung vor Leid nicht ganz allein auf der Welt bin. Vor allem aber mag ich dieses Gebet, weil es mir hilft, meine tiefsten Sehnsüchte noch besser zu verstehen und auf den Punkt zu bringen.

Ich habe mir das Gebet des Jabez vor ein paar Tagen auf einen Zettel geschrieben und ihn bereitgelegt für den Fall, dass ich nachts mal wach liege. Gestern war das dann der Fall. Um kurz nach 3:00 Uhr lag ich in meinem Bett und konnte nicht mehr schlafen. So fing ich an, immer und immer wieder das Jabez-Gebet zu sprechen, bis ich nach rund anderthalb Stunden wieder einschlief. Bei alledem schweifte ich innerlich durchaus auch ab, sodass ich nicht die ganze Zeit hindurch betete. Aber meine Gedanken kehrten doch immer wieder zu den Worten des Jabez zurück. Ich finde, dass es jeder der vier kurzen Sinnabschnitte, in die das Gebet unterteilt ist, in sich hat:

1. **„Segne mich."** Für den Menschen des Alten Testaments ist der Segen – anders als für uns – etwas sehr Konkretes und vor allem bar jeder frommen Vergeistigung randvoll gefüllt mit herzerfrischender Diesseitigkeit. Worum Jabez hier bittet, ist nicht mehr und nicht

weniger als um ein gelingendes Leben. Das mutet ziemlich egoistisch an, weil wir doch eigentlich erst mal an andere denken sollen. Aber auch und gerade, wer für andere sorgen will, muss zunächst einmal für sich selbst sorgen. Jeder von uns kann immer nur das weitergeben, was er selbst zuvor empfangen hat. Jabez' höchste Priorität ist es, ein Gesegneter zu sein, denn nur so kann er für andere zum Segen werden. Ich lerne daraus, dass ich durchaus erst mal an mich selbst denken darf, auch im Gebet. Das schließt ein verantwortungsbewusstes Leben nicht aus, sondern ermöglicht es überhaupt erst.

2. **„Erweitere mein Gebiet."** Auch das ist nicht unbedingt bescheiden. Jabez mag hierbei an sein Acker- oder Weideland gedacht haben, aber die Bitte reicht im Grunde weiter. Wie ein Kind, das den Laufstall verlässt, um erst das Kinderzimmer als seine Welt zu erobern, dann das ganze Haus, den Garten, das Dorf usw., fragt Jabez über das bereits in seinem Leben Erreichte hinaus: „Was ist der nächste Schritt beziehungsweise die nächste Stufe? Ist Gott schon am Ende seiner Wege mit mir, oder könnte es sein, dass er noch viel mehr mit mir vorhat?" Das Gebet des Jabez lässt mich fragen, was Gott für mich will, und geht davon aus, dass ich das Potenzial, das er in mich hineingelegt hat, noch lange nicht ausgeschöpft habe.
3. **„Steh mir bei."** Normalerweise beten wir so, wenn es uns schlecht geht. Jabez betet so, nachdem er um den Segen Gottes und die Erweiterung seines persönlichen Lebensrahmens gebeten hat. Das ist überaus weise. Denn erstaunlicherweise sind gerade die Zeiten, in denen unser Leben gelingt, im Hinblick auf die Entwicklung unserer Persönlichkeit oft eher dürr und mager, um nicht zu sagen gefährlich. Jemand hat einmal gesagt: „Man bedarf weit größerer Tugenden, das Glück zu ertragen als das Unglück." In Jabez' Bitte um Gottes Beistand schwingt ein Wissen darum mit, dass wir gerade dann, wenn es uns gut geht, die Begleitung Gottes in besonderer Weise brauchen. In schlechten Zeiten natürlich auch. Aber da fällt wahrscheinlich nicht nur mir das Beten um Gottes Beistand ohnehin leicht.
4. **„Halte Schmerz und Unglück von mir fern."** Diese Worte stehen in erfrischendem Kontrast zu der Leidverliebtheit, von der große Teile der christlichen Tradition bis heute geprägt sind. Auch wenn sich das Wortfeld „Freude/sich freuen" in der Bibel doppelt so häufig

findet wie das Wortfeld „Leid /leiden", gelten Schuldbewusstsein, Betroffenheit und Leiden viel eher als christliche Tugenden als Leichtigkeit und Lachen. Entsprechend wurde die Kunst des Sterbens *(ars moriendi)* innerhalb des Christentums sehr viel ausführlicher entwickelt als die Kunst zu leben *(ars vivendi)*. Ob das wirklich im Sinne Jesu ist, möchte ich bezweifeln. Unmenschlich ist eine solche Leidensorientierung allemal, wie jeder Psychotherapeut bestätigen kann. Darum bin ich dankbar für dieses ehrliche und sympathische Gebet des Jabez: Es ist durchaus okay, wenn ich Gott darum bitte, von Unglück und Schmerz verschont zu werden. Ich kann das Leid zwar nicht immer vermeiden, aber ich brauche es weder gut noch erstrebenswert zu finden.

Gott erhörte das Gebet des Jabez, berichtet das Chronikbuch ganz lapidar. Daraus abzuleiten, dass Gott dieses Gebet in jedem Fall und immer erhört, halte ich – wie gesagt – für problematisch. Und doch lerne ich aus der Tatsache, dass Gott das Gebet des Jabez erhörte, dass es nicht ganz verkehrt sein kann, so mit Gott zu reden. Ich habe ein etwas besseres Gewissen, was meinen gestrigen Wunschkatalog betrifft.

Auf dem Gebet des Jabez – und das hat nicht erst Bruce Wilkinson entdeckt – liegt irgendwie ein besonderer Segen. Das aber hängt nicht mit den bloßen Worten zusammen, sondern mit der Herzenseinstellung, die Jabez hatte: Demut, Gottvertrauen und der starke Wille, mit Gottes Hilfe sein eigenes Potenzial voll auszuschöpfen und etwas in dieser Welt zu bewirken. Wie bei allen Wiederholungsgebeten geht es auch beim Gebet des Jabez weniger darum, Gott durch ständiges Betteln „herumzukriegen", als vielmehr auf unsere eigene Seele einzuwirken. Ohne Frage wird mein Leben besser gelingen, wenn ich jeden Morgen meinen Fokus auf Gottes Segen, seine Bewahrung und die Chancen richte, die dieser Tag für mich bereithält, um dann mein Bestes in die andere Waagschale zu werfen. Und sollte Gott ab und an auch noch ein Wunder senkrecht vom Himmel werfen, habe ich den Boden dafür vorbereitet, dass es auch wirken kann. Wenn die oftmalige Wiederholung dieser Worte uns hilft, eine ähnliche Einstellung zu gewinnen wie Jabez, ist es gut für uns. Andernfalls sollten wir uns eine andere Gebetsübung suchen. Ich jedenfalls bin heute Morgen wegen der durchwachten Nacht etwas gerädert, aber durchaus beglückt aufgewacht.

Portfolio

Name:	**Das Gebet des Jabez**
Erklärung:	Das Gebet des Jabez wirkt – wie alle Wiederholungsgebete – vor allem auf unsere eigene Seele ein und bewirkt dort eine erstaunliche Mischung aus Demut und Unbescheidenheit.
Kategorie:	Wiederholungsgebet
Verwandte Formen:	Jesusgebet; Rosenkranz; Bittgebet
Auf drei gezählt:	1. Kurz zur Ruhe kommen, um sich für die Gegenwart Gottes zu öffnen. 2. Den Text des Gebets mit Sinn und Verstand mehrfach wiederholen. 3. Beobachten, was das Gebet über einen längeren Zeitraum mit einem macht.
Zeitaufwand:	Entweder kurz und über einen längeren Zeitraum täglich oder als Wiederholungsgebet über mindestens zehn Minuten; hier: ca. 60 Minuten (mit Unterbrechungen)
Benötigte Hilfsmittel:	Keine; evtl. ein Zettel mit dem Text
Meine Erkenntnis:	Es ist durchaus in Ordnung, zunächst an sich selbst zu denken.
Note:	2 Gut, wenn es nicht abergläubisch angewandt wird.

Tag 18: Jammern mit Perspektive

Beten und Klagen

Heute habe ich den Blues. Eine gute Bekannte hat mir geschrieben, dass sie wahrscheinlich Krebs hat. Außerdem gehen mir meine Jungs zu Hause (6 und 8 Jahre alt) tierisch auf die Nerven: Sie haben so gar kein Verständnis dafür, dass ich gerade versuche, ein Buch über Gebet und Besinnung schreiben, und dafür RUHE! brauche. Es sind Sommerferien, und jeder, der Kinder hat, weiß, wie viel zusätzlichen Stress das zu Hause mit sich bringt. Zudem sind wir vor wenigen Tagen umgezogen, und obwohl meine Frau und ich seither unter Hochdruck arbeiten, habe ich nicht den Eindruck, als bekämen wir das entstandene Chaos auch nur ansatzweise in den Griff. Ich hänge mit meinem aktuellen Buchprojekt hinterher, das Konto rutscht umzugsbedingt bedrohlich in die Miesen, und seit ich vorgestern diese zehn Bücherkisten auf den Dachboden gehievt habe, tut mir mein Rücken weh. Will sagen: Das Leben hat schon mal mehr Spaß gemacht. Obwohl ich mich eigentlich für einen glücklichen Menschen halte, kotzt mich doch heute ziemlich viel an.

Grund genug, mich einer weiteren Elementarform des Gebets zuzuwenden: der Klage. In unserer Kultur spielt sie – wenn überhaupt – eine eher untergeordnete Rolle. Ich vermute, dass dem eine Mischung sehr unterschiedlicher Motive zugrunde liegt. Zum einen gilt es bei frommen Menschen als nicht sonderlich schicklich, sich bei Gott zu beklagen. Wenn man schon an Gott glaubt, muss man schließlich auch gut finden, was er so den lieben langen Tag verzapft. Wobei ich mal offen lassen möchte, ob all das, was uns tagtäglich widerfährt, wirklich von Gott kommt. Ich fürchte, wir schieben ihm eine Menge in die Schuhe, an dem er gar nicht schuld ist. Aber wie heißt es so schön im Kirchenlied? „Was Gott tut, das ist wohlgetan." Einem Christen ist sicherlich verwehrt, sich die Dinge schönzutrinken, was ihn aber nicht daran hindern muss, sie sich schönzubeten. Zum andern wirkt in unserer klaglosen Spiritualität ein altes preußisches Ideal fort, das in dem Satz „Lerne zu leiden, ohne zu klagen" seinen vielleicht deutlichsten Ausdruck findet. Zugegebenermaßen finde auch ich es abstoßend, wenn Leute oft jammern, sich beklagen, anderen die Schuld geben, das Leben schlecht finden usw. Jammern ist eben oft einfacher als Handeln. Gerne halte ich dem deswegen meine eigene Lebensphilosophie entgegen: „Vertrau auf Gott, heb deinen Hintern hoch und tu etwas!“

Allerdings gibt es Tage und Phasen in unserem Leben, da will das einfach nicht gelingen. Da klappt es nicht mit dem Gottvertrauen, und wenn wir es tatsächlich schaffen, unsere Lethargie abzulegen, und etwas tun, wird nichts Gescheites daraus. Es gibt Tage, da bringt mich meine „Denke positiv und sorge für dein Glück!“-Philosophie nicht weiter. Der heutige Tag gehört auf jeden Fall dazu. Die Anstrengungen der vergangenen Wochen waren für mich einfach zu viel. Ich kann schlicht und ergreifend nicht mehr. Mag sein, dass ich das morgen schon wieder anders sehe. Aber heute bin ich einfach deprimiert. Und raffe mein letztes bisschen Energie zusammen, um dem lieben Gott einmal kräftig die Meinung zu sagen. Wird ohnehin mal Zeit.

In der Theorie würden wir wahrscheinlich alle sagen, dass man beim Beten so ehrlich wie möglich sein soll. Was aber, wenn ich richtiggehend sauer auf Gott bin und mich von ihm Stich gelassen fühle? Zumindest finde ich es eine merkwürdige Art von Humor: Ich reserviere mir drei Monate, um mit ihm auf besonders intensive Weise zu kommunizieren, und ausgerechnet in diese Zeit fällt – beruflich bedingt – mein erster Umzug seit über 20 Jahren. Umgeben von 300 Kisten und zwei tobenden Kindern, die allzeit bereit sind, das häusliche Chaos auf ihre unnachahmliche Art noch zu toppen, versuche ich, zu Ruhe und Besinnung zu kommen. Das hätte er, „der alles so herrlich regieret“, doch wirklich etwas geschickter einfädeln können, oder? Mir kommt es so vor, als ob Gott selbst mein Vorhaben, mit ihm in intensiveren Kontakt zu treten, unterläuft.

Klar sind meine Probleme Bagatellen im Vergleich zu den Sorgen meiner eventuell krebskranken Bekannten. Aber die lasten mir natürlich auch auf der Seele und sind nicht gerade angetan, meinen angeschlagenen Gemütszustand zu verbessern. Noch einmal die Frage: Wie offen kann ich in einer solchen Situation mit Gott reden? Oder direkt gefragt: Darf man mit Gott eigentlich schimpfen? Dass wir unser Leben oftmals nicht im Griff haben, ist schon unangenehm genug. Was aber, wenn ich den Eindruck habe, dass auch Gott die Dinge nicht unbedingt im Griff hat? Oder dass er sich nicht ausreichend darum kümmert?

An diesem Punkt setzt das Klagegebet ein. Die Klage spielt in der Bibel eine erstaunlich große Rolle. Was dort teilweise mit Gott herumgeschimpft und herumgezackert wird, grenzt an Blasphemie, ist aber doch Ausdruck tiefster Gottesverbundenheit: Selbst dort, wo Menschen Gott nicht mehr verstehen, wenden sie sich noch an ihn. Glaubenskrisen und seelische Konflikte werden in der Bibel nicht ausgeklammert, sondern in die persönliche Spiritualität integriert. Das finde ich sehr sympathisch. Gott ist nicht immer nur lieb, die Welt ist nicht immer nur heil, und es muss auch im Gebet einen Ort geben, an dem ich mich meinen Grenzen und Ängsten stelle. Die Klage kann ein solcher Ort sein. „Alles hat seine Zeit", heißt es bei Salomo: „… weinen hat seine Zeit, lachen hat seine Zeit; klagen hat seine Zeit, tanzen hat seine Zeit" (Prediger Salomo 3,1.4). Auch das Klagen. Das Leben ist nicht nur ein Ritt auf Wolken – auch das Leben mit Gott nicht. Lachen und fröhlich sein hat seine Zeit, aber auch das Klagen. Also probiere ich das selbst einmal aus. Ich schnappe mir einen Stift und versuche, meinen momentanen Gemütszustand in Worte zu fassen:

Gott, ich fühle mich leer und ausgelaugt.
Die Freude ist aus meiner Seele gewichen,
mein Herz saugt lauter finstere Gedanken an
wie ein großes Schwarzes Loch.

Ich fühle mich von dir im Stich gelassen
und klage um NN, die voller Angst auf die Diagnose ihrer Ärzte wartet.
Ich klage nicht nur, weil wir das Leben nicht im Griff haben,
sondern weil ich so wenig davon spüre, dass du es im Griff hast.

Dass es manchmal so schwerfällt,
an deine liebende Führung zu glauben,
dass mir das Leben manchmal so vorkommt, als gäbe es dich gar nicht,
dass du es mir nicht leichter machst, auf dich zu vertrauen:
Das werfe ich dir vor.

Gott, halte mich, wenn ich falle.
Verwandle meine Trauer in Freude,
meine Zweifel in Kraft
und meine Tränen in Segen.

Fühle ich mich jetzt besser? Ehrlich gesagt, nein. Es ist zwar gut, in seinem Gebet ehrlich bleiben zu können und nicht verschweigen zu müssen, dass man im Grunde seines Herzens sauer ist auf Gott. Und doch ist es merkwürdig unbefriedigend, mit Gott zu schimpfen. Für mich jedenfalls. Ich zweifle nicht eine Sekunde daran, dass Gottes Herz groß genug ist, noch viel härtere Vorwürfe auszuhalten. Aber ich habe auch den Eindruck, dass es dabei keine Gewinner gibt, wenn Gott am Ende als der große Buhmann dasteht. Darum endet mein Gebet eben nicht mit einem Vorwurf, sondern mit der Bitte, dass ich mit meinen Vorwürfen letztlich nicht recht behalten möge.

Trotzdem halte ich die Klage für eine gute Alternative zum Jammern. Denn dass da ein Unterschied besteht, spüre ich deutlich. Während Jammern total selbst- beziehungsweise objektbezogen ist, ist Klagen gott- beziehungsweise beziehungsbezogen. Jammern lässt uns immer stärker um uns selbst und unsere Probleme kreisen und macht darum das Herz eng. Wir entwickeln einen Tunnelblick und sehen am Schluss den Wald vor lauter Bäumen nicht mehr. Die Klage hingegen holt uns aus dieser Negativspirale heraus und öffnet uns und die Situation, die uns zu schaffen macht, für Gott. Damit lösen sich die Probleme nicht automatisch, aber unser Blick wird weiter, und wir realisieren, dass wir bei alledem nicht allein sind. Vielleicht jammern wir deswegen so gerne, weil wir das Klagen verlernt haben. Denn irgendwo müssen wir ja hin mit unseren Grenzen und Ängsten. Wer klagt statt zu jammern, glaubt, dass unsere negativen Gefühle bei Gott besser aufgehoben sind als in den Ohren und Herzen unserer Mitmenschen. Und damit hat er, zumindest was Letztere anbetrifft, mit Sicherheit schon mal recht. Und was Gott betrifft: Wenn es ihn nicht gibt, ist damit kein Schaden angerichtet, und wenn es ihn gibt, lagern unsere Sorgen bei ihm an der richtigen Stelle.

Portfolio

Name:	**Die Klage**
Erklärung:	Das Klagegebet ist die vor Gott gebrachte Gefühlsäußerung eines Menschen, der leidet, Schmerz empfindet oder dem die Felle davonschwimmen – und der sich nicht sicher ist, ob Gott die Dinge noch unter Kontrolle hat.
Kategorie:	Grundform des Betens
Verwandte Formen:	Bitte; Gebet der Sehnsucht; Gott vergeben; Rachepsalm
Auf drei gezählt:	1. Sich der Tatsache stellen, dass die Welt nicht heil, Gott nicht immer lieb und das Leben nicht immer perfekt ist. 2. Seine Wut und Traurigkeit vor Gott äußern, auch wenn sie sich gegen ihn selbst richten. 3. Darum bitten, dass man wieder Vertrauen findet.
Zeitaufwand:	Die Klage kann manchmal aus einem einzigen Wort bestehen (zum Beispiel: „Warum?“ oder: „Nein!“). Oft wird sie nur wenige Minuten dauern, weil man gar nicht die Kraft findet, länger zu beten. Es geht aber auch ausführlicher. So etwa hier: ca. 45 Minuten.
Benötigte Hilfsmittel:	Keine
Meine Erkenntnis:	Gott handelt nicht immer so, wie ich es gerne hätte, die Welt ist nicht immer heil, und ich habe mein Leben nicht immer im Griff.
Note:	3+ Teils, teils.

Tag 19: Gebetslyrik für Anfänger

Beten mit neu geschriebenen Psalmen

Heute geht es mir etwas besser, aber ich fühle mich immer noch leicht angeschlagen. Grund genug, es heute nicht allzu kreativ angehen zu lassen. Und meiner gegenwärtigen (Miss-)Stimmung noch etwas nachzuspüren.

Über die Bedeutung der Bibel für das christliche Beten habe ich mich bereits ausgelassen. Ziemlich genau in der Mitte der Bibel findet sich eine umfangreiche Sammlung von 150 Gebeten beziehungsweise Liedern aus mehreren Jahrhunderten: das Buch der Psalmen. Darin findet so ziemlich jede menschliche Stimmung ihren Niederschlag. Im Hebräischen heißt das Buch *Tehallim*, das bedeutet so viel wie „Preisungen“. Faktisch aber beinhalten die Psalmen mehr *Tefilloth* (Klagen) als Preisungen Gottes. Vielleicht spiegelt sich in dieser erstaunlichen Tatsache die Weisheit wider, dass auch unsere Klagen Gott im Himmel preisen. Dass ein Mensch Gott lobt, wenn es ihm gut geht, ist zwar keineswegs selbstverständlich, aber doch einigermaßen nachvollziehbar. Wenn er sich aber auch in schlechten Tagen an Gott wendet, selbst wenn er sich „auskotzt“, zweifelt, klagt, ja, sogar Gott anklagt, ist das ein manchmal noch größeres Zeichen von Vertrauen und gibt Gott mindestens in gleicher Weise die Ehre wie ein fröhliches Loblied in guten Tagen.

Auch wenn ich eben gesagt habe, dass die Psalmen alle möglichen menschlichen Stimmungen aufgreifen und thematisieren, ist uns die Sprache, in der diese Gebete geschrieben sind, nicht unbedingt vertraut. Das, was wir da lesen, spricht aus einer völlig anderen Kultur über den Graben von rund zweieinhalbtausend Jahren zu uns. Wortbedeutungen, Lebensgefühle und theologische Erkenntnisse haben sich seither mehrfach geändert. Die Benutzung unterschiedlicher Übersetzungen kann hier zwar helfen, sich dem ursprünglich Gemeinten anzunähern, aber auch sie kann diesen Graben nicht völlig überbrücken. Selbst wenn wir glauben, dass die Verfasser der Bibel von Gott inspiriert waren, sind wir darauf angewiesen, dass Gott beim Lesen der Bibel ebenfalls noch einmal zu uns spricht. Zur Inspiration des Schreibers heiliger Schriften muss die Inspiration des Lesers oder der Leserin kommen. Eine Erkenntnis, die ich auch ganz konkret umsetzen kann.

Zum Beispiel, indem ich einen biblischen Psalm für mich selbst neu formuliere.

Ich nehme mir hierfür einen Psalmabschnitt vor, von dem ich nach einigem Blättern der Meinung bin, dass er meine heutige Gemütslage ganz gut auf den Punkt bringt. Diesen Text – es handelt sich um einen Auszug aus Psalm 42 – möchte ich für mich „übersetzen", das heißt, in meine Gemütslage übertragen. Als Hilfsmittel benutze ich dazu verschiedene bereits vorhandene Übersetzungen dieses Textes. Das Internet macht es möglich. Unter www.bibleserver.com finden sich nicht nur alle gängigen deutschen Bibelübersetzungen, sondern auch Übersetzungen in alle möglichen europäischen Sprachen sowie die hebräischen und griechischen Urtexte und die lateinische Vulgata. Davon kann man sich eine beliebige Auswahl auf den Bildschirm rufen beziehungsweise ausdrucken und noch eine Vielzahl anderer Spielereien damit anstellen – ein echt toller Service!

Diese bereits vorhandenen Übersetzungen sind für meine Übung aber nicht unbedingt notwendig. Klar möchte ich in dem, was ich hier mit dem Text mache, seriös bleiben. Aber mir geht es bei dieser Übung nicht so sehr darum, den Text möglichst wortgetreu wiederzugeben. Ich benutze den Psalm vielmehr als eine Art Resonanzboden für meine innere Stimmung. So ketzerisch das klingt: Ich möchte heute weniger dem Bibeltext als vielmehr meiner Seele treu bleiben. Im Folgenden finden Sie links Psalm 42, Verse 2 bis 6 in der Übersetzung von Martin Luther und rechts meine freie Übertragung:

Wie der Hirsch lechzt nach frischem Wasser, so schreit meine Seele, Gott, zu dir.	Herr, mein Mund ist verstummt über den Ereignissen der letzten Tage. Aber wenn ich in mein Inneres hineinhorche, höre ich es schreien: Durst! Mein Gott, habe ich Durst nach dir!
Meine Seele dürstet nach Gott, nach dem lebendigen Gott.	Nicht nach Formeln, Dogmen oder Lehrmeinungen suche ich. Nicht nach klugen Gedanken oder spitzfindigen Formulierungen. Ich suche weder Religion noch Esoterik und schon gar keine Philosophie. Ich suche nach etwas, das lebt. Ich suche nach einem Gott, der ein pulsierendes Herz hat.
Wann werde ich dahin kommen, dass ich Gottes Angesicht schaue?	Ich will mich nicht zufriedengeben mit den Meinungen anderer, mit alten Ritualen und Traditionen oder mit meinen eigenen Gedanken und Gefühlen. Gott, ich will mehr. Ich will dir in die Augen sehen!
Meine Tränen sind meine Speise Tag und Nacht, weil man täglich zu mir sagt: Wo ist nun dein Gott?	Ich bin deprimiert und kann mich zu nichts aufraffen. Immer wieder treten mir unvermittelt die Tränen in die Augen. Und was mir zusätzlich Probleme bereitet, ist die Tatsache, wie sehr ich damit unglaubwürdig werde. Dass Menschen, die nicht an dich glauben, spürbar besser drauf sind und dies sehr wohl bemerken und es mir manchmal auch ziemlich deutlich sagen.
Daran will ich denken und ausschütten mein Herz bei mir selbst: wie ich einherzog in großer Schar, mit ihnen zu wallen zum Hause Gottes mit Frohlocken und Danken in der Schar derer, die da feiern.	Woran soll ich mich festhalten? Ja, ich habe gute Zeiten mit dir erlebt. Tage, die wie ein rauschendes Fest waren. An großen, bunten Rädern gedreht. Höhenflüge erlebt. Gemeinschaft erfahren, die ewig zu halten versprach. Das waren Tage, die angefüllt waren mit Dankbarkeit und Lachen.

Was betrübst du dich, meine Seele, und bist so unruhig in mir? Harre auf Gott; denn ich werde ihm noch danken, dass er meines Angesichts Hilfe und mein Gott ist.

Liebe Seele, warum bist du so mutlos?
Glaube doch deiner eigenen Erfahrung!
Gott war in deinem Leben groß. Er ist auch jetzt groß, wo du ihn nicht spürst. Und er wird sich wieder als groß erweisen. Eines Tages wirst du für das danken können, was dir heute so viel Kummer macht. Bis dahin übe dich in Geduld!

Na, das kann sich doch durchaus sehen lassen! Ich bin sicherlich nicht der Riesenlyriker, habe mir aber eben durchaus etwas von der Seele geschrieben. Ich denke, dem Schreiber des 42. Psalms wird es damals ziemlich ähnlich gegangen sein. Und mit seinem Gebet hat er ganz nebenbei noch einer Menge anderer Menschen geholfen. Diese Übung kann ich echt empfehlen. Ich habe den Eindruck, nicht nur der Bibel und meiner eigenen Seele, sondern auch Gott ein Stück nähergekommen zu sein.

Portfolio

Name:	**Einen Psalm umschreiben**
Erklärung:	Die Psalmen der Bibel sind ein Gebetbuch für jede Lebenslage. Ihre Sprache und Vorstellungswelt ist nicht immer die unsere, aber wenn wir uns in sie „hineinmeditieren“, können wir mit ihrer Hilfe nahezu jeder Gemütsstimmung betend Ausdruck verleihen.
Kategorie:	Beten mit der Bibel
Verwandte Formen: ..	Beten mit dem Gesangbuch; Beten mithilfe von Gebetbüchern; Gebet der Sehnsucht
Auf drei gezählt:	1. In den Psalmen blättern, bis man ein Gebet gefunden hat, das zur eigenen Stimmungslage passt (Überschriften checken!). 2. Gegebenenfalls unterschiedliche Übersetzungen unter www.bibleserver.com zurate ziehen. 3. Den Text schriftlich in die eigene Situation und Gemütsstimmung übertragen. Mut zum Transfer, evtl. sogar zur Verfremdung haben, vor allem der eigenen Seele treu bleiben.
Zeitaufwand:	Je nach Gemütslage, Psalmlänge und sprachlichen Fähigkeiten: ca. eine halbe Stunde
Benötigte Hilfsmittel:	Eine Bibel mit Psalmen, evtl. Internetzugang, Papier und Stift
Meine Erkenntnis:	Die Zeiten mögen sich seit der Abfassung der Bibel geändert haben, die menschliche Seele ist immer noch die gleiche.
Note:	2+ Das tat gut!

Tag 20: „Wo zwei oder drei in meinem Namen versammelt sind …“

Beten in Gemeinschaft

Ich war noch ein Jugendlicher, als ich zum ersten Mal in meinem Leben an einer sogenannten „Gebetsgemeinschaft“ teilnahm. Diese Praxis, die vor allem in pietistisch geprägten Kreisen sehr verbreitet ist, sieht etwa so aus: Mehrere Menschen sitzen im Kreis und beten schweigend. Dann fängt jemand aus der Gruppe an, laut zu beten; vielleicht eine halbe oder ganze Minute lang, je nachdem, was ihn oder sie bewegt. Anschließend bekräftigt die Gruppe seine Worte durch ein halblautes „Amen“. Dann setzt jemand anderes das Gebet fort. Manchmal gibt es auch längere Pausen zwischen den gesprochenen Gebeten. Mitunter murmelt jemand ein leises „Halleluja“, während andere beten, oder ein zustimmendes „Ja, Herr“. Das Ganze dauert etwa fünf bis zehn Minuten – mancherorts geht es aber auch länger! – und endet meist mit einem gemeinsamen Vaterunser.

Wie für viele war es damals auch für mich unvorstellbar, in einer Gruppe laut zu beten. Vielleicht wissen Sie, dass es für die meisten Menschen keinen größeren Horror gibt, als in der Öffentlichkeit vor anderen zu sprechen. Die Angst vor Höhen, Spinnen oder Zahnärzten, ja, sogar vor Krankheit und Tod rangiert vielen Untersuchungen zufolge weit dahinter. Natürlich gibt es „Rampensäue“, denen das nichts ausmacht, die sich im Gegenteil gern vor andere hinstellen und einfach drauflosreden. Aber für die meisten Menschen ist das ein echtes Problem.

Der Punkt ist: Diese bei den meisten Menschen ohnehin vorhandene Angst, vor anderen zu reden, potenziert sich noch einmal, wenn es darum geht, laut vor anderen zu *beten*. Denn im Gebet legen wir ja einen Teil unseres Herzens offen. Da stellt sich schon die Frage: „Wie viel meines Inneren will ich preisgeben? Vertraue ich den Menschen, die da mit mir beten? Ist das, was ich jetzt sagen will, vielleicht zu banal oder – im Gegenteil – ist es nicht zu heftig? Kann ich das den anderen zumuten?“ Das ist das Inhaltliche. Dazu kommen unsere Ängste, was das Formale unserer Gebete betrifft: „Was ist, wenn ich mich verhaspele oder den Faden verliere? Dann stehe ich als ziemlicher Idiot da. Und mein Vorredner hat so schöne Worte gefunden, das kann ich gar nicht so. Ich beherrsche überhaupt nicht das nötige fromme Vokabular, damit mein Gebet überhaupt nach einem Gebet klingt." Glauben Sie mir: Selbst Menschen, die sich normalerweise nicht fürchten, vor anderen zu reden, haben zumindest anfänglich richtig Manschetten, wenn es darum geht, laut in einer Gruppe zu beten.

So ging es auch mir. Zumal die Gruppe, deren Mitglied ich damals war, ziemlich deutlich machte, dass sie das auf Dauer von mir erwartete: „Du kannst nicht nur Zuhörer sein, kannst nicht nur nehmen, nicht nur mitbeten. Du musst auch etwas von dir einbringen." So nahm ich denn eines Tages mein Herz in die Hand und betete zum ersten Mal laut in der Gruppe. Ich hatte mir die Worte schon Tage vorher zurechtgelegt und sie an dem entsprechenden Abend mehrfach wiederholt. In dem Moment, als ich den Mund auftat, passierte das, was Mark Twain einmal mit folgenden Worten beschrieb: „Das menschliche Gehirn ist eine wunderbare Sache, es funktioniert verlässlich von Geburt an, bis wir aufstehen, um eine Rede zu halten." Will sagen: Ich stand zwar nicht auf, um eine Rede zu halten, aber ich vergaß mein wunderbares, tagelang eingeübtes Gebet komplett. Keine Ahnung, was ich anschließend sagte. Ich weiß nur noch, dass ich mich danach abgrundtief schämte und dass sich die Frequenz meines Herzschlags nahezu verdoppelt hatte. Auf der anderen Seite bin ich im Nachhinein ganz dankbar, dass mein Gehirn damals kurz ausgesetzt hat. Denn auf diese Weise habe ich vermutlich tatsächlich *gebetet* und nicht nur – wie ursprünglich geplant – ein Gebet aufgesagt. Und das ist ein großer Unterschied.

Keine Sorge – ich erzähle Ihnen noch, was ich heute gemacht habe. Aber mir ist wichtig, meine heutige, relativ unspektakuläre Erfahrung in diesen etwas weiteren Horizont einzubetten. Denn ich habe seither unzählige Male mit anderen Menschen gebetet und – ich weiß, jetzt werden viele meiner langjährigen Wegbegleiter entsetzt sein – solche Gebetsgemeinschaften in aller Regel gehasst. Ich bin, auch wenn es viele nicht glauben mögen, ein introvertierter Mensch. Das heißt, jedes Mal, wenn ich mich an einer Gebetsgemeinschaft beteilige, muss ich ein ganzes Stück gegen mein eigenes Naturell ankämpfen. Das Problem habe ich nicht, wenn ich mit einer oder zwei Personen bete; auf sie kann ich mich ganz gut einstellen. Aber in größeren Gruppen stelle ich mir eigentlich fast jedes Mal die Frage: „Wie viel Herz *muss* es denn sein, um der Gruppe etwas zu geben?", aber auch: „Wie viel Herz *darf* es denn sein, damit ich die Menschen nicht überfordere, wenn ich sie an meinem Gespräch mit Gott teilhaben lasse?" Und sagen Sie nicht: „Na, doch so viel wie möglich!" Das stimmt einfach nicht. Denn leider ist das menschliche Herz nicht immer eine erfreuliche Gegend. Wie viel davon soll ich vor anderen offenlegen oder wie viel von meinen tiefsten Wünschen offenbaren und von den oft recht törichten und manchmal auch recht dunklen Gedanken preisgeben, die in mir wohnen und rumoren? Gott kann ich das zwar alles sagen, aber wenn ich in einer Gruppe bete, habe ich eine gewisse Sozialverantwortung.

Dazu – heute ist die Stunde der peinlichen Bekenntnisse – kommt noch etwas anderes: Nur wenige Situationen im Leben – Talk- und Richtershows im Nachmittagsfernsehen vielleicht mal ausgenommen – führen mich so sehr in Versuchung, das Gebot Jesu, dass wir über andere Menschen nicht urteilen sollen, zu brechen, wie Gebetsgemeinschaften. Und bevor Sie mich jetzt für einen kompletten Widerling halten, der sich anmaßt, über das Gebet anderer Menschen zu richten, lassen Sie mich schnell hinzufügen: Es waren nie die unsicheren, stammelnden, unvollendeten Gebete, die mich dazu brachten, schlecht über andere zu denken – die haben mich oft tief gerührt. Nein, es waren eher (wenn auch nicht immer!) die wohlklingenden, sich in geschraubten Formulierungen ergießenden, manchmal nicht enden wollenden Gebete frommer Profis, die mir gewaltig auf den Senkel gingen. Was sich da manchmal an pathetischem Dampf und geistlichem Imponiergehabe und nicht selten auch an Taktlosigkeiten und Peinlichkeiten ansammelt, geht auf keine Kuhhaut! Oder ich denke da an die vielen Gebete, die im Grunde nichts anderes waren als verkappte Predigten, bei denen ich mehr als einmal versucht war „zurückzubeten". Meist habe ich es mir dann verkniffen, aber wie oft habe ich, wenn ich solche Gebete gehört habe, gedacht: „Selig sind die geistlich Armen – aber du, mein Lieber, strotzt (und protzt leider auch) vor geistlichem Reichtum." Und bei alledem war ich mir nie sicher, ob mein eigenes Gebet nicht auch allzu oft den Charakter eines religiösen Schaulaufens hatte.

Mag sein, dass Sie mich jetzt immer noch für einen Widerling halten – aber dann wenigstens aus den richtigen Gründen. Ich weiß, dass ich über andere nicht urteilen soll, egal, ob über Fromme oder Unfromme. Und doch habe ich mich immer wieder dabei ertappt, dass ich, statt von Herzen mitzubeten, über das Gebet der anderen nachdachte und darüber urteilte. Und das ist nicht gut. Genau gesagt, es ist Sünde. Und da ich als Kind gelernt habe, dass man Sünde am besten dadurch vermeidet, dass man Orte und Situationen umgeht, in denen man leicht in Versuchung fällt zu sündigen, habe ich in den vergangenen Jahren einen großen Bogen um viele Gebetsgemeinschaften und Gebetsinitiativen gemacht, die mich unter Umständen in diese Gefahr gebracht hätten. Sie sehen: Meine Absichten waren nur gut und edel. Ich habe aus höchst geistlichen Motiven vermieden, mit anderen zu beten. Wobei ich durchaus weiß, dass auf dem gemeinsamen Gebet ein besonderer Segen liegt und dass es wirklich eine Power und Dynamik entwickeln kann, die uns letztlich verschlossen bleibt, wenn wir mit unserem Beten immer nur allein bleiben. Darum will ich mich dem auch nicht ganz verschließen. Und abgesehen davon war auch nicht jede Gebetsgemeinschaft meines Lebens derart unerquicklich. Nein, ich habe durchaus auch gute Erinnerungen. Nur überwiegen die negativen (oder einfach nur langweiligen) Erfahrungen die positiven leider bei Weitem. So sehr, dass ich der ganzen Sache meist lieber aus dem Weg gehe.

Die besten Erfahrungen mit dem gemeinsamen Gebet habe ich – wie gesagt – in kleinen Settings gemacht. So bete ich zum Beispiel gerne mit meiner Frau. Keineswegs regelmäßig, aber doch immer wieder mal. Und das macht Spaß und geht sehr tief. Oder ich bete gerne mit Menschen, mit denen ich zuvor ein enges, intensives Gespräch geführt habe. Da scheint es mir oft ein natürlicher Abschluss zu sein, Gott noch einmal in das Besprochene mit einzubeziehen. Oder ich bete mit Menschen, wenn wir nicht mehr weiterwissen und nicht mehr weiterkommen. Und das öffnet oft noch einmal ein Fenster und bringt frischen Wind in die verfahrene Situation. Das alles sind gute Erfahrungen, die ich nicht missen und auf die ich nicht verzichten möchte.

Heute zum Beispiel wurde während des Gottesdienstes, den ich besuchte, angeboten, in einem gesonderten Zimmer für Menschen zu beten. Ich betrat den kleinen Raum etwas zögernd, denn ich kannte niemanden und konnte auch nicht sehen, wer dort auf mich warten würde. Was, wenn diese Person mir höchst unsympathisch wäre? Da kann ich ja schlecht sagen: „Ach, ich hab mich in der Tür geirrt." Der Punkt ist: Momentan bewegt mich eine größere Frage, die mich schon einige schlaflose Nächte gekostet hat. Ich habe schon viel darüber gebetet, auch mit meiner Frau und guten Freunden darüber geredet, aber ich komme an diesem Punkt einfach nicht weiter. Also dachte ich mir: „Du kennst diese Leute zwar nicht, aber sie bieten dir an, mit dir und für dich zu beten. Mach das einfach mal! Es wird schon nicht Frankenstein junior sein, den sie zum Gebetsdienst eingeteilt haben." Ich gehe also in den Raum: Zwei reizende Damen bitten mich, Platz zu nehmen (nur zwei und nicht zwanzig, das ist schon mal gut). Ich schildere den beiden kurz mein Anliegen, und wir fangen an, miteinander zu beten, und ich staune, wie intensiv dieses Gebet mit zwei Menschen, die ich überhaupt nicht kenne, binnen kürzester Zeit ist. Auf einmal kann ich spüren, was Jesus meint, wenn er sagt: „Wo zwei oder drei in meinem Namen versammelt sind, da bin ich mitten unter ihnen." Ich kann es förmlich greifen, obwohl das, was gerade passiert, im Grunde völlig unspektakulär ist. Und es fällt auch nicht einfach die Lösung meines Problems vom Himmel. Nach etwa sieben Minuten ist das gemeinsame Gebet zu Ende. Wir verabschieden uns freundlich, und ich gehe gestärkt in dem Wissen, dass die beiden die nächsten Wochen für mich beten werden, nach Hause. Und das tut ausgesprochen gut.

Portfolio

Name:	**Gebetsgemeinschaft**
Erklärung:	Die Praxis der Gebetsgemeinschaft macht damit ernst, dass das Christsein eine Gemeinschaftsreligion ist. Das betrifft auch unser Beten. Dem Neuen Testament zufolge liegt auf dem gemeinsamen Gebet ein besonderer Segen.
Kategorie:	Gemeinschaftsgebet
Verwandte Formen:	Gottesdienstliches Gebet; Segnung
Auf drei gezählt:	1. Andere Menschen finden, die bereit sind, mit einem zu beten. Evtl. vorher die Anliegen austauschen, für die man beten will. 2. Reihum beten. Dabei beim eigenen Gebet kurz fassen (1–2 Sätze genügen oft, bitte nie über eine Minute!). Beim Gebet der anderen in Gedanken mitbeten. 3. Evtl. mit gemeinsamem Vaterunser abschließen.
Zeitaufwand:	Unterschiedlich; hier: rund 7 Minuten
Benötigte Hilfsmittel:	Andere Menschen, die mit einem beten
Meine Erkenntnis:	Auch Gebetsformen, die einem nicht so liegen, können manchmal hilfreich sein.
Note:	2– Im kleinen Setting hui, in großen Settings für mich pfui.

Tag 21: Kleinkindgeplapper für Erwachsene

Beten in Zungen

Spätestens heute halten Sie mich wahrscheinlich für völlig verrückt. Denn ich oute mich erstmals nach fast 25 Jahren als jemand, der öfters „in Zungen" redet. Lassen Sie mich zunächst erklären, was das ist. Die Zungenrede – manche sagen auch „Sprachengebet" oder „Glossolalie" dazu – ist eine der umstrittensten Gebetspraktiken in der Geschichte des Christentums. Es handelt sich dabei um ein ekstatisches, unverständliches Sprechen, das in den Briefen des Neuen Testaments einerseits als besondere Gnadengabe des Heiligen Geistes bezeichnet und gleichzeitig als ziemlich problematisch und darum stark regulationsbedürftig beschrieben wird (etwa in 1. Korinther 14).

Die Glossolalie ist keine echte Sprache. Alle einschlägigen Untersuchungen haben gezeigt, dass ihr diesbezüglich viele entscheidende Merkmale fehlen. Glossolalie ist aber auch kein „Fake", ist nichts Gemachtes, keine Darstellung, sondern echtes ekstatisches Reden. Natürlich lässt sich nicht ausschließen, dass manche vermeintliche Zungenrede in der Tat lediglich auf gespielter Ekstase beruht, aber ich vermute mal, in den meisten Fällen ist das Phänomen echt. Zumindest in meinem Fall ist das so, das dürfen Sie mir gerne glauben.

Dass ich selbst seit über 25 Jahren in Zungen bete, ist im Grunde der absolute Hammer! Wenn Sie mich kennen würden, wüssten Sie, dass ich vielleicht nicht unbedingt ein trockenes Brötchen, aber doch ein ganz und gar unekstatischer Mensch bin. Ich habe einen tiefen Glauben, bin aber von meinem Naturell und auch von meiner Spiritualität her eine eher nüchterne Person. Ich war mein Lebtag noch nicht betrunken, singe beim Fußball (für den ich mich sehr wohl interessiere) keine Lieder, schwenke keine Fahnen, tanze nicht auf Tischen und pflege, wenn die Stimmung allzu sehr überschwappt, den Raum diskret zu verlassen. Wie gerade ich dazu komme, immer wieder mal in Zungen zu reden, möchte ich kurz erzählen:

Mir begegnete das Phänomen der Glossolalie zum ersten Mal im Rahmen der sogenannten Charismatischen Bewegung. Und um mich zu outen: Ich habe damals beides bekämpft. Im Namen eines nüchternen, bodenständigen Christentums habe ich damals den guten Paulus vor allem als Kritiker der Zungenrede wahrgenommen und ins Feld geführt. „Die Zungenrede ist die geringste aller Gnadengaben", wandte ich gegenüber jenen ein, die mir dieses Phänomen eindeutig zu überschätzen schienen. „Ich will, wenn wir gemeinsam beten, lieber fünf Worte vernünftig reden als 5.000 in Zungen" – gerade auch, um Menschen, die nicht in Zungen reden, nicht zu irritieren. „Lasst alles schön geordnet vor sich gehen, haltet den Ball flach und nehmt euch selbst und eure Frömmigkeit nicht so wichtig!"

Bis heute finde ich diese Argumente völlig richtig. Ich war damals junger Gemeindepfarrer und hatte Sorge, dass einige ziemlich aufgedrehte, überenthusiastische Christen versuchten, die mir anvertraute Gemeinde geistlich zu überrollen. Wahrscheinlich bestand diese Sorge auch zu Recht, aber ich schüttete dabei das Kind mit dem Bade aus. Was ich damals geflissentlich überlas, war die Tatsache, dass Paulus nicht *nur* kritische Worte für die Zungenrede übrighatte. So schreibt er, dass er selbst durchaus in Zungen rede, und zwar sehr intensiv. Und vor allem bezeichnet er die Zungenrede eben nicht nur als zu bekämpfende Fehlform christlicher Spiritualität, sondern als eine besondere Gabe Gottes – ein „Charisma".

Und dann kam einer jener Momente, in denen das Leben – oder soll ich sagen: Gott? – die eigene Theologie überholte. In dieser Zeit, in der ich mich für nichts weniger interessierte als für Glossolalie, saß ich an meinem Schreibtisch und betete. Ich beschäftigte mich an jenem Tag definitiv nicht mit irgendwelchen charismatischen Phänomenen. Plötzlich verspürte ich einen ganz starken Drang, mich hinzuknien. Und dann brach es eruptiv aus mir heraus: schnelle, stakkatohafte, unverständliche Laute, teils mit Lippen, teils mit der Zunge und teils im Rachenraum gebildet. Fassungslos schaute ich mir sozusagen selbst zu, was ich da machte. Ich hätte es sofort stoppen können, denn mein Sprechen war zwar unkontrolliert, aber nicht unkontrollierbar. Ich spürte bei alledem eine sehr enge Gottverbundenheit und hatte den Eindruck, dass diese „Sprache" eine Tiefenschicht meiner Seele freilegte, in die ich mit normalen Worten niemals hineinreiche. Bis heute ist Glossolalie für mich eine wunderbare Möglichkeit, meinem Innersten Empfinden vor Gott Ausdruck verleihen zu können.

Im Grunde – sagen wir es offen – ist Zungenrede so etwas wie Kindergeplapper. Ein Regressionszustand unseres Gottesverhältnisses in Form einer vorsprachlichen Stufe direkter, vertraulicher Seelenberührung. Also durchaus auf Ergänzung angelegt. Wer mit Gott nur auf

Kleinkindebene kommuniziert, dessen Glaube wird nicht stark, sondern infantil. Aber für einen rationalen, kontrollierten Menschen wie mich, der natürlich auch in seiner Spiritualität meist rational und kontrolliert ist, kann Glossolalie eine geradezu therapeutische Wirkung haben. Es hat etwas mit Loslassen zu tun, mit Sich-fallen-Lassen, mit Hingabe. Das Zentrum unserer spirituellen Aktivität wechselt sozusagen von der linken in die rechte Hemisphäre unseres Gehirns, die für geistliche Erfahrungen viel offener ist. Die besondere Gnade dieser Gebetsform liegt darin, dass wir frei und zugänglich dafür werden, die eigene verbale, logische und vernünftige Seite mal kurz beiseitezulegen und uns unverständlichem Kleinkindgeplapper zu überlassen.

Als ich damals wieder aufstand, hatte ich natürlich mit einem Schlag eine völlig andere Einstellung zu dem Phänomen der Glossolalie wie vorher. Ich fand immer noch, dass die Bedeutung des Sprachengebets mitunter gewaltig überschätzt wird. Es ist keine „Sprache der Engel", wie einige behaupteten, sondern im Gegenteil: unartikuliertes Kindergestammel. Keine höhere Sprache, sondern eine „niedrigere", ein vorsprachliches Phänomen. Vor allem habe ich wie Paulus bis heute oft große Vorbehalte, wenn in Gottesdiensten oder anderen christlichen Versammlungen in Zungen geredet wird. Ich finde, das Sprachengebet hat seinen Raum vor allem im persönlichen, nicht im gemeinschaftlichen Gebet.

Ich habe meine Erfahrung mehr als zehn Jahre für mich behalten, bevor ich anfing, sie mit anderen Menschen zu teilen. Immer wieder haben mich seither Menschen gefragt, ob und wie man denn lernen könne, in Zungen zu reden. Ich glaube immer noch, es ist ein Geschenk. Man kann dieses Sich-fallen-Lassen vor Gott nicht irgendwie „machen", sondern lediglich darum bitten. Je krampfhafter wir uns darum bemühen, desto kontraproduktiver wird es im Grunde. Versuchen Sie mal, mit aller Kraft locker zu sein! Das geht nicht. Wer spirituell loslassen will, muss auch die innere Vorstellung loslassen, unbedingt loslassen zu müssen.

Zum Einstieg empfehle ich, Gott um das Geschenk zu bitten, unser Inneres vor ihm zum Ausdruck zu bringen. Gnade ist Gnade. Ob diese darin besteht, in Zungen oder in vernünftigen Worten zu beten – oder vielleicht in einer ganz anderen, nonverbalen, vielleicht auch kreativen Form, ist im Grunde genommen zweitrangig. Wer es dann mit der Zungenrede versuchen will, kann vielleicht mit einem Wort beginnen, das nicht seiner eigenen Sprache entstammt, das aber durchaus seinen Sinn hat: etwa dem JAHWE-Namen oder dem Wort „Halleluja" (Gelobt sei Gott) oder „Maranatha" („Unser Herr, komm!"). Wiederholen Sie dieses Wort leise für einige Zeit. Wenn sich daraus weitere Silben entwickeln – wunderbar, gratuliere, dann fangen Sie an, in Sprachen zu reden. Wenn nicht, bleiben Sie gelassen. Beim Zungenreden geht es wie bei kaum einer anderen Gebetsform darum, sich selbst nicht so wichtig zu nehmen. Ob uns das gelingt, merken wir manchmal am besten daran, wie wir damit umgehen, wenn es uns trotz unseres Wunsches nicht gelingt, in Zungen zu reden.

Heute bin ich spazieren gegangen und habe zunächst ganz normal mit vernünftigen Worten gebetet. Und mitten in meinem Gebet, an einem Punkt, an dem ich spürte, dass noch viel mehr in meiner Seele gärte, als ich mit Worten artikulieren konnte, habe ich leise vor mich hinmurmelnd in Zungen geredet. Ich tue das seit Jahren. Nicht täglich, aber immer wieder. Ich kann auf diese Weise negative wie auch positive Gefühle zum Ausdruck bringen. Danach fühle ich mich meist besser, wie es eben so ist, wenn man sich mal ausgesprochen beziehungsweise „alles von der Seele geredet" hat. Das Ganze dauert in aller Regel – so auch heute – nicht sehr lang; vielleicht ein, zwei Minuten. Dann rede ich wieder „normal".

Beim Zungenreden verstehe ich selbst nicht, was ich sage. Aber ich weiß, dass Gott, der in jedes Herz schauen kann, mich versteht. Das könnte er natürlich auch ohne mein Kindergeplapper. So stehe ich hier – wie bei vielen Gebetsformen – vor dem Phänomen, dass die Wirkung des Sprachengebets auf mein Inneres wahrscheinlich größer ist als seine Wirkung auf Gott. Wobei ich tatsächlich glaube, dass Gott sich darüber freut, wenn wir für ihn mal aus der Rolle fallen. Denn die zwischenzeitliche Aufgabe von Kontrolle (auch Sprache ist letztendlich eine Form von Kontrolle!) ist für jemanden wie mich ein echtes Opfer. Aber zumindest in meinem Fall hat Gott dieses Opfer über die Jahre reich belohnt.

Portfolio

Name:	**Sprachengebet** (auch: Glossolalie/Zungenrede)
Erklärung:	Die Glossolalie ist eine besondere Fähigkeit, vor Gott im Gebet die sprachliche Kontrolle abzugeben und seinem Innersten durch unartikuliertes Geplapper Ausdruck zu verleihen.
Kategorie:	„Stimmungsgebet"; Transrationale Gebetsform
Verwandte Formen:	Kreative Gebetsformen; Wiederholungsgebet; Gebetstanz
Auf drei gezählt:	1. Gott um die Gnade bitten, sein Innerstes zum Ausdruck bringen zu können. 2. (Für Anfänger:) Wahlweise den Gottesnamen JAHWE, das Wort „Halleluja" (Gelobt sei Gott) oder „Maranatha" („Unser Herr, komm!") einige Minuten lang leise wiederholen. 3. Wenn sich daraus weitere Silben entwickeln – wunderbar! Wenn nicht, gelassen bleiben und „normal" mit Gott weiterreden.
Zeitaufwand:	Je nach Gemütslage; selten länger als fünf Minuten; hier: etwa zwei Minuten
Benötigte Hilfsmittel:	Keine
Meine Erkenntnis:	Kontrolle ist gut, Vertrauen ist manchmal besser.
Note:	1+ Absolut stark (für mich)!

Tag 22: Geliehene Worte

Beten mit Gebetbüchern

Ich habe heute früh ein Buch mit modernen Gebeten zur Hand genommen, das mir ein guter Freund vor einiger Zeit geschenkt hat. Er hat es selbst geschrieben, und es ist mir heute so ergangen wie jedes Mal, wenn ich es aufschlage: Ich bin fasziniert und tief berührt. Es ist ein echtes Juwel. Und scheinbar nicht nur für mich. In den vergangenen Monaten habe ich immer wieder mal anderen etwas daraus vorgelesen und ein paar dieser Gebete sogar abgetippt und verschickt. Jedes Mal erlebte ich die gleiche Reaktion: Die Leute waren tief bewegt. Einmal habe ich eines in einem Gottesdienst vorgelesen, und ich bekam danach eine Menge E-Mails von Besucher/-innen, die den Text haben wollten. Also dachte ich mir: „Kaufst du dir mal einen Stapel von zehn Stück, dann hast du was Gutes zum Verschenken." Pustekuchen – das Buch gibt es nicht mehr im Handel. Und das rund fünf Jahre nach seinem Erscheinen! Diese Art von Literatur hat scheinbar eine superkurze Halbwertszeit. Und dafür gibt es einen einfachen Grund:

Gebetbücher sind eine sehr individuelle Angelegenheit. Manche bleiben auf der vermeintlich sicheren Seite, indem sie sozusagen die „Best of" der vergangenen Jahrtausende sammeln. Franz von Assisis „O Herr, mach mich zum Werkzeug deines Friedens" darf in einer solchen Sammlung nicht fehlen, ebenso wenig Christoph Oetingers „Herr, gib mir die Gelassenheit …" oder Martin Luthers Abendsegen. Klar sind diese Gebete toll – nicht umsonst haben sie eine solche Verbreitung gefunden. Aber es sind eben doch immer wieder „die üblichen Verdächtigen". Sehr viel spannender finde ich darum Versuche, Gebete zu schreiben oder auch zu sammeln, die in moderner Sprache verfasst sind und die auch sonst das Lebensgefühl des modernen Menschen treffen. Das Problem mit diesen Büchern ist, dass Lebensgefühle in unserer hoch differenzierten Gesellschaft sehr unterschiedlich sind (was die potenzielle Zielgruppe schon einmal erheblich reduziert) und dass das, was heute modern ist, morgen oft schon wieder alt klingt. Ich habe heute mal gegoogelt: Mit einer einzigen Ausnahme gibt es alle Gebetbücher, die mich in den vergangenen Jahren zum Beten inspiriert haben, mittlerweile nicht mehr im Handel.

Vielleicht fragen Sie sich: „Wozu überhaupt Gebetbücher? Wenn ich mit Gott reden will, kann ich es doch so tun, wie mir der Schnabel gewachsen ist! Wenn ich mit meinem Partner/meiner Partnerin rede, benutze ich ja auch keine von anderen formulierten Worte!" Das ist absolut richtig. Aber – um genau dieses Bild aufzugreifen – manchmal kommt es vor, dass ich meiner Frau eine Passage aus einem Buch vorlese, weil diese mich anspricht oder bewegt oder weil es etwas mit einem Thema zu tun hat, über das wir ohnehin gerade im Gespräch sind. Und ganz oft auch, weil der Autor oder die Autorin Dinge in einer Weise formuliert und auf den Punkt bringt, wie ich das selbst nicht kann. Das macht sicherlich nur einen eher kleinen, aber durchaus sehr „dichten" Teil unserer Kommunikation aus, und vor allem ist daran überhaupt nichts Unnatürliches.

Ähnlich ist es mit Gebeten, die wir von anderen übernehmen. Zweifellos sollte unser Reden mit Gott nicht nur aus solchen geliehenen Worten bestehen. Aber es gibt doch immer wieder Situationen, in denen wir keine eigenen Worte zum Gebet finden, sei es, dass wir im Moment die Zeit, die Kraft oder auch die sprachlichen Fähigkeiten dazu nicht haben. Dann ist es gut, wenn wir in vorformulierte Gebete anderer sozusagen hineinschlüpfen können wie in einen warmen Mantel. Die Gebete anderer können uns auch anleiten, selbst beten zu lernen, das heißt, eine eigene Gebetssprache und einen eigenen Stil zu entwickeln. Beten, so habe ich mal gehört, lernen wir nur durch andere Menschen, die beten. So wie wir das Sprechen auch nur von anderen lernen, bei denen wir es uns abgucken. Ich habe Schreiben vor allem dadurch gelernt, dass ich zuvor gelesen, gelesen und nochmals gelesen habe. In ähnlicher Weise können mich die Gebete anderer Menschen anleiten, wie ich selbst beten kann. Und schließlich können Gebete anderer unseren Horizont erweitern. Sie können Themen und Aspekte ins Spiel bringen, die wir selbst gar nicht auf dem „Schirm" haben, denn seien wir mal ehrlich: In unseren Gebeten geht es uns doch meistens um unsere persönlichen Lieblingsthemen und um unsere kleine Welt. Daher können die Gebete anderer uns helfen, in unserem Beten auch mal auf Aspekte zu sprechen zu kommen, die zu unseren persönlichen „blinden Flecken" gehören.

Lassen Sie mich an dieser Stelle ein paar Sätze zu der Flut von Gebet-Bildbänden sagen, die seit Jahren den Markt überschwemmt. Es ist sehr schwer, einen wirklich guten Bildband zu finden, der uns hilft zu beten. Denn hier müssen ja nicht nur die Worte stimmen – was schon schwer genug ist, wie wir gesehen haben –, sondern auch die Bilder. Sie müssen zum Text passen (wobei ich den Eindruck habe, dass das den Machern solcher Bücher nicht immer unbedingt bewusst ist), aber auch zu uns. Nun lieben einige Menschen Sonnenuntergänge, andere finden diese ganz furchtbar. Sie reflektieren eher auf alte Kirchen und Gemäuer, während wieder andere Blumen und Schmetterlinge präferieren. Es ist, glaube ich, superschwer, einen echt guten Bildband zu machen. In den meisten Fällen sind darum die Worte „O Gott, ein Bildband!" das einzige Gebet, das ich spreche, wenn ich einen solchen geschenkt bekomme. Und das war bereits dutzendfach der Fall (sorry an alle, die es an dieser Stelle gut mit mir meinten). Der einzige Gebet-Bildband, den ich über Jahre immer wieder mal aufgeschlagen und benutzt habe, ist eine Sammlung von Psalm-Meditationen von Johannes Hansen. Er trägt den schönen Titel: „Nach dem Dunkel kommt ein neuer Morgen". Mit diesem Buch konnte und kann ich bis heute wirklich beten. Das ist sicherlich eine sehr individuelle Erfahrung, aber die Tatsache, dass dieses Buch nach über 30 Jahren immer noch im Handel erhältlich ist, zeigt mir, dass es offensichtlich nicht nur mir so geht.

Und hier kommt mein Geheimtipp: Wenn das für Sie ein Thema ist und Sie ein gutes Gebetbuch suchen, in dem sich sowohl alte als auch moderne Gebete finden und das überdies noch die Sinne anspricht, weil sich darin auch Bilder, Gedichte und Sinnsprüche finden, darüber hinaus Anregungen zum individuellen wie zum gemeinschaftlichen Beten und viele andere Basistexte des Christentums, schauen Sie vielleicht mal in das Evangelische Gesangbuch der – das ist wichtig! – Evangelisch-Lutherischen Kirche in Bayern und Thüringen. (Sie können es – bis auf den relativ kleinen Regionalteil – in ganz Deutschland im Gottesdienst benutzen.) Diese Ausgabe ist der absolute Hammer! Was die Verantwortlichen dort auf rund 1.600 Dünndruckseiten zwischen die Deckel gepackt haben, ist unglaublich. Es beinhaltet sowohl die „üblichen Verdächtigen" als auch viel Neues und Ungewohntes. Und bei alledem ist es ein kleines Fest für die Sinne. So gibt es keine Seite ohne Farbtupfer und die grafische Aufmachung ist wirklich gelungen. Selbst wenn Sie – was nicht sehr wahrscheinlich ist – mit 95 % der Texte und Bilder nichts anfangen können, ist immer noch eine Menge dabei, das Sie zum Beten, Staunen und Nachdenken führen kann. Eine echte Goldgrube. Ich habe dieses Buch seit Jahren auf meinem Nachttisch liegen.

Bleibt die Frage: Was macht ein „gutes Gebet" (und damit auch ein gutes Gebetbuch) aus? Schwer zu sagen. Viele Kriterien, die zu einem solchen Urteil führen, sind sicherlich sehr subjektiv: Das Gebet muss zu mir passen, meine Situation treffen, meine Gedanken und Empfindungen auf den Punkt bringen. Daneben gibt es aber auch einige objektive Kriterien. Ein Gebet oder Gebetbuch sollte in seinen Aussagen wahr, schön und gut sein. *Wahr* heißt, ehrlich mit sich selbst, überprüfbar in seinen Sachaussagen und in seinen Auslassungen über Gott nicht nur „gefühlig", wenn Sie verstehen, was ich meine. Es sollte *schön* sein, das heißt, sich um eine ansprechende Sprache bemühen, eine ordentliche Form wählen und neben dem Verstand auch das Gefühl ansprechen. (Umgekehrt bitte auch, aber das fällt unter die Kategorie „wahr".) Und ein Gebet sollte *gut* sein: barmherzig mit uns selbst, behutsam im Umgang mit anderen, gütig mit den Armen und Schwachen dieser Welt und auf das Heil und Wohl aller Betroffenen bedacht. Man kann auch sagen: Ein gutes Gebet nimmt unseren Verstand, unser Gefühl und unseren Willen gleichermaßen mit, wenn wir uns auf Gott zubewegen.

Das Gebetbuch von Thies Gundlach, das ich heute Morgen zur Hand genommen habe, erfüllt für mich genau diese drei Kategorien. Vielleicht erwischen Sie es ja antiquarisch. Vielleicht wäre es aber auch gar nicht „Ihres". Wie gesagt, das ist sehr individuell. Auf jeden Fall wünsche ich Ihnen viel Glück auf der Suche nach einem Gebetbuch, das zu Ihnen passt.

Portfolio

Name:	**Gebetbücher/Bildbände/Gesangbuch**
Erklärung:	Gebete anderer Menschen können eigene Worte zwar nicht ersetzen, aber sie können uns helfen, beten zu lernen. Sie können uns auch unterstützen, wenn wir nicht die Zeit und Kraft finden, eigene Worte zu formulieren.
Kategorie:	Meditatives Gebet
Verwandte Formen:	Bildmeditation; Singen
Auf drei gezählt:	1. Das richtige Buch finden (schwer!). 2. Im Buch blättern, bis einen ein Gebet anspricht. Das Gebet (halblaut) lesen, mehrfach wiederholen und auf sich wirken lassen. 3. Gegebenenfalls durch eigene Worte ergänzen (mündlich oder schriftlich).
Zeitaufwand:	Hängt ein bisschen von Schritt 3 ab; hier: rund 15 Minuten
Benötigte Hilfsmittel:	Gebetbuch/Bildband/Gesangbuch
Meine Erkenntnis:	Ein Gebet sollte wahr, schön und gut sein.
Note:	2– Die meisten Bücher taugen meines Erachtens nicht viel, es gibt aber auch einige echte Schätze.

Tag 23: Gott ist gegenwärtig

Beten durch Anbetung

Jeder, der schon einmal verliebt war, wird mir darin zustimmen, dass dies einer der schönsten Zustände ist, in die ein Mensch geraten kann. Schon der bloße Klang des Namens der geliebten Person lässt einen schweben; ihr in die Augen zu schauen ist ein Stück Himmel. In diesem Zustand dann die eigene Liebe in Worte zu fassen ist dabei eigentlich ein Ding der Unmöglichkeit und trotzdem probieren wir es immer wieder und sind selig dabei. Einem Außenstehenden erscheint völlig absurd, was wir in diesem Zustand denken, fühlen oder äußern. Wir benutzen komische Kosenamen, wiederholen uns ständig, ja, überhaupt scheinen wir von der Ebene eines Erwachsenen auf die eines kleinen Kindes zurückgefallen zu sein. Und noch etwas kennzeichnet den Zustand des Verliebtseins: Er hält nicht endlos an. Immer wieder müssen wir zurück in die „Niederungen des Alltags", und das ist – auch wenn sich unser Gefühlsleben vehement dagegen auflehnt – definitiv gut so. Eine *nur* verliebte Liebe wäre ganz und gar unproduktiv, ja, wir würden als Persönlichkeit mehr und mehr verkümmern. Doch eine Liebe *ohne* Verliebtheit bleibt ebenfalls weit hinter ihrem Potenzial zurück. Wirklich und letztlich glücklich ist nur jene Liebe, die miteinander das Leben gestaltet, dabei aber auch immer wieder zu Gipfelerlebnissen der Verliebtheit zurückfindet.

Warum schreibe ich das alles? Weil es heute um die Anbetung geht. Und Anbetung ist das „Gipfelerlebnis" in unserer Kommunikation mit Gott. Anbetung bedeutet, schon beim Nennen von Gottes Namen Schmetterlinge im Bauch zu haben. Wir schauen Gott in die Augen und erleben dabei ein Stück Himmel. Wir versuchen, unsere Empfindungen in Worte zu fassen, weil unser Herz so voll ist, und heraus kommen nur immer wieder die gleichen stammelnden Sätze: „Gott, du bist groß, du bist herrlich, du bist schön. Es ist so wunderbar, in deiner Gegenwart zu sein." Einem Außenstehenden muss das, was wir da tun und sagen, ziemlich merkwürdig vorkommen. Und auch die andere Parallele zum Verliebtsein stimmt: Dieses Gipfelerlebnis unserer Kommunikation mit Gott ist immer nur von kurzer Dauer, und das ist auch gut so. Wir wären lebensunfähig und würden völlig verkümmern, wollten wir ewig im Zustand des Verliebtseins beziehungsweise der

Anbetung verharren. Auf der anderen Seite fehlt unserer Beziehung zu Gott eine ganz entscheidende Dimension, wenn wir nicht immer wieder zu diesem Zustand zurückfinden.

Noch etwas haben Verliebte und Menschen, die Gott anbeten, gemeinsam: Sie greifen gerne auf Lieder und Gedichte zurück, um ihren Empfindungen Ausdruck zu verleihen. Ich tue das heute anhand eines Liedes, das wie kaum ein anderes in Worte fasst, was in einem Menschen vorgeht, der Gott anbetet. Es ist knapp 300 Jahre alt und stammt von dem evangelischen Mystiker Gerhard Tersteegen. Im Evangelischen Gesangbuch steht es unter der Nummer 165. Eigentlich hat das Lied acht Strophen, die es alle wert sind, dass wir tief in sie hineinspüren. Aus Platzgründen beschränke ich mich hier auf jene drei, die mir die wesentlichen Aspekte der Anbetung widerzuspiegeln scheinen, und nehme mir für jede gut fünf Minuten Zeit.

1. Schritt: Ich versuche, die Gegenwart Gottes zu erfassen (Strophe 1)

Gott ist gegenwärtig! Lasset uns anbeten
Und in Ehrfurcht vor ihn treten.
Gott ist in der Mitte! Alles in uns schweige
Und sich innigst vor ihm beuge.
Wer ihn kennt,
Wer ihn nennt,
Schlag die Augen nieder,
Kommt, ergebt euch wieder.

„Gott ist gegenwärtig!" Ich komme beim Beten der ersten Strophe eine Weile lang über den ersten Satz nicht hinaus. Immer und immer wiederhole ich ihn, bis er in mir Gestalt anzunehmen beginnt: „Gott ist gegenwärtig…" – „Gott ist…" – „Gott…". Tersteegen hat zu seinem Lied einmal geäußert, dass diese erste Zeile im Grunde genüge. Alles andere sei Entfaltung und Vertiefung dieser Aussage. Es würde meinem Gebet vermutlich eine ganz neue Qualität verleihen, wenn ich – welche Anrede ich auch immer wähle – bei dieser eine Zeitlang verweilen und mir vergegenwärtigen würde, dass dieser Gott, den ich da gerade anspreche, tatsächlich „da" ist, und erst dann mit meinem Gebet fortfahre.

Dann würde sich der Charakter meines Gebets aber sofort ändern: „Lasset uns anbeten und in Ehrfrucht vor ihn treten." In dem Moment, in dem ich mir wirklich bewusst werde, dass Gott gegenwärtig ist, treten meine ursprünglichen Anliegen zunächst einmal zurück, und ich verfalle in eine Haltung der Ehrfurcht und der Anbetung, ohne die es überhaupt keine religiöse Erfahrung gibt und schon gar keine Erfahrung Gottes.

„Gott ist in der Mitten": Bei der Frage, wo ich diese Gegenwart Gottes lokalisieren soll, komme ich immer wieder auf die gleiche Antwort zurück: in meiner Person-Mitte, in meinem Herzen. Da legt Gott – der Ursprung und das Ziel allen Seins – seinen Anker an.

2. Schritt: Ich lasse mich von innen heraus verwandeln (Strophe 6)

Du durchdringest alles; lass dein schönstes Lichte,
Herr, berühren mein Gesichte.
Wie die zarten Blumen willig sich entfalten,
Und der Sonne stille halten,
Lass mich so,
Still und froh,
Deine Strahlen fassen
Und dich wirken lassen.

Was hier beschrieben wird, ist gleichzeitig unbeschreiblich zart wie auch machtvoll. Die Blume, die der „Sonne stille hält", wird durch diese von Grund auf verwandelt. Das ist nicht ungefährlich und setzt großes Vertrauen voraus, denn die Sonne kann die ungeschützte Blume auch verbrennen. Auf der anderen Seite kann sie ohne das lebensspendende Sonnenlicht weder wachsen, gedeihen, blühen noch fruchtbar sein.

Anbeten heißt, einen Platz an der Sonne zu haben. Ich vertiefe mich für einige Minuten in das Bild einer Blume, die sich vertrauensvoll der Sonne Gottes entgegenreckt. Ich nehme die Strahlen in mich auf und spüre förmlich, wie diese durch meinen Körper und meine Seele fließen, mich ganz und gar durchdringen und an mir und in mir zu arbeiten beginnen. Die Gegenwart Gottes ist machtvoll: Ich kann mich Gott nicht dauerhaft aussetzen, ohne dass mein Leben mit ihm angefüllt wird und sich verwandelt. Manchmal löst die göttliche Gegenwart einen inneren Wachstumsprozess aus oder ich beginne aufzublühen oder mein Leben wird fruchtbar für andere. Auf jeden Fall führt mich die Gegenwart Gottes über mich selbst hinaus.

3. Schritt: Ich lade Gott in meine Welt ein (Strophe 8)

Herr, komm in mir wohnen, lass mein Geist auf Erden
Dir ein Heiligtum noch werden:
Komm, du nahes Wesen, dich in mir verkläre,
Dass ich dich stets lieb und ehre;
Wo ich geh,
Sitz und steh,
Lass mich dich erblicken
Und vor dir mich bücken.

Ewig könnte die Blume so dasitzen und in der Sonne stille halten, ewig möchte der Verliebte seiner „Angebeteten" in die Augen schauen oder der Beter in der Gegenwart Gottes verharren. Aber sonderlich reif wäre das nicht. Und es wäre auch nicht Gottes Wille. Dem Erlebnis der Einheit und Verschmelzung mit Gott muss ein wichtiger Reifungsschritt folgen: dass wir Gott in unsere Welt mitnehmen. „Herr, komm in mir wohnen, lass mein Geist auf Erden dir ein Heiligtum noch werden." Die Betonung liegt auf den Worten: „auf Erden" – in den Niederungen meines Alltags, inmitten meiner Welt: wo ich geh, sitz und steh, dort, wo mein Leben stattfindet. Die „himmlische" Erfahrung der Anbetung Gottes ist etwas Wunderbares, aber sie führt – zumindest im Christentum – immer wieder zurück in die ganz normale Welt unseres Alltags. Gerade dorthin sollen wir Gott bringen beziehungsweise dort sollen wir ihn „lieben und ehren".

Ich stelle mir mein Leben – mein ganz alltägliches Leben – als ein Haus vor, in dem Gott wohnen möchte. Dieses Haus soll in einem Zustand sein, dass die Menschen spüren: Hier wohnt Gott. Die Menschen, die bei mir ein- und ausgehen, sollen die Möglichkeit haben, ihm zu begegnen. Und in allen Momenten der Einsamkeit, des Leidens oder der Überforderung darf ich wissen: Ich bin nicht alleine in meinem Lebenshaus. Gott ist da. Ich muss nur die Augen aufmachen.

Anbetung ist schön. So schön, dass man manchmal dauerhaft in diesem Zustand verharren möchte. Der christliche Glaube lässt dies aber nicht zu. Es sieht – mit Recht – den Auftrag des Menschen in dieser Welt. Aber über diesem Auftrag haben weite Teile des Christentums vergessen, was es heißt, Gott anzubeten. Und sie nehmen sich damit nicht nur eine wunderschöne Erfahrung, sondern auch eine wesentliche Kraftquelle, diese Welt positiv zu verändern.

Portfolio

Name:	**Anbetung**
Erklärung:	Die Anbetung ist die wahrscheinlich tiefste, innigste Form der verbalen Kommunikation mit Gott. Sie besteht darin, seine Gegenwart zu erfassen und sich von ihr verändern zu lassen.
Kategorie:	Grundform des Gebets
Verwandte Formen: ..	Lob Gottes; Kontemplation
Auf drei gezählt:	1. Sich vergegenwärtigen, dass Gott zugegen ist. 2. Gott die eigene Seele hinhalten, dass er sie verwandle. 3. Diese Erfahrung bewusst in den Alltag mitnehmen.
Zeitaufwand:	Unterschiedlich; hier: rund 20 Minuten
Benötigte Hilfsmittel:	Keine; evtl. den Text eines Anbetungsliedes bereithalten. Wer etwas Modernes sucht, dem empfehle ich das englische Lied „The Heart of Worship" von Matt Redman.
Meine Erkenntnis:	Gott anbeten heißt, einen Platz an der Sonne finden!
Note:	1 Einfach nur schön.

Tag 24: Wie man sich jeden Bibeltext erschließt

Beten mit Martin Luther

Von der Bedeutung der Bibel für unser Beten war im Rahmen meines Selbstversuchs bereits mehrfach die Rede. Um mich an dieser Stelle klar zu positionieren: Ich gehöre nicht zu den Menschen, die die Bibel für „Gottes unverfälschtes Wort“ halten. Dafür enthält sie mir zu viele Irrtümer, Widersprüche, ja, manchmal sogar Boshaftigkeiten. Aber die Bibel *enthält* Gottes Wort, das heißt, Gott redet durch dieses Buch zu uns Menschen – davon bin ich überzeugt. Gott hat in meinem Leben auf vielerlei Weise gesprochen: durch Menschen, Bücher, Predigten, auch durch innere Eingebungen und nicht selten durch äußere Widerstände: Probleme, Krankheiten, persönliche Gegner usw. Aber am meisten hat Gott zu mir durch dieses eigenartige Buch geredet, das mich seit meiner Kindheit begleitet. Ich nehme die Bibel zwar nicht wörtlich, aber ich versuche, sie beim Wort zu nehmen. Die Bibel ist wie eine Goldgrube: Die wenigsten Goldkörner liegen gleich obenauf. Andersherum gesehen: Das, was obenauf liegt, ist oft alles andere als Gold (auch wenn manche Hardliner es uns gern dafür verkaufen wollen). Was aber nicht ausschließt, dass wir auch an der Oberfläche inmitten einer dicken Schicht aus Schlamm, Steinen und Geröll das eine oder andere Goldkorn finden. Etwa in den bereits früher erwähnten fett gedruckten Versen. Aber die richtig großen Brocken liegen in der Tiefe. Will sagen: Es kostet etwas Anstrengung, sie zu bergen.

Die Bibel ist ein Buch, dessen Wahrheiten sich oft erst auf den zweiten oder dritten Blick offenbaren. Es kostet Zeit und Mühe, sich in den Text meditativ (und gern auch mit ein wenig Sachverstand) hineinzuwühlen, um – wie ein Goldgräber – zwischen all den Wörtern jenes „Wort“ herauszuarbeiten, mit dem Gott uns ansprechen möchte. Christliches Beten – so hatte ich bereits früher geschrieben – ist in starkem Maße Antwort auf dieses Wort. Ich möchte heute eine ganz einfache Übung praktizieren, mit deren Hilfe selbst ein Anfänger oder eine Anfängerin beginnen kann, eine solche „Tiefenbohrung“ in der Bibel vorzunehmen.

Als ihn ein Freund fragte, wie er beten solle, hat Martin Luther einmal eine sehr schöne Anleitung geschrieben, wie wir mit der Bibel beten können („Eine einfältige Weise zu beten, für einen guten Freund“).

Die Bibel – so war seine Überzeugung – ist dazu geschrieben, dass wir betend darauf antworten. Er empfahl seinem Freund darum, sich bei jedem Text, den er in der Bibel las, folgende vier Fragen zu stellen:

1. Wofür kann ich danken?
2. Was muss ich bekennen?
3. Worum will ich bitten?
4. Was soll ich tun?

Luther schreibt, er winde diese Fragen wie ein „vierfaches Kränzchen" um jeden Bibeltext und mache damit sehr gute Erfahrungen. Das möchte ich heute umsetzen und nehme mir dazu folgenden Bibeltext vor:

Und am Abend desselben Tages sprach er zu ihnen: Lasst uns hinüberfahren. Und sie ließen das Volk gehen und nahmen ihn mit, wie er im Boot war, und es waren noch andere Boote bei ihm. Und es erhob sich ein großer Windwirbel und die Wellen schlugen in das Boot, sodass das Boot schon voll wurde. Und er war hinten im Boot und schlief auf einem Kissen. Und sie weckten ihn auf und sprachen zu ihm: Meister, fragst du nichts danach, dass wir umkommen? Und er stand auf und bedrohte den Wind und sprach zu dem Meer: Schweig und verstumme! Und der Wind legte sich und es entstand eine große Stille. Und er sprach zu ihnen: Was seid ihr so furchtsam? Habt ihr noch keinen Glauben? Sie aber fürchteten sich sehr und sprachen untereinander: Wer ist der? Auch Wind und Meer sind ihm gehorsam!

Markus 4,35–41

Soweit der Text. Hier meine vierfache Gebets-Antwort:

1. **Gott (Jesus), ich danke dir …**
   - dass du mit im Boot bist, wohin meine Lebensreise auch geht,
   - dass du der Herr über alle Stürme in meinem Leben bist
   - und dass du gnädig mit meinem Kleinglauben umgehst.

2. **Herr, ich bekenne dir …**
   - dass mir jedes Mal, wenn die Wellen ins Boot schlagen, das Herz in die Hose rutscht,

- dass ich dann Angst habe, du hättest die Dinge vielleicht nicht im Griff,
- und dass ich dich nach all den Jahren mit dir eigentlich immer noch nicht richtig kenne.

3. Vater, ich bitte dich …

- hilf mir, wenn ich in raue See gerate,
- stärke meinen Glauben
- und hab Nachsicht mit meinem Unglauben.

4. Heiliger Geist, ich will …

- ehrlich gesagt gern auf Wunder verzichten, wenn der Preis dafür ist, dass ich vorher in Gefahr gerate.
- Ich möchte mehr vertrauen, aber ich weiß nicht, wie.
- Darum will ich, wenn ich in einen Sturm gerate, wenigstens so viel Vertrauen übrig behalten, dass ich nicht aufhöre zu beten.

Das war einfach. Na ja, nicht ganz. Der letzte Punkt war ein bisschen knifflig. Auch nach mehrmaligem Lesen ist mir nämlich immer noch nicht klar, was die Jünger denn anderes hätten tun sollen. Ich hätte mich wahrscheinlich genauso verhalten. Vielleicht hätten sie still vertrauen sollen, dass ein Boot, in dem Jesus sitzt, schon nicht untergehen wird. Aber ist das wirklich so sicher? Jemand hat einmal gesagt: „Ich will mich lieber zu Tode glauben, als vor Angst sterben." Doch das ist gar nicht so einfach, oder? Darum finde ich das Verhalten der Jünger – obwohl Jesus sie tadelt – für mich durchaus beispielhaft. Klar wäre es besser, keine Angst, sondern Vertrauen zu haben. Aber wenn ich schon Angst habe, will ich mich damit an Jesus wenden, auch auf die Gefahr hin, dass ich ihn nerve. Denn das ist ebenfalls eine Form von Vertrauen, wenn auch nicht in der A-, sondern in der B-Note.

Es ist erstaunlich: Durch diese simplen vier Fragen hat der Text begonnen, zu mir zu reden. Und er hat mich inspiriert zu beten. Ich werde mir darum einen Zettel mit diesen simplen vier Satzanfängen in meine Bibel legen:

1. Gott (Jesus), ich danke dir …
2. Herr, ich bekenne dir …
3. Vater, ich bitte dich …
4. Heiliger Geist, ich will …

Die Anreden dabei sind zweifellos austauschbar. Theoretisch können wir sie auch ganz weglassen, nur die „Du"-Form sollten wir beibehalten, sonst ist das Ganze kein Gebet mehr. Vielleicht können wir nicht bei jedem Text alle vier Fragen beantworten beziehungsweise alle vier Satzanfänge zu Ende führen. Aber ich bin mir sicher, mit dem „vierfachen Gebet" ein Tool an der Hand zu haben, das mir nicht nur hilft, die Bibel besser zu verstehen, sondern das auch eine echte Inspiration für mein persönliches Gebet ist. Gute Dinge müssen nicht immer kompliziert sein.

Danke, Bruder Martin!

Portfolio

Name:	**Das „vierfache Gebet“ Martin Luthers**
Erklärung:	Das „vierfache Gebet“ besteht darin, betend auf einen Bibeltext zu antworten, indem man vier Fragen beantwortet: 1. Wofür kann ich danken? 2. Was muss ich bekennen? 3. Worum will ich bitten? 4. Was soll ich tun?
Kategorie:	Beten mit der Bibel, auch sehr gut als Gemeinschaftsgebet möglich
Verwandte Formen:	Auf einen Text antworten; „ACTS“
Auf drei gezählt:	1. Einen Bibeltext wählen. Diesen halblaut mehrmals durchlesen. 2. Die vier genannten Fragen nacheinander schriftlich beantworten. 3. Das Ganze zusammenfassend im Gebet vor Gott bringen.
Zeitaufwand:	Zwischen 10 und 20 Minuten (so auch hier)
Benötigte Hilfsmittel:	Bibel; Zettel mit den vier Fragen; Stift
Meine Erkenntnis:	Gute Dinge müssen nicht immer kompliziert sein.
Note:	1– Mit der letzten Frage bin ich noch nicht fertig.

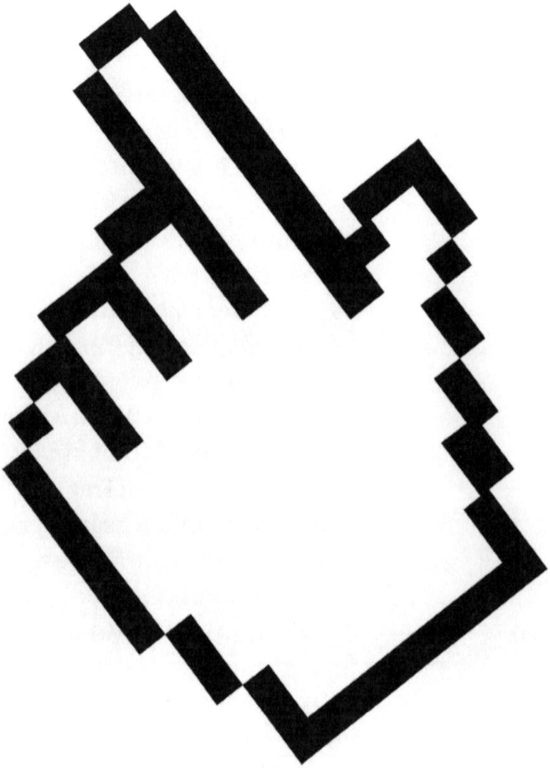

Tag 25: Besinnung in der Cyberkirche

Beten im virtuellen Andachtsraum

Witzig! Vor einiger Zeit las ich in einem Artikel, dass nun ein virtueller Andachtsraum im Internet zur Verfügung steht. Zumindest bei seiner Eröffnung war das ein einmaliges Angebot in Deutschland. Ich konnte mir darunter zwar nicht viel vorstellen, aber okay: Es gibt virtuelle Haustiere und virtuelle Friedhöfe und virtuellen Sex, warum also nicht auch so etwas wie Meditieren am Monitor? Heute habe ich mich mal auf die entsprechende Homepage geklickt.

Von sanften orchestralen Tönen begleitet, werde ich mit freundlichen Worten in den virtuellen Andachtsraum geführt. Ich kann mich zunächst entscheiden, ob ich ein aufgeschlagenes Buch oder einen Notenständer, der sich unter ein paar Orgelpfeifen befindet, anklicken will. Ich entscheide mich für das Buch. Beim Anklicken wird es herangezoomt und ich kann links die sogenannte „Tageslosung" aus dem Alten Testament und rechts den dazugehörigen „Lehrtext" aus dem Neuen Testament lesen. Das ist ein nettes Feature. Diese Losungen – sie heißen so, weil diese Sprüche wirklich ausgelost werden – gibt es seit rund 280 Jahren. Ein einfaches, aber geniales Konzept: zwei kurze Bibelworte als Wegbegleitung für den Tag. Am weitesten verbreitet sind die Losungen wahrscheinlich immer noch in der Form von kleinen blauen Büchern, die jedes Jahr in rund 50 Sprachen millionenfach vertrieben werden. Im Lauf der Zeit wurde das System dann aber immer ausgefeilter: Es gibt zwischenzeitlich Terminkalender mit Losungen, Schreibausgaben, Losungen im Urtext, kostenlose Downloads fürs Handy, Bildschirmschoner für Mac und Windows und vieles mehr. Außerdem haben viele christliche Homepages die täglichen Losungen integriert. So auch der virtuelle Andachtsraum.

Ich lese die heutige Losung mit Interesse. Sie spricht mich nicht so ganz an, aber dafür kann der Anbieter des Andachtsraumes nichts. Das kann morgen schon wieder anders aussehen; ich finde das Angebot im Grunde genommen gut. Unter den Losungen finden sich fünf Reiter: Dank, Freude, Glaube, Trost, Vergebung. „Warum gerade diese fünf?", frage ich mich und klicke mich durch die einzelnen Begriffe hindurch. Zu jedem findet sich ein Bibelvers. Gleich als Erstes steht da zum Beispiel zum Thema „Dank": „Herzlich lieb habe ich dich, HERR, meine

Stärke! HERR, mein Fels, meine Burg, mein Erretter; mein Gott, mein Hort, auf den ich traue, mein Schild und Berg meines Heiles und mein Schutz" (Psalm 17). Hm. Abgesehen davon, dass das in Psalm 18 steht – was, um alles in der Welt, hat das mit Dank zu tun? Klar, irgendwo kann man den Bezug herstellen. Und vielleicht ist das ja auch die „Andacht", in die mich der Anbieter führen möchte. Aber zum Thema „Dankbarkeit" würden mir, glaube ich, ein paar Dutzend andere Stellen einfallen, die diesem Thema mit Sicherheit näher kommen. Der Vers zum Thema „Freude" passt wiederum. Aber dann zum Thema „Glaube" das Wort: „Der Geist ist willig; aber das Fleisch ist schwach." Eine doch eher eigenwillige Wahl. Ich entdecke noch eine Kerze. Wenn ich sie anklicke, erscheint ein Kindergebet, das ich relativ nichtssagend finde. Auch hier die Frage: Unter Millionen von wunderbaren Gebeten, die es gibt: Warum gerade dieses? Vielleicht werden die Sprüche und Gebete ja – wie auch die Losungen – jeden Tag geändert. Das wäre für mich okay. Dann habe ich heute einfach einen schlechten Tag erwischt. Wenn das aber das tägliche Angebot ist, bin ich dann doch ein wenig enttäuscht.

Ich gehe etwas verärgert weiter im Raum und stoße auf die Abteilung „Bilder und Kirchenfenster". Es handelt sich um neun verschiedene Kunstwerke. Ein Kirchenfenster spricht mich dabei tatsächlich an: ein Werk von Thomas Duttenhofer. Leider trägt das Bild keinen Titel. Es zeigt drei Gestalten im Gespräch, darüber eine große stilisierte Taube. Absolut gut gemacht! Aber leider kann ich das doch recht kleine Bild nicht heranzoomen, um es mir näher anzuschauen. Und so kann ich bedauerlicherweise auch nicht darüber meditieren.

Die nächste Abteilung nennt sich „Kreuze und Skulpturen". Auch hierbei handelt es sich um Fotografien aus verschiedenen Kirchen. Doch kann man ebenfalls nichts vergrößern, sodass selbst dann, wenn man diese Kunst mag, keine rechte Andacht aufkommt. Schließlich lande ich bei dem Notenständer unter den Orgelpfeifen. Beim Anklicken habe ich die Wahl zwischen Chor- und Orgelmusik. Ob hier nicht doch ein wenig an der Zielgruppe vorbeigeplant wurde? Halten Sie mich gerne für etwas zynisch, aber ich vermute, dass die meisten Menschen, die durch die virtuellen Räume von Web 2.0 surfen, weder Chor- noch Orgelmusik hören. Und dass die Mehrzahl der Hörer von klassischer Chor- und Orgelmusik eher selten die interaktiven Seiten des Webs durchstöbert. Ich finde, der Anbieter hätte neben diesen beiden Kategorien mindestens noch eine dritte mit modernen meditativen Stücken integrieren sollen. So klicke ich mich kurz durch die musikalischen Angebote hindurch und merke sehr schnell: „Das alles hier ist nichts für mich." Und vermute mal, dass ich mit diesem Lebensgefühl nicht ganz alleine bin: Da hat man spirituell Hunger und Durst und geht in eine Kirche und was findet man? Kultur! Und zwar eine Kultur vergangener Tage, die wie eine große Mauer zwischen dem eigenen spirituellen Bedürfnis und einer möglichen Begegnung mit Gott aufgerichtet ist. Wer diese Art von Kultur nicht mag – und ich behaupte, das ist die überwiegende Mehrheit der Menschen in diesem Lande –, verhungert seelisch, weil die Kirche sich nicht entschließen kann, sich auf die Sprache und das Lebensgefühl der Menschen von heute einzulassen.

Traurig gehe ich weiter und erreiche den letzten Raum, sozusagen das „Allerheiligste". Der einführende Text ist spannend. Jetzt geht es darum, die eigene Andacht von allen äußeren Gegenständen – also Bildern, Kunstwerken, Texten, Musikstücken usw. – zu lösen. „Eine Meditation, die sich vom Gegenstand löst, wird zur Kontemplation." Das finde ich schon mal deswegen gut, weil ich mit den bisherigen Angeboten zur Meditation nicht viel anfangen konnte. (Vielleicht war ja genau das beabsichtigt: mich auf diese Art schneller an die Kontemplation heranzuführen?) Darum soll es also in dem letzten Raum gehen: still zu werden vor Gott, jede äußere und innere Aktivität loszulassen, nur im Hier und Jetzt zu verweilen und so auf mystische Art die Gegenwart Gottes zu verspüren. Ich bin gespannt! Erwartungsvoll drücke ich auf den „Start"-Button und komme in einen kapellenartigen Raum. Darin befindet sich – wie angekündigt – kein Kreuz, keine Orgel und keine Bibel. Im Hintergrund allerdings ein stilisiertes Kirchenfenster oder Triptychon, so genau kann ich das nicht erkennen, darum kann es mich auch nicht ablenken. Im Vordergrund stehen eine Bank, auf die ich mich wohl setzen soll, und eine Kerze. Ich klicke Letztere an. Sie fängt an zu brennen und es ertönt leise, sphärisch-meditative Musik. In diesem Fall etwas Modernes mit fernöstlichen Anklängen. Es erscheint ein wunderbarer Text von Sören Kierkegaard:

Als mein Gebet immer andächtiger und innerlicher wurde,
da hatte ich immer weniger und weniger zu sagen.
Zuletzt wurde ich ganz still.

Ich wurde, was womöglich noch ein größerer Gegensatz zum Reden ist,
ich wurde ein Hörer.
Ich meinte erst, Beten sei Reden.
Ich lernte aber, dass Beten nicht nur Schweigen ist, sondern Hören.

So ist es:
Beten heißt nicht, sich selbst reden hören,
Beten heißt, still werden und still sein und warten,
bis der Betende Gott hört.

Das finde ich gut! Und damit werde ich mich im Rahmen meines Selbstversuchs auch noch intensiv auseinandersetzen. Aber doch nicht am Rechner! Wenn ich diese tiefen Worte wirklich ernst nehmen will, kann ich eigentlich nur eines tun: den Monitor sofort ausschalten! So beschäftige ich mich mit dem Text von Kierkegaard, werde aber gerade eben *nicht* still. Denn Nachdenken über das Stillewerden ist nun einmal geradezu das Gegenteil von Stillewerden.

Ich klicke auf den „Zurück"-Pfeil, um zu schauen, ob ich noch etwas übersehen habe, und werde vom Programm hastig aus dem virtuellen Andachtsraum zurückgeführt an den Ein- beziehungsweise Ausgang. Verblüfft stelle ich fest, dass ich nicht eine Sekunde gebetet habe. Und auch keine Lust verspüre, diesen Raum jemals wieder zu betreten. Die Idee eines virtuellen Andachtsraumes ist sicherlich pfiffig. Und sie ist hier technisch auch gut umgesetzt. Kann sein, dass es eine Geschmacksfrage ist. Aber an mir ist das Angebot völlig vorbeigegangen.

Portfolio

Name:	**Virtueller Andachtsraum**
Erklärung:	Der virtuelle Andachtsraum ist ein Angebot für Menschen, die viel am Computer sitzen und gewohnt sind, sich in virtuellen, interaktiven Welten zu bewegen. Der Grundgedanke ist, dass jemand, der im Internet kommuniziert, dort auch beten und meditieren kann.
Kategorie:	(Cyber-)Meditation
Verwandte Formen: ..	Kunstbetrachtung; Beten mit der Bibel; Stilleübung; Pray-o-Mat
Auf drei gezählt:	1. Im Internet nach „virtueller Gebetsraum" googeln. 2. Den Pfeilen und Anweisungen folgen. 3. Schauen, ob irgendetwas dabei ist, das der eigenen Seele Nahrung gibt.
Zeitaufwand:	Je nach Verweildauer bei den einzelnen Stationen, hier: etwa 15 Minuten
Benötigte Hilfsmittel:	Internetanschluss
Meine Erkenntnis:	Irgendwo gibt's Grenzen für das, was ich am Computer kann!
Note:	5 Völlig Banane.

Tag 26: Putzen für Jesus und Angelina

Beten und Arbeiten

Es ist nicht zu fassen: Ich habe tatsächlich bereits die Hälfte meines Selbstversuchs absolviert! Erstaunlicherweise sind mir die Ideen, welche Gebetsformen ich noch ausprobieren könnte, keineswegs ausgegangen. Ganz im Gegenteil: Es sind eher noch mehr geworden. Trotzdem werde ich mich in den kommenden Tagen mal kräftig von außen inspirieren lassen. Ich habe mich schon vor Wochen zu einem mehrtägigen Gebets- und Meditationsseminar in einem ehemaligen Kloster angemeldet, das zu einem modernen spirituellen Zentrum ausgebaut worden ist. Von dort aus werde ich die nächsten fünf Tage live berichten.

Die erste Überraschung erlebe ich bereits beim Check-in. Die freundliche Dame an der Rezeption nimmt mir nämlich einen recht ansehnlichen Betrag Geld ab und sagt: „Da drüben auf dem Tisch liegen die Listen zur Mitarbeit aus." Etwas verwirrt laufe ich hinüber und sehe mehrere Blätter Papier: je eins für Gartenarbeit, für Küchendienst, Hausreinigung usw. Das muss ein Irrtum sein: Ich bin doch nur gekommen, um zu beten!? Doch, so lasse ich mich belehren, eine Stunde Mitarbeit im Haus gehört obligatorisch dazu, wenn man hier beten möchte. Und jeder ist eingeladen, diese Zeit bewusst als Zeit des Gebets zu gestalten. Na, toll! Zu Hause hilft mir eigens eine Putzfrau, weil ich scheuerlappentechnisch mit zwei linken Händen auf die Welt gekommen bin, und hier muss ich das nicht nur selbst machen, sondern die wollen auch noch Geld dafür!

Zufällig – na ja, nicht *ganz* zufällig – habe ich ein kleines Büchlein über das Beten dabei. In ihm findet sich die Geschichte eines Mannes, der sich „Bruder Lorenz" nannte. Bruder Lorenz war ein Karmelitermönch und lebte im 17. Jahrhundert. Er war ein einfacher Koch, körperlich schwerbehindert, der es sich zur Aufgabe gemacht hatte, alles, was er tat, als Gebet zu begreifen. Erst viele Jahre nach seinem Tod tauchte eine Schrift von ihm auf, in der er seine Art zu beten beschreibt. Im Wesentlichen vollzieht er dabei drei Schritte:

1. Er erinnert sich bei allem, was er tut, daran, dass Gott gegenwärtig ist.
2. Er versucht, alles, was er tut, aus Liebe zu Gott zu machen.

3. Er macht alle auftauchenden Schwierigkeiten, negativen Emotionen usw. zum Gegenstand seines Gebets.

Der Clou dabei ist, dass auf diese Weise der Unterschied zwischen Gebet und „normalem“ Leben mehr und mehr verwischt. Zwar besucht er weiter treu die Gebetszeiten seines Ordens, aber im Grunde sieht er sein ganzes Leben als Gebet an. An einer Stelle schreibt er, es sei nicht notwendig, immer in die Kirche zu gehen, um zu beten, wo man doch aus seinem Herzen eine Kapelle machen könne. Das klingt doch schon mal vielversprechend, finde ich, oder nicht?

So knie ich also tags darauf im Treppenhaus und fege erst einmal mit dem Handbesen die Treppe. Dann nehme ich einen Putzlappen und einen Eimer Wasser, und da ich keinen Schrubber finde (oder ist das Absicht?), wische ich den Flur und die Treppe per Hand. (Gut, dass meine Frau das nicht weiß. Sie käme am Ende noch auf den Gedanken, die Putzfrau zu entlassen und stattdessen mir die Arbeit aufzudrücken und womöglich noch einen Obolus dafür abzuknöpfen, dass ich hier zu Hause geistlich üben darf.) So weit, so gut. Die Übung ist – wie gesagt – eine dreifache: Sich dankbar erinnern, dass Gott da ist. Alles aus Liebe zu Gott zu machen. Eventuell auftauchende Schwierigkeiten und negative Gedanken zum Gegenstand des Gebets machen.

1. *Gott ist da.* Gebetsmühlenartig wiederhole ich diesen Satz. Und mir fällt dabei auf, dass ich das zwar „glaube“ – in dem Sinn, dass ich selbstverständlich davon ausgehe, dass ein Gott, der überall ist, sich logischerweise auch hier in diesem Treppenhaus aufhalten muss. Aber ich kriege dieses Wissen nicht vom Kopf ins Herz hinein. Ich überlege: Was wäre, wenn einer der Großen dieser Welt jetzt hier durchgelaufen käme: der amerikanische Präsident zum Beispiel oder Nelson Mandela, den ich für einen der großartigsten derzeit lebenden Menschen halte? Oder – mir stockt der Atem – Angelina Jolie? Wie würde ich gucken, lächeln, putzen, wenn eine/-r von ihnen die Treppe herunterkäme? Was würde ich sagen, wenn sie an mir vorbeiliefen und mich beim Putzen sähen? Merkwürdig: Ich hätte bei allen dreien mehr Ehrfurcht, als ich im Moment habe, obwohl ich doch weiß, dass Gott da ist!
2. *Alles aus Liebe zu Gott tun.* Das erscheint mir dann doch etwas schwer. Ich versuche es ein wenig elementarer: alles für Gott zu

tun. Na, bitte – das geht schon etwas leichter. Das ist ein Tipp, den Paulus, nebenbei erwähnt, den Sklaven gibt: die Arbeit nicht für ihre hin und wieder nicht ganz einfachen Herren zu tun, sondern für Gott beziehungsweise Jesus Christus. Das hat mir auch in meiner Berufsausübung so manches Mal geholfen, eher unangenehme Aspekte der Arbeit beherzt anzupacken und wegzuschaffen. Auch hier im Kloster macht es mir meine ungeliebte Arbeit zumindest einen Tick leichter. Muss dieses Treppenhaus geputzt werden? Ja! Freue ich mich mitunter selbst, durch ein sauberes Treppenhaus zu gehen? Ebenfalls ja. Und helfe ich diesem schönen spirituellen Zentrum, seine trotz gesalzener Preise doch recht klammen Finanzen zusammenzuhalten? Wiederum ja. Darum glaube ich, dass Gott sich über meine Arbeit freut. Und dass ich diese Arbeit für ihn tun kann.

3. *Schwierigkeiten und negative Emotionen zum Gebet machen.* Schwierigkeiten habe ich – abgesehen von dem fehlenden Schrubber – keine. Dafür umso mehr negative Emotionen. Es ist wirklich eine ungeliebte Arbeit, und ich merke, wie ich immer wieder vor mich hin schimpfe. Die Kunst, so beobachte ich jetzt beim Schreiben, wäre gewesen, mir das nicht zu verbieten und wegzudrängen (was mir ohnehin nicht gelang), sondern genau diese Gefühle in mein Gebet zu integrieren. Aber das habe ich nicht geschafft. Ich habe versucht, meinen Ärger zur Seite zu schieben und durch ein paar halbherzig formulierte, nicht wirklich empfundene Dankgebete zu ersetzen. Das hilft nun wirklich niemandem, am allerwenigsten Gott!

Eine witzige Pointe erlebe ich am zweiten Tag meines Arbeitsdienstes. Ich bin gerade beim Fegen, da kommt eine Frau vorbei, die im benachbarten Flur Dienst tut. Sie fragt, ob ich ihr meinen Eimer und den Putzlappen geben kann oder ob ich noch mal drüberwischen will. Und dann spricht sie die magischen Worte: „Diese Treppe ist doch absolut sauber!" – „Ja", sage ich, „das denke ich mir auch die ganze Zeit. Auf der anderen Seite soll ich das doch für Gott machen!" Sie grinst und geht zurück in ihren Flur. Und in meinem Hirn drehen sich die Rädchen. Erstens habe ich gesagt: „Ich soll" und nicht etwa „Ich will". Darüber ärgere ich mich, denn es zeigt mir, dass ich diese Übung auch am zweiten Tag keineswegs von Herzen mache. Und dann stelle ich mir natürlich die Frage: „Muss ich, wenn ich mir vornehme, für Gott eine Treppe zu wischen, dies auch dann tun, wenn sich herausstellt, dass diese Treppe völlig sauber ist?“ Ich bin mir bewusst, dass es sicherlich viele gute Gründe gibt, diese Frage mit Ja zu beantworten. Ist das zum Beispiel nicht eine der besten Demutsschulen, die man sich vorstellen kann? Während ich weiterfege, wälze ich diese Art von Gedanken in meinem Inneren hin und her. Und fasse kurzerhand einen Entschluss. Ich nehme Eimer und Putzlappen, bringe sie zur Frau vom Nachbarflur und sage: „Hier, ich habe es mir anders überlegt. Gott freut sich ganz sicher nicht über sinnlose Arbeit.“ Und gehe raus und genieße meine gewonnene Zeit.

Was soll ich nun zu Bruder Lorenz sagen? Bewundernswert, der Mann. Bei ihm waren Beten und Arbeiten eins. Das Problem, das mich zu meinem Selbstversuch motiviert hat – dass ich nämlich vor lauter Arbeit nicht mehr zum Beten kam –, kannte er nicht. Er tat, was er tat, ganz für Gott. Ich werde sehen, inwieweit ich das in meinen Arbeitsalltag integrieren kann, wenn ich in einigen Wochen wieder an meinem Schreibtisch sitze. Wobei ich meine Zweifel habe, ob das bei komplexen Arbeitsvorgängen wirklich so einfach ist oder ob die Bruder-Lorenz-Praxis nicht auch ein ganzes Stück davon lebt, dass man einfache körperliche Tätigkeiten verrichtet, während derer man nachdenken und beten kann. Auf der anderen Seite: Wenn ich wieder in meinem Büro sitze, habe ich einen Riesenvorteil gegenüber meinem Treppenhauseinsatz. Die Arbeit dort macht mir nämlich Spaß, denn ich kann im Bereich meiner Gaben und Neigungen arbeiten. Daher müsste es mir eigentlich deutlich leichter fallen, meine Arbeit in einer Haltung der Dankbarkeit zu tun und sie Gott zu widmen. Und ich werde sogar noch dafür bezahlt!

Portfolio

Name:	**Arbeit als Gebet**
Erklärung:	Die Arbeit zum Gebet zu machen bedeutet, sie bewusst für Gott zu tun und sich ständig gegenwärtig zu sei, dass er mit dabei ist und sich darüber freut.
Kategorie:	Gebet mit Körper und Geist; Alltagsgebet; Hingabe und Handeln
Verwandte Formen:	Gewahrsamkeitsübung; Jesusgebet
Auf drei gezählt:	1. Sich beim Arbeiten dankbar daran erinnern, dass Gott da ist. 2. Seine Arbeit für Gott, in Steigerung sogar: aus Liebe zu Gott tun. 3. Auftauchende Schwierigkeiten und negative Emotionen ins Gebet hineinnehmen.
Zeitaufwand:	Im Grunde, solange wir arbeiten; hier als Übung: täglich 30 Minuten
Benötigte Hilfsmittel:	Eimer und Putzlappen beziehungsweise andere Arbeitsmittel
Meine Erkenntnis:	Ich kann jede Arbeit zum Gebet machen, solange sie sinnvoll ist.
Note:	3 Faszinierende Idee, mit kleinen Mängeln in der Durchführung.

Tag 27: Zutiefst bewegt

Beten mit Gebärden

Ich stehe in einem Kreis von Menschen, die lernen wollen, „mit ihrem Körper zu beten". Der Anleiter fordert uns dazu auf, die Augen zu schließen und auf einen festen Stand zu achten. „Achte auf deine Verwurzelung im Boden. Spüre, wie der Boden dich trägt: der feste Grund unter deinen Füßen." Es ist erst der Anfang der Übung, aber hier steige ich bereits innerlich aus. Das ist mir zu esoterisch. Mal ganz ehrlich: Wir befinden uns hier auf einer großen Kugel, die sich mit annähernd 1.700 Stundenkilometern um sich selbst dreht und darüber hinaus mit über 100.000 Kilometern pro Stunde um die Sonne rast. Jeder „feste Grund", den ich da spüre, ist pure Einbildung. Die Kräfte, die mich an meinem Platz halten, sind die gleichen wie die, die auch in einer Achterbahn wirken. Zugegeben: Ich falle zwar hier wie dort nicht hinaus, aber von einem „festem Grund" mag ich da nicht wirklich reden.

So geht es weiter: Bevor wir zur eigentlichen Übung kommen, geht es um Körperwahrnehmung. Im Wesentlichen werden nun die „üblichen Verdächtigen" genannt, die man aus dem Autogenen Training kennt: „Die Füße berühren den Boden, die Arme sind schwer, wir spüren, wie die Luft durch unsere Nase ein- und ausströmt" und Ähnliches. Ich glaube, ich erwähnte bereits früher, dass ich mit alledem nicht viel anfangen kann. Im Gegenteil: Jedes Mal, wenn der Anleiter uns auffordert, lockerer zu werden, etwa indem wir in den Knien etwas nachgeben oder die Schultern fallen lassen, spüre ich, wie ich mehr und mehr verkrampfe und mein Körper zunehmend zu schmerzen beginnt. Schade eigentlich, weil dieser ganze Vorspann für das, was folgt, im Grunde gar nicht notwendig ist. Ich finde, es würde genügen, einfach eine Minute still zu stehen, sich zu sammeln, um dann anzufangen und den ganzen autogenen Schnickschnack im Vorfeld sein zu lassen. Denn was jetzt kommt, ist wirklich gut und hilfreich.

Das ganze Thema ist im Grunde ein verborgener Schatz. Wir beten in der Tat nicht nur mit dem Mund oder in Gedanken, sondern auch mit unserem Körper. Unsere Kommunikation hat immer einen verbalen und einen nonverbalen Anteil. Wobei Letzterer in aller Regel sehr viel aussagekräftiger ist als der verbale. Darum trauen wir auch dem, was wir beim anderen sehen, mehr als dem, was wir von ihm hören, und zwar aus einem einfachen Grund: Unser Körper lügt nicht. Schon als Kinder haben wir gelernt, den Körpergesten unserer Eltern mehr zu glauben als ihren Worten. Wenn unsere Mutter mit traurigem Gesicht sagte: „Nein, nein, es ist nichts", wussten wir, dass sehr wohl etwas war. Oder wenn Vater sagte: „Das darfst du aber nicht", dabei jedoch leicht schmunzelte, war uns sofort klar: Da ist durchaus noch was zu holen.

Es ist spannend, einmal auf unsere Körpersprache zu achten, wenn wir beten. Stellen Sie sich vor, jemand spricht Kaugummi kauend, die Hände in den Hosentaschen, mit gelangweiltem Gesichtsausdruck folgende Worte: „Gott, du König aller Könige, Herrscher aller Herren, wir beten dich an." (Wenn Sie finden, es sei ziemlich unwahrscheinlich, dass so etwas vorkommt, haben Sie noch nie einen von Konfirmanden gestalteten Gottesdienst erlebt.) Was ist für uns überzeugender: das, was die Person sagt, oder das, was ihr Körper ausdrückt? Ich glaube, ich kenne Ihre Antwort. Oder nehmen wir ein anderes Beispiel, das sich vermutlich an fast jeden Sonntag in irgendeiner Kirche findet. Die Gemeinde singt am Ende des Gottesdienstes das beliebte Kirchenlied: „Nun danket alle Gott mit Herzen, Mund und Händen." Was dabei in den einzelnen Herzen passiert, kann kein Mensch sehen und beurteilen. Der Mund ist jedenfalls nicht allzu weit geöffnet. Die Miene ist bei den meisten tiefernst, von Dankbarkeit keine Spur. Und die Hände? Die klammern sich krampfhaft am Gesangbuch fest, obwohl die meisten den Text wahrscheinlich auswendig können. Und jetzt schauen Sie sich noch mal an, was die Menschen da singen. Die Leute vom Film nennen so etwas eine „Text-Bild-Schere": einen nicht zu überbrückenden Gegensatz zwischen dem, was wir sehen, und dem, was dazu gesprochen wird.

Darum finde ich einen Kurs zum Thema „Mit dem Körper beten" überaus reizvoll – dass man einmal in einzelne Körpergesten hineinspürt, ohne etwas dazu zu sprechen, sondern sich fragt: „Was sagt mein Körper da gerade? Was drückt er mit dieser Geste vor Gott aus?" Und das finde ich an der Übung gut, die wir gerade machen: Der Anleiter geht, nachdem wir alle – na ja: nicht alle – unseren Körper wahrgenommen haben (und den Boden, der uns trägt), nahezu das komplette Programm durch. Die Texte, die er dazu spricht, helfen mir nicht immer. Etwa wenn er sagt, wir sollen unsere Arme heben, als würden sie „von unsichtbaren Fäden" gezogen, oder wenn wir den Himmel spüren sollen, der sich über unseren ausgebreiteten Armen wölbt. Dagegen spricht im Grunde genommen nichts, aber die gesamte Denk- und Vorstellungsweise ist mir zu sehr von kosmischen Kräften durchwirkt, an die ich nicht glaube. Was aber klasse ist, sind die einzelnen Stationen, an die er uns führt.

Das beginnt in der Tat beim *Stehen*. Es gibt zweifellos viele Situationen, in denen es sich anbietet oder wo uns auch nichts anderes übrig bleibt, als im Sitzen zu beten. Aber „normal“ ist das nicht. In nahezu allen Religionen dieser Welt stehen oder knien die Menschen vor Gott. (Ich lasse das Phänomen des Meditationssitzens dabei mal aus, denn das ist kein Sitzen im landläufigen Sinne.) Und zwar aus einem einfachen Grund: Es betet sich im Stehen anders als im Sitzen oder Liegen. Zweifellos ist es anstrengender, aber es drückt auch Respekt aus. Die aufrechte Haltung lässt uns „aufrichtiger“ werden. Wenn wir sitzen, machen wir uns selbst und Gott sehr viel leichter etwas vor, als wenn wir stehen. Probieren Sie es mal aus! (Oder *knien* Sie sich mal bewusst vor Gott hin und spüren Sie sich in diese Geste hinein.)

Und achten wir einmal auf unsere *Hände*. Sind sie gefaltet – und wenn ja: wo und wie? Vielleicht legen wir sie auch mal sanft auf unser Herz: eine Geste, die eine tiefe Innigkeit ausdrückt. Oder probieren wir mal aus, mit den Händen eine nach oben offene Schale zu formen, wie ein Durstiger, der Wasser aus einer springenden Quelle entgegennimmt. Wie fühlt es sich an, wenn wir die Hände – immer noch nach oben geöffnet – weiter auseinandernehmen? Auch das ist eine empfangende Haltung. Allein dieser Schritt, dass ich meine Hände nicht mehr nur falte, sondern bei allen möglichen Gelegenheiten offen nach oben halte (etwa beim Segen im Gottesdienst), hat mein Gebetsleben revolutioniert!

Oder wir können uns auch *bekreuzigen*. Mit den Fingern unserer rechten Hand berühren wir der Reihe nach unsere Stirn, Brust, linke und rechte Schulter. Den Text „Im Namen des Vaters, des Sohnes und des Heiligen Geistes, Amen“ lassen wir dabei, wie gesagt, gerne mal weg. Wir spüren uns nur in die Geste hinein: Wir sollen Gott lieben mit unserem Verstand (Stirn), mit unserem Herzen (Brust), mit unserem Wollen und Handeln (linke und rechte Schulter).

Schließlich sind da unsere *Arme*. Was machen wir eigentlich mit denen, während wir beten? In vielen Religionen – und übrigens auch in der Bibel – beten die Menschen in aller Regel mit erhobenen Armen. Probieren wir es einmal aus: Halten wir – die Hände dabei nach oben geöffnet – die Arme zunächst auf Hüfthöhe. Führen wir sie langsam zusammen, dann wieder auseinander und spüren uns in diese Geste hinein. Dann heben wir die Arme auf Herzhöhe, führen die Hände wieder langsam zusammen und auseinander. Dann das Gleiche auf Schulterhöhe, und am Schluss strecken wir unsere Arme nach oben zum Himmel, als wollten wir den Segen behutsam entgegennehmen, der uns von dort entgegenkommt. Schließlich kreuzen wir die Arme vor der Brust, wie eine Mutter, die ihr Kind an ihr Herz drückt. Das ist eine sehr zärtliche Gebärde, die Geborgenheit und Frieden vermittelt.

Am Ende der Übung, das heißt, nachdem wir einmal das komplette Programm absolviert haben, fordert uns der Anleiter auf, jeweils „unsere" Geste zu suchen, die Gebetsgebärde, die unsere gegenwärtige innere Verfassung am besten zum Ausdruck bringt. Das finde ich sehr schön. Verstohlen blinzele ich in die Runde. Jeder steht irgendwie anders da. Die einen haben die Hände erhoben, die andere zur Schale gefaltet, wieder andere die Arme vor der Brust gekreuzt. Alle sind wir innerlich an einem anderen Punkt. Nur das eine eint uns: Wir stehen vor Gott. Sind dabei ganz bei uns selbst. Das ist ausgesprochen schön. Und geht bei alledem ziemlich tief.

Portfolio

Name:	**Gebetsgebärden**
Erklärung:	Wir kommunizieren nicht nur mit Worten, sondern auch mit unserem Körper. Das gilt ebenfalls für unser Gebet. Gebetsgebärden können uns helfen, unserem Inneren besser Ausdruck zu verleihen. Sie können aber auch helfen, uns bewusst in eine bestimmte innere Haltung zu bringen.
Kategorie:	Gebet mit Leib und Seele
Verwandte Formen:	Gebet im Gehen; Gebetstanz
Auf drei gezählt:	1. Verschiedene mögliche Gebetsgesten durchgehen und sich in sie hineinspüren. 2. Anschließend entweder eine Weile in der Geste verharren, die dem eigenen Inneren am besten entspricht. 3. Oder sich eine Geste suchen, die auf das eigene Innere gezielt einwirken soll. Auch hierin eine Weile verharren.
Zeitaufwand:	Zwischen 10 und 30 Minuten für das „komplette Programm“; hier: ca. 15 Minuten
Benötigte Hilfsmittel:	Keine
Meine Erkenntnis:	Äußere Gesten beim Gebet sind alles andere als Äußerlichkeiten.
Note:	2+ Ohne esoterischen Überbau wäre es für mich eine 1 gewesen.

Tag 28: Geh schon mal in dich, ich komm gleich nach!

Beten und Schweigen

Es ist abends, kurz vor 21:00 Uhr. Zusammen mit etwa dreißig anderen Personen befinde ich mich in einem großen Meditationsraum. Wir gehen langsam im Kreis, und wenn ich schreibe „langsam", dann meine ich das auch so. Ganz behutsam setzen wir einen Fuß vor den anderen, spüren, wie unsere Sohlen den Boden berühren. Für einen Rundgang von etwa vierzig Metern brauchen wir auf diese Weise fast sieben Minuten. Trotz des Zeitlupentempos bin ich froh, mich bewegen zu können, denn meine Knie schmerzen vom vielen Hocken auf meinem Kniebänkchen. Seit 5:45 Uhr geht das jetzt so: bewusstes Stehen, Sitzen, Gehen, Laufen – nur von kurzen Pausen unterbrochen. Auch in diesen wird nicht gesprochen, Blickkontakt nach Möglichkeit vermieden, jeder soll ganz bei sich selbst bleiben.

Bei alledem habe ich noch eine softe Variante gewählt. Mein Kurs geht nur über knapp drei Tage; das Ganze wird am gleichen Ort auch doppelt so lang angeboten. Und parallel zu uns gibt es einen Kurs, der *nur* das Sitzen übt. Mir reichen die neun mal zwanzig Minuten, die wir heute auf unseren Kniebänkchen oder Sitzkissen verbracht haben – die Profis unter uns im Lotussitz –, jeweils zur Wand gerichtet, die Augen halb geöffnet, mit der Maßgabe, möglichst an nichts zu denken, sondern still zu werden. Allein das ist eine Knochenarbeit. In dem Moment, in dem wir versuchen, an *nichts* zu denken, merken wir erst, wie *viel* wir eigentlich denken beziehungsweise dass wir gar nicht Herr über unsere Gedanken sind. Und schon gar nicht über unsere Gefühle. „Es" denkt und fühlt sozusagen in uns. Wir, die wie wir uns gerne als selbstbestimmte Wesen ansehen, sind nicht einmal in der Lage, ein paar Stunden still zu sitzen, ohne dass unser Innenleben die wildesten Kapriolen treibt. Als uns der Kursleiter kurz darauf entlässt – nicht ohne den Hinweis, auch die Nacht zum Einüben in die Stille zu nutzen –, stelle ich mir wahrscheinlich zum hundertsten Mal an diesem Tag die Frage: „Was tust du hier eigentlich?" Bis es mir wieder einfällt: Ich mache einen Selbstversuch über das Beten.

Obwohl: *Beten* ist das, was wir hier tun beziehungsweise tun sollen, eigentlich nicht. Sven, der Kursleiter, den ich sehr schätze, erklärt uns, dass es drei Wege gibt, mit Gott zu kommunizieren. Der erste ist das

Gebet, das heißt unser Reden mit Gott. Der zweite Weg ist die Meditation oder, wem dieses Wort zu beladen ist, die Betrachtung. Hier redet Gott zu uns: durch einen Text, ein Bild, ein Lied o. Ä. Im Vergleich zum Gebet spielt die Betrachtung in der spirituellen Praxis der meisten Menschen hierzulande eine deutlich untergeordnete Rolle, aber immerhin kommt sie noch vor. Fast völlig verschwunden hingegen ist der dritte Weg: die Kontemplation. Hier redet weder der Mensch mit Gott noch umgekehrt, sondern es geht darum, die Ich-Du-Dualität von Gott und Mensch zu überwinden. In der Kontemplation versenken wir uns in die Gegenwart Gottes beziehungsweise werden eins mit dem göttlichen Ur-Grund beziehungsweise dem „reinen Da-Sein". Ein Gespräch im engeren Sinn ist bei dieser Art von Verschmelzung nicht mehr nötig.

Das erinnert an östliche Spiritualität, vor allem an den Zen-Buddhismus. Auf der anderen Seite hat es diesen Zweig innerhalb der christlichen Tradition immer wieder gegeben: etwa bei den Wüstenvätern im 3. und 4. Jahrhundert oder bei Mystikern wie Meister Eckhart oder Teresa von Ávila. Auch der von mir bereits früher zitierte Gerhard Tersteegen war von dieser Art Frömmigkeit tief geprägt. Ich selbst habe durchaus einen Hang zur Mystik, wie etwa meine Erfahrungen mit dem Jesusgebet oder auch meine Ausführungen zum Thema „Anbetung" zeigen. Und doch kann ich mich während des gesamten Seminars nicht so recht fallen lassen. Die Übung beim Sitzen besteht im Kern darin, seine Gedanken zu fokussieren: auf einen Satz, ein Wort oder auch einen Ton, bis alle Gedanken und Gefühle in diesem zusammenlaufen und schlussendlich ebenfalls verschwinden und am Ende nur noch das Bewusstsein reiner Gegenwärtigkeit bleibt. Ich tue mich mit dieser Übung heute überaus schwer, denn ich kann oder will nicht aufhören zu reflektieren. So positiv die Erfahrungen auch sind, die ich mit dem Jesusgebet gemacht habe, frage ich mich doch, ob ich mit der Tersteegen'schen Formel „Du in mir, ich in dir", die ich mir für heute ausgesucht habe, sozusagen an Jesus vorbei zum gleichen religiösen Erlebnis komme. „Probier's doch aus", würden Sie vielleicht sagen. Habe ich, aber war gleichzeitig innerlich blockiert. Ich weiß, dass einige der Kursteilnehmer einfach immer wieder bis zehn zählen. Andere suchen sich vielleicht „Brahma" oder „Rama", also den Namen einer hinduistischen Gottheit, als Konzentrationswort beziehungsweise Mantra aus. Und wieder ein anderer wählt sich ein Fantasiewort wie „Maluma".

Führt das alles wirklich zum gleichen Ergebnis, und wenn ja: Ist dieses Resultat wirklich die Einheit mit Gott?

Manche geraten bei der Übung, stundenlang an eine weiße Wand zu starren, in eine tiefe Krise. In ihnen werden plötzlich die Stimmen laut, die sonst von den Geräuschen und Beschäftigungen des Alltags übertönt werden. Da kommen auf einmal Ängste, Verletzungen, Gefühle von Trauer und Wut hoch. Das ist nicht ganz ungefährlich. Auf der anderen Seite kann es therapeutisch aber auch sehr hilfreich sein, sich dem einmal zu stellen, was da im eigenen Inneren tobt und tost. An diesen „Test“ kann ich einen Haken machen: Auch am Ende des zweiten Tages gehe ich mir immer noch nicht auf den Geist. Das Einzige, was ich ganz intensiv empfinde, ist eine geradezu unbändige Lust nach Farben, Gerüchen, Geräuschen, Begegnungen, in einem Wort: nach Leben! Nein, für meine doch eher sinnliche Ader ist diese Form von Spiritualität nicht das Rechte.

Was ich überdies bei meinen Übungen bemerke, ist, dass ich immer wieder ins Beten verfalle. Und damit im Grunde das Kursziel verfehle, das ja gerade darin besteht, das Reden mit einem Gott, den man sich allein schon durch die Tatsache, dass man zu ihm redet, als Person vorstellt, hinter sich zu lassen und stattdessen die wort- und bildlose Verschmelzung mit dem göttlichen Ur-Grund zu suchen. Doch so sehr ich Momente intensiver Gottesberührung kenne und schätze – ich mag das vertraut-vertrauliche Gebet zu meinem Vater im Himmel nicht missen. Gerade Jesus, der von sich sagte, er und der Vater seien tatsächlich eins, lehrte uns, so zu beten: „Vater unser im Himmel“. Ich glaube an einen bleibenden Unterschied zwischen Schöpfer und Geschöpf, der niemals völlig überwunden sein wird, und ich glaube auch, dass es gut so ist, denn gerade das ermöglicht uns den Austausch, die Begegnung, die Berührung und das Gespräch mit Gott. „Dualistisch“ würde Sven es nennen, ich nenne es „dialogisch“. Meine Bilder vom Himmel sind eher von Versöhnung und Umarmung, von Festmahl und Tanz, von Begegnung und unterscheidbaren Farben geprägt als von den Kategorien der Verschmelzung, der Einheit und nur noch weißen Lichts.

In der Schlussrunde bin ich der Einzige, der neben Worten des Dankes (schließlich habe ich viel gelernt!) auch etwas Kritisches äußert. Andere schildern, wie positiv sie diese knapp drei Tage erlebt haben, einige sprechen sogar von „Durchbrucherfahrungen“. Ich glaube und gönne es ihnen. Und doch habe ich meine Zweifel, wie vielen es gelingen wird, diese Art von Spiritualität in ihren Alltag zu integrieren. Ich möchte – trotz meiner geäußerten prinzipiellen Fragen – nicht in Abrede stellen, dass der Weg der Kontemplation ein gangbarer und kostbarer ist. Großartige Menschen sind ihn gegangen. Aber er ist ganz sicher nichts für die große Masse. Das, was ich in diesen knapp drei Tagen erlebt habe, ist meilenweit entfernt von jener Wellness-Spiritualität, die viele Leute heute in den Buddhismus treibt. Zu groß sind die hochgradige Disziplin, die enorme geistige, seelische und auch körperliche Zucht, die jemand für diese Art spiritueller Erfahrung auf sich nehmen muss, als dass daraus jemals eine Massenbewegung werden kann. Für den spirituellen „Normalverbraucher", zu denen ich mich selbst durchaus zähle, müssen schlichtere Wege herhalten.

Vielleicht kann man die kontemplative Bewegung ganz gut mit dem Mönchtum vergleichen. Es ist wichtig, dass es Klöster gibt, in die sich Menschen zurückziehen können, um Abstand zu gewinnen, wo sie Inspiration erfahren und wo gleichzeitig Altes bewahrt und Neues gedacht wird. Dadurch hat die Menschheit großen Segen erfahren. Schlimm wäre es allerdings, wenn *alle* Menschen Nonnen und Mönche würden beziehungsweise die ganze Welt ein Kloster würde. Dadurch wäre die Welt dem Himmel nicht näher, sondern eher ein Stück weiter entfernt. Ähnliches gilt für das kontemplative Gebet: Es kann unsere Gebetserfahrung sicherlich bereichern, erneuern und weiten. Wenn es aber *nur* noch kontemplative Verschmelzung gäbe, wäre dies hingegen kein Fort-, sondern ein Rückschritt.

Portfolio

Name:	**Schweigen und Kontemplation**
Erklärung:	Die Kontemplation ist der Versuch, über die Ebene des Redens und Hörens hinaus zu einem Verschmelzungserlebnis mit Gott beziehungsweise dem göttlichen Ur-Grund zu kommen.
Kategorie:	Mystische Gebetsform
Verwandte Formen: ..	Schweigen; Jesusgebet; Anbetung; Mystik
Auf drei gezählt:	1. Sich eine reizarme Umgebung schaffen. 2. Im Sitzen die Gedanken immer stärker fokussieren, etwa durch die Wiederholung eines sogenannten „Mantras" (Konzentrationswort). 3. Nichts herbeizwingen, nichts wegdrängen, einfach still und leer werden.
Zeitaufwand:	Je nach Übung und Übungswille; Empfehlung für den Anfang: 10–20 Minuten; hier im Rahmen eines Drei-Tage-Kurses: ca. 8 Stunden
Benötigte Hilfsmittel:	Störungsfreier Raum; Kniebänkchen oder Sitzkissen
Meine Erkenntnis:	Dass Gott Licht ist, erkenne ich am besten, wenn Farben um mich herum sind.
Note:	3 Hin- und hergerissen zwischen hoher Bewunderung und tiefen Anfragen.

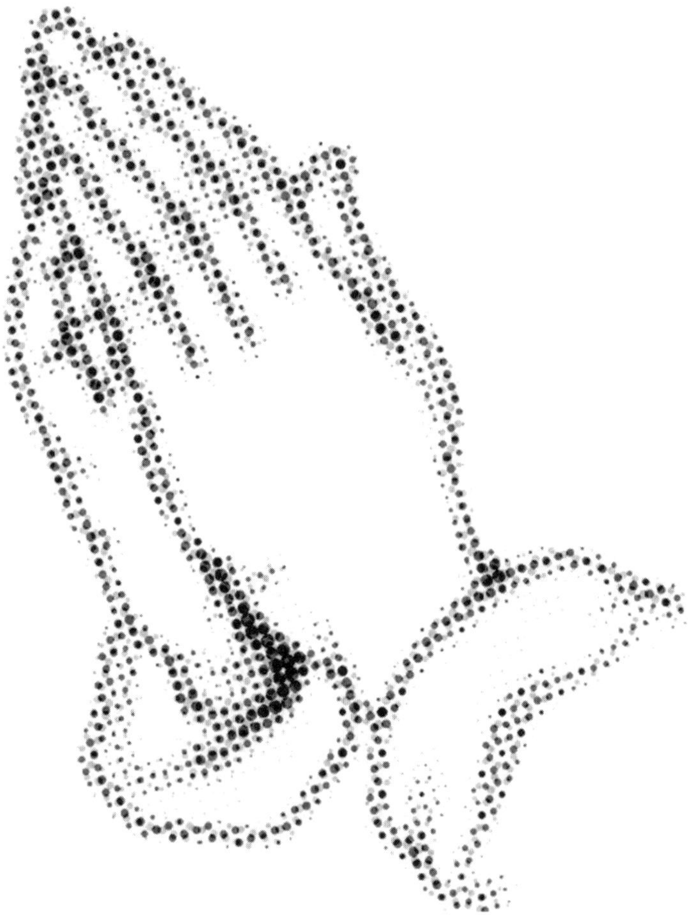

Tag 29: Verliebt in eine Statue

Beten vor einem Christusbild

Wow, damit habe ich nun als Letztes gerechnet! Ich gehe über den Hof jenes spirituellen Zentrums, in dem ich – wie gestern geschildert – eigentlich üben will, Bilder und Gedanken hinter mir zu lassen, um mit dem Göttlichen zu verschmelzen. Und was entdecke ich da zu meinem großen Erstaunen? Eine wunderbare Bronzestatue, die einen segnenden Christus darstellt. Normalerweise sprechen mich Skulpturen nicht allzu sehr an. Sie lassen mir zu wenig Spielraum für meine eigene Fantasie. Wenn sie nicht abstrakt sind oder bewusst befremdende Elemente einbauen – etwa wenn Angela Merkel unverhofft als Jüngerin in einer Abendmahlsdarstellung auftaucht –, lassen sie dem Betrachter im Grunde nur zwei Möglichkeiten: „Take it or leave it – nimm es oder lass es bleiben." Entweder wir finden die Darstellung gut und denken uns: „Ja, genau so muss es gewesen sein." Oder wir sagen: „Nein, meiner Ansicht nach war das ganz anders." Das heißt: Wir sind ganz und gar der Sicht des Künstlers ausgesetzt und es bleibt wenig Raum für eigene Bilder. Ähnlich geht es mir mit vielen religiösen Gemälden. Die vom Künstler gesetzten Bilder streiten mit meinen eigenen (inneren) Bildern, und das führt bei mir in 99 von 100 Fällen dazu, dass ich sage: „Das ist vielleicht gut gemacht, aber es spricht mich nicht an." Es bringt in mir nichts zum Schwingen. Oder es reizt mich zum Widerspruch, dass ich sage: „Wie kann jemand dieses Thema nur *so* interpretieren!?" Wobei diese Art von Reflexion schon zu den fruchtbareren Erlebnissen gehört, weil sie mich dazu zwingt, meine eigenen Bilder zu überprüfen und gegebenenfalls zu begründen.

Bei dieser Jesusstatue hingegen liegen die Dinge anders. Ich sehe sie und bin „hin und weg", ja, regelrecht verliebt. So und nicht anders muss Jesus ausgesehen haben (und wenn er nicht so ausgesehen hat, hätte er besser so aussehen sollen)! Ich setze mich auf eine der bereitstehenden Sitzgelegenheiten und kann meinen Blick einfach nicht von der Statue lösen. Schon so manches Mal habe ich mir überlegt, wie es wohl sein wird, wenn ich Jesus, an den ich von Kindheit an geglaubt habe, eines Tages von Angesicht zu Angesicht sehen werde. Hier bekomme ich eine Ahnung davon. Und bin „geflasht": Er lächelt gütig und weise, die Rechte zum Segen erhoben, die Linke auf seinem Herzen ruhend – eine

Geste von unendlicher Zartheit und Innigkeit, die mich gleichzeitig elektrisiert und innerlich zur Ruhe kommen lässt.

„Warte einen Moment“, sage ich und renne schnell hoch in mein Zimmer, um mein Gebetstagebuch zu holen. Wieder bei der Statue angekommen, fange ich an zu schreiben, zu reden, zu hören – es sprudelt geradezu aus mir heraus. Der Stift flitzt über das Papier. Binnen weniger Minuten habe ich mehrere Seiten vollgeschrieben. Dabei komme ich (oder ist es er?) erstaunlich schnell auf einige Knackpunkte meines Lebens zu sprechen. Hui, das geht ja ganz schön zur Sache! Während ich schreibe, schaue ich immer wieder hoch, als wollte ich mich vergewissern, dass Jesus immer noch da ist, um mich zu segnen. Ja, das ist er. Sowohl dort, wo ich mit brennender Scham empfinde, wie oft ich ihn im Laufe meines Lebens im Stich gelassen habe, als auch da, wo ich zur Sprache bringe, an welchen Stellen ich mich von ihm im Stich gelassen fühle. Und gerade Letzteres trifft mich emotional völlig unvorbereitet. Normalerweise empfinde ich Gott gegenüber eine tiefe Dankbarkeit. Doch in diesen Minuten, in denen mein Leben wie ein kurzer Film über das Papier läuft, spüre ich zu meiner eigenen Überraschung auch eine leise, mir selbst gegenüber nie eingestandene Bitterkeit. Ein paar Dinge sind in meinem Leben gründlich schiefgelaufen, und ich finde, dass das zwar auch, aber eben nicht *nur* an mir lag: „Jesus, hättest du da nicht besser auf mich aufpassen können?“

Die Christusstatue macht mir Mut, das auszusprechen. Gleichzeitig wird mir auch bewusst, dass es Jesus mit mir ziemlich ähnlich geht: dass es in meinem Leben Entwicklungen gegeben hat, für die er dankbar ist, aber auch welche, die für ihn ziemlich enttäuschend waren. Trotzdem strahlt die Statue keinerlei Bitterkeit aus. Voller Liebe schaut sie mich an, und ich kann förmlich spüren, dass Jesus mir längst vergeben hat. Und ich fühle noch etwas anderes: dass ich ihm vergeben kann. Noch vor wenigen Minuten hätte ich mir nie eingestanden, dass dies für mich ein Thema ist. Und wahrscheinlich werde ich irgendwann einmal im Himmel erkennen, dass Gott natürlich nie an mir schuldig wurde, sondern dass ich einfach nur kurzsichtig war. Aber was nützt mir das auf Erden, wenn ich in der Tiefe meines Herzens Bitterkeit mit mir herumtrage? Wahrscheinlich ist es theologisch nicht korrekt, wenn wir Gott vergeben, aber es ist therapeutisch manchmal wichtig. Und die Christusstatue, die so viel Liebe ausstrahlt, scheint zu sagen: „Es ist okay, ich halte das aus.“

Als ich durch den Hof zu meinem Zimmer zurückgehe, sind mittlerweile über ein Dutzend Menschen dort versammelt – keiner von ihnen kümmert sich groß um die Jesusfigur. Auch als ich tags darauf noch einmal wiederkomme, interessiert sich niemand für den segnenden Christus. Oder vielleicht doch: Irgendjemand hat ihm in der Zwischenzeit eine große Blume zu Füßen gelegt. Unter den über hundert Menschen, die sich hier während des Wochenendes aufhalten, ist zumindest noch ein weiterer, den diese Jesusstatue angesprochen hat. Und das ist vielleicht typisch für das Phänomen „Kunst“: Bei den einen ruft das gleiche Kunstwerk tiefe Empfindungen hervor, andere hingegen lässt es kalt oder es weckt völlig andere Eindrücke in ihnen.

Bereits bei meinen Beschreibungen an Tag 4 bin ich auf das Bilderverbot des Christentums (besser gesagt: aller drei großer Religionen des Westens) zu sprechen gekommen. Gott ist der Ewige, Unaussprechliche, Unergründliche – da führt jede bildhafte Darstellung geradezu zwangsläufig in die Irre und schadet darum mehr, als sie nützt. Was aber, wenn – wie das Christentum behauptet – Gott in Jesus Christus tatsächlich Mensch geworden ist? Dann hätte Gott in Jesus neben vielen anderen menschlichen Eigenschaften auch diejenige der Abbildbarkeit angenommen. Andererseits gibt es gute Gründe, auch mit Bildern, die wir uns von Menschen machen, vorsichtig zu sein. Allzu leicht legen wir sie darauf fest und nehmen gar nicht mehr wahr, dass sie in Wirklichkeit ganz anders sind oder sich zwischenzeitlich weiterentwickelt haben. Bilder – so wichtig und notwendig sie auch sein mögen – neigen oft dazu, sich zu verselbstständigen und damit an die Stelle des Abgebildeten zu treten. Damit aber vergreifen und versündigen wir uns an dem betreffenden Menschen, selbst wenn das Bild, das wir uns von ihm machen, ein positives ist. Das gilt auch für meinen Bronzejesus, in den ich mich so verliebt habe. An einem bestimmten Punkt meines Lebens hat mir diese Darstellung geholfen, Gott beziehungsweise Jesus besser zu verstehen. Dafür bin ich der Künstlerin dankbar. Und verbuche das auch als religiöses Erlebnis. Aber ich werde mich hüten, Jesus dauerhaft auf dieses Bild festzulegen. Gestern habe ich sein Lächeln und seinen Segen gebraucht. Morgen will er mir vielleicht „in den Hintern treten“ und mich ermahnen – und dann will ich ihn nicht übersehen, weil ich einseitig auf das Bild des segnenden Christus fixiert bin.

Gott begegnet mir in unterschiedlichen Situationen meines Lebens in unterschiedlicher Gestalt. Die große Chance religiöser Kunst ist es, uns Hinweise darauf zu geben, wie Gott beziehungsweise Jesus einem Menschen begegnen kann. Aber wir müssen uns dessen bewusst sein: Es ist immer nur eine Facette des Ganzen, ein Teilausschnitt einer sehr viel umfassenderen Wirklichkeit. Das Bilderverbot wendet sich gegen alle Versuche, sich Gottes zu bemächtigen und von Menschen Gemachtes an seine Stelle zu setzen. Positiv verstanden sind religiöse Kunstwerke nicht mehr und nicht weniger als Wegweiser, die in die Richtung Gottes weisen. Ein Wegweiser zeigt immer über sich selbst hinaus. Er ist nicht dazu da, dass wir uns allzu lang mit ihm beschäftigen. Sobald wir seine Botschaft verstanden haben, sollen wir uns auf den Weg machen, bis wir gegebenenfalls an ein anderes Richtungsschild geraten. Und uns nicht wundern, wenn dieses plötzlich nach links zeigt, obwohl das vorige doch nach rechts wies.

Religiöse Kunst kann uns helfen, Gott näherzukommen. Sie kann aber nicht an die Stelle Gottes selbst treten. Auch wenn es mir für ein paar Minuten fast so vorkam, als sei die Bronzestatue lebendig, ist doch das Entscheidende, dass sie mir einen Weg wies. Ob ich die Statue jemals wiedersehen werde, weiß ich nicht. Ich weiß nicht mal, ob ich das überhaupt will. Religiöse Erlebnisse lassen sich nicht einfach wiederholen. Aber das, was sie mir für einen kleinen Moment offenbarte – der Blick, den ich durch sie auf Jesus werfen durfte –, wird vermutlich lange in meinem Herzen bleiben.

Portfolio

Name:	**Gebet vor einem Christusbild**
Erklärung:	Christusstatuen und -bilder können uns zeigen, wie der/die Künstler/in Christus erfahren hat, und uns helfen, ihn in ähnlicher Weise zu erleben. Wir müssen uns nur bewusst bleiben, dass ein Bild immer nur einen Teilaspekt eines sehr viel größeren Ganzen darstellt.
Kategorie:	Meditatives Gebet
Verwandte Formen:	Bildmeditation; Ikone malen
Auf drei gezählt:	1. Ein religiöses Bild, das den Betrachter tief anspricht, auf sich wirken und zu sich sprechen lassen. 2. Die Botschaft „beherzigen", dem Wegweiser folgen. 3. Das Bild wieder verlassen, um offen zu bleiben für die Realität Gottes, die größer ist als alle unsere Bilder.
Zeitaufwand:	Mindestens 10 Minuten, besser länger; hier: rund 40 Minuten
Benötigte Hilfsmittel:	Ein religiöses Kunstwerk, das einen anspricht
Meine Erkenntnis:	Ein gutes Bild sagt mehr als 1.000 Worte.
Note:	1 Aber nach einem solchen Bild muss man lange suchen!

Tag 30: Chi ist, wenn es trotzdem wirkt

Beten in einem japanischen Gebetsgarten

Zufällig bin ich während meines Gebetsseminars auf einen japanischen Gebetsgarten gestoßen – und das mitten in Deutschland! Eigentlich habe ich keine Zeit, aber natürlich ist das genau das Richtige für meinen Selbstversuch. Außerdem ist das, was ich auf den ersten Blick von außen einsehen kann, einfach atemberaubend schön, und ich wäre ziemlich dämlich, wenn ich das nicht irgendwie „einbauen" würde. Also zwacke ich mir im Rahmen des Seminars, das ich gerade besuche, zweimal eine halbe Stunde ab: einmal abends nach Tagesschluss und dann am nächsten Morgen, während die anderen frühstücken.

Wenn ich „japanischer" Gebetsgarten schreibe, so ist das nicht ganz richtig. Er ist zwar von japanischen Gebetsgärten inspiriert, aber von Deutschen gemacht und wird mit Sicherheit auch zu 99 Prozent von Deutschen besucht. Dennoch hängt ein Banner mit großen japanischen Schriftzeichen im Eingangsbereich – oder sind es chinesische? So genau kenne ich mich da nicht aus. Leider wird das, was da steht, nirgends übersetzt. Kann sein, dass es ein freundlicher Willkommensgruß ist, vielleicht ist es auch eine Warntafel: „Achtung, westliche Ignoranten!", oder es bedeutet einfach nur: „Ente süßsauer". Ich bilde mir zumindest ein, diese Zeichen schon mal in einem Restaurant gesehen zu haben. Wobei ich zugeben muss: Das Banner mit seinen schwarzen Zeichen und dem großen roten Klecks in der Mitte sieht schick aus.

Direkt vor dem Eingangstor hängt ein kleines Plakat, auf dem die Philosophie des Gartens erklärt wird. Bei seiner Gestaltung wurde offensichtlich besonderen Wert darauf gelegt, dass das „Chi" richtig fließen kann. Spätestens das ist eigentlich ein chinesischer Begriff, was mich noch einmal über das Banner nachdenken lässt. Das Chi beziehungsweise Qi ist die Lebenskraft und -energie, die östlichem Denken zufolge eben nicht nur durch die belebte, sondern auch durch die unbelebte Welt fließt. Das spielt beispielsweise im Feng-Shui eine große Rolle. Auch dort kommt es darauf an, dass in der Gestaltung von Räumen die Lebensenergie fließen und mit unserer Lebensenergie eine harmonische Einheit bilden kann. Ich persönlich kann mit dieser Philosophie nicht viel anfangen, finde aber Räume, die nach den Prinzipien von

Feng-Shui eingerichtet sind, in aller Regel schön. Ich teile bloß den weltanschaulichen Überbau nicht.

Erwartungsvoll betrete ich den Garten. Es ist, wie gesagt, abends nach Tagesschluss und darum bereits ziemlich dunkel. Was den unbestreitbaren Vorteil besitzt, dass ich allein in dem Garten bin. Verständlich: Man geht ja auch nicht im Stockfinsteren in ein Museum oder sonst irgendwohin, wo es eigentlich etwas zu sehen gibt. Daher kann ich den Garten nur schemenhaft im Mondlicht erkennen. Er ist direkt in einen Waldrand hineingebaut, sodass sich die Bäume des Waldes direkt in den Garten integrieren. Mit hellen Kiesflächen wird der Lauf des Wassers von der Quelle bis zum Meer symbolisiert. Dazwischen finden sich große Felsblöcke, eine Brücke und vielerlei Pflanzen. Irgendwo – ich kann es im Dunkeln nicht genau erkennen – plätschert ein Brunnen. Der Betrachter wird eingeladen, in einer Gebetspagode Platz zu nehmen und den Garten auf sich wirken zu lassen. Es führt auch ein kleiner Weg durch den Garten, aber die Pagode ist, wenn ich es richtig verstehe, die eigentliche Stätte des Gebets. Also nehme ich hier Platz, schaue mir an, was das Mondlicht zu erkennen gibt, und lasse den Ort auf mich wirken.

Ein unglaublicher Friede geht von diesem Platz aus! Ich merke, obwohl es empfindlich kühl geworden ist, dass ich binnen Sekunden tief angesprochen bin von diesem Ort. Die Wirkung ist tatsächlich phänomenal. In kürzester Zeit fange ich an zu beten, ohne mir das eigens vorgenommen zu haben. Ich rede von dem, wovon mir das Herz voll ist: von den Eindrücken des Seminars, davon, dass ich müde bin, usw. Vor allem aber kommt mir immer wieder über die Lippen: „Gott, ist das schön hier!" Nach einigen Minuten verebben meine Worte und es wird auch in mir nach und nach still. Es passiert genau das, was Sören Kierkegaard beschreibt, den ich bereits an anderer Stelle zitierte: *„Als mein Gebet immer andächtiger und innerlicher wurde, da hatte ich immer weniger und weniger zu sagen. Zuletzt wurde ich ganz still."*

Ohne alles Zutun und ohne dass ich es beabsichtigt habe, geschieht in diesem Garten das, was stundenlanges Üben vor der weißen Wand bei mir nicht herbeiführen konnte: Ich gerate in einen Zustand der Kontemplation, in dem ich weniger mit Gott rede, sondern vielmehr in ihm ruhe beziehungsweise bin. Es ist kein Dauerzustand, eher eine punktuelle Berührung, wenige Minuten kurz, danach bete ich wieder. Das Dialogische in der Beziehung zwischen Gott und mir bleibt erhalten. Aber ich habe für einen kurzen Moment tiefen Frieden gefunden.

Am nächsten Morgen gehe ich noch mal in den Garten. Leider bin ich nicht allein auf den Gedanken gekommen, das Frühstück ausfallen zu lassen, sodass sich außer mir auch noch zwei, drei andere Personen in dem kleinen Garten aufhalten. Was mich etwas stört, da die mystische Erfahrung primär eine Sache zwischen einer Einzelperson und Gott ist. Vielleicht ist das auch der Grund, warum wir in unserem Kontemplationskurs schweigen und für uns bleiben sollten. Andere Menschen sind da, wo wir mit dem Weltengrund verschmelzen, im Grunde nicht vorgesehen. Vielleicht ist das nur mein Problem, aber ich meine, da einen Fehler im System zu entdecken.

Trotzdem möchte ich mir mein schönes Erlebnis nicht nehmen lassen. Wenn ich *nur* so beten würde, würde es mich in der Tat von der Gemeinschaft der Menschen wegführen und wäre damit nicht christlich, will sagen: nicht im Sinne Jesu. Aber als zeitweiliges Sahnehäubchen mag ich diese Art von Gebetserfahrung nicht missen und es gibt auch keinen Grund dazu. Von Sahne kann ich mich zwar nicht ernähren, aber wenn ich nicht zuckerkrank oder ohnehin schon zu fett bin, ist etwas Sahne dann und wann durchaus eine Bereicherung für mein Leben.

So auch an diesem Morgen. Im Licht der Morgensonne sehe ich den Garten in seiner ganzen Schönheit. Auch den Brunnen, den ich gestern Abend nur leise habe plätschern hören, kann ich jetzt erkennen. Ich versuche, die anderen neben mir zu ignorieren und die Atmosphäre des Gartens auf mich wirken zu lassen, und abermals erlebe ich eine sehr schöne halbe Stunde. Mit einem tiefen Frieden in meinen Herzen gehe ich zurück in mein Seminar.

Bleibt die Frage: Hatte das jetzt doch etwas mit dem Chi zu tun? Ich glaube, nicht. Ich bin in dem Gebetsgarten auch keinem japanischen oder chinesischen Gott begegnet oder habe mich – wie einige christliche Hardliner befürchten mögen – mit einer anderen Religion „infiziert". Ähnlich wie beim Feng-Shui lässt mich auch bei dem japanischen Gebetsgarten der weltanschauliche Überbau ziemlich unberührt. Bei mir zu Hause im Rheingau gibt es fünf Autominuten entfernt einen Ort, den ich in ähnlicher Weise atemberaubend schön finde und an dem ich häufig bete beziehungsweise still werde. Dieser Ort ist über die Jahre einfach so gewachsen und hat sich nicht die Bohne darum gekümmert, ob da irgendwo ein Chi frei herumlaufen kann oder nicht. Ich bin einfach ein sinnlicher Typ, und alles, was in irgendeiner Weise schön ist, spricht mich besonders an. In einer solchen Atmosphäre kann ich mich am besten fallen lassen. Von daher ist es kein Zufall, dass ich in diesem japanischen Garten eine Gottesberührung empfand, vor der weißen Kontemplationswand hingegen nicht. Gott war hier wie dort gleichermaßen anwesend. Aber das eine „Setting" verhalf mir dazu, mich dafür zu öffnen, das andere warf mich auf mich selbst zurück. Einem eher asketischen Menschen wird es vielleicht umgekehrt gehen; ihn würden die vielen Sinneseindrücke dabei stören, sich auf Gott zu konzentrieren.

Welcher Ansatz ist nun der richtige? Keiner – oder beide. Oder noch viel mehr. Es gibt angeblich neun verschiedene Arten von Spiritualität: neun Arten, Gott zu lieben. Vielleicht sind es auch nur sieben – oder aber zwölf. Ich mag mich da nicht festlegen. Von einem bin ich jedoch überzeugt: Alle sind sie Gott gleich nah beziehungsweise gleich weit von ihm entfernt. In all diesen Formen von Spiritualität ist und bleibt es ein unverfügbares Geschenk, wenn Gott uns berührt. Wie dem auch sei: *Eine* von diesen Zugangsweisen ist die sinnliche. Sie ist nicht die „richtige" Art von Spiritualität, aber sie ist – zumindest zum gegenwärtigen Zeitpunkt meines Lebens – definitiv die meine. Allein schon dafür, dass ich das herausgefunden habe, hat sich mein Selbstversuch gelohnt.

Portfolio

Name:	**Besuch eines Gebetsgartens**
Erklärung:	Ein Gebetsgarten (alternativ: Gebetsberg) ist ein eigens zum Zweck des Gebets eingerichteter Ort in der Natur, der entweder durch seine äußere Gestaltung oder auch durch das Aufstellen verschiedener Symbole zum Stillwerden und inneren Verweilen einlädt.
Kategorie:	Stimmungsgebet
Verwandte Formen: ..	Gebetsberg; Kontemplation; Gebet in der Natur
Auf drei gezählt:	1. Einen Gebetsgarten aufsuchen. 2. Gott sagen, was einen gerade bewegt (Herz ausschütten). 3. Mehr und mehr still werden und den Ort auf sich wirken lassen.
Zeitaufwand:	Unterschiedlich, hier: 30 Minuten
Benötigte Hilfsmittel:	Ein Gebetsgarten, Gebetsberg o. Ä. – oder auch einfach nur ein schöner Ort in der Natur
Meine Erkenntnis:	Ich glaube zwar nicht ans Chi – es wirkt aber offensichtlich trotzdem!
Note:	2+ Schön!

Tag 31: Ramadan für Anfänger

Beten und Fasten

In dieser Woche fängt der moslemische Fastenmonat Ramadan an und ich werde mich für zwei Tage einklinken. In dieser Zeit verzichtet der fromme Moslem von Sonnenaufgang bis Sonnenuntergang auf Essen, Trinken und Sex. Da ich kein Moslem bin, ändere ich die Regeln für mich etwas ab. Ich verzichte *nur* auf Essen, das aber zwei Tage und zwei Nächte lang. Es ist nicht das erste Mal in meinem Leben, dass ich bewusst faste. Und die 48 Stunden, die ich mir diesmal vornehme, sind eine eher lockere Übung. Denke ich. Wobei ich *so* oft auch noch nicht gefastet habe. Und vor allem ist das letzte Mal schon einige Jährchen her.

Um ehrlich zu sein: Fasten ist als spirituelle Übung im Grunde genommen nie wirklich „an mich gegangen". Darum habe ich es auch bei den wenigen Versuchen belassen. Einmal – vor etwa zehn oder zwölf Jahren – hatte ich nach rund fünf Tagen Fasten für einige Zeit ein ziemlich euphorisches Gefühl. Aber im Grunde nichts, das ich nicht durch ein oder zwei Glas Sekt auf nüchternen Magen sehr viel einfacher hervorrufen könnte. Und mir leuchtet irgendwie nicht ein, warum das eine den Rang eines spirituellen Erlebnisses haben soll und das andere nicht. Die beiden einzigen objektiv messbaren Wirkungen des Fastens scheinen mir zu sein, dass es kurzfristig den Körper entschlackt und den Geist schärft. Beides kann ich für mich nutzbar machen, bin mir dabei aber der Kurzfristigkeit dieser beiden Wirkungen bewusst. Danach tritt sowohl körperlich als auch geistig eher eine Ermattung ein. Auch wenn manche für sich das Gegenteil behaupten, bei mir jedenfalls ist es so. Und ich halte es für keinen Zufall, dass Jesus am Ende einer längeren Fastenzeit vom Teufel in Versuchung geführt wurde.

Aber bleiben wir bei mir. Ich habe für diese Übung ausnahmsweise zwei Tage gewählt, weil ich den ersten Tag erfahrungsgemäß problemlos schaffe und von daher erst der zweite Tag wirklich zählt. Mein Essverhalten ist ohnehin recht unregelmäßig, da fällt es mir nicht unbedingt auf, wenn ich mal eine Mahlzeit weglasse. (Außerdem habe ich im Moment gerade mal wieder genug „Eigensubstanz", von der ich zehren kann.) Das heißt, am ersten Tag meines Fastens merke ich im Grunde genommen weniger, dass ich Hunger verspüre, sondern eher, wie viel Zeit mir auf einmal bleibt, wenn ich das Essen auslasse. Überlegen Sie mal, wie viel Zeit wir direkt oder indirekt mit unserem Essen verbringen: angefangen von der Erstellung eines Kochplans, dem Einkauf (nicht selten in mehreren Geschäften), der Zubereitung, dem Essen selbst und dem Abwasch beziehungsweise dem Ein- und Ausräumen der Spülmaschine und dem Sauberhalten der Küche – und das für mehrere Mahlzeiten am Tag! Da kommen – je nach persönlicher Arbeitsökonomie – spielend zwei bis vier Stunden zusammen. Fasten ist auf jeden Fall ein enormer Zugewinn an Zeit. Diese Zeit sinnvoll zu nutzen ist eine wesentliche Herausforderung des Fastens. Ich nehme mir vor, wenigstens einen Teil davon für das Beten abzuknapsen und ansonsten das zu tun, was ich ohnehin gerade tue. Da ich eh mitten in meinem Gebetsprojekt stecke, kann ich beides gut miteinander kombinieren.

Dass ich faste, kommt mir erst am Abend des ersten Tages ins Bewusstsein. Bis dahin habe ich das leicht unangenehme Gefühl relativ problemlos unterdrückt. Aber der Abend ist meine Hauptessenszeit. Da meldet sich der Hunger in ziemlich unmissverständlicher Weise, also gehe ich früh schlafen. Damit habe ich schon mal die Hälfte der Strecke hinter mir.

Der nächste Morgen ist auch noch völlig in Ordnung. Beim Beten meine ich, klarer und wacher zu sein. Meine Sinne sind eindeutig geschärft: Ich sehe die Farben klarer, kann meine Gedanken ziemlich gut zu Papier bringen, im Grunde ein recht angenehmes Gefühl, wobei mir zugutekommt, dass ich morgens eigentlich selten Hunger empfinde. Ein Blick in den Terminkalender lässt mich allerdings erschrecken. Ich habe mich heute Nachmittag mit ein paar Bekannten zum Laufen verabredet. Gestern bin ich zwar auch gejoggt, aber soll ich mir das heute wirklich antun? Wenn ich alleine laufe, kann ich das Tempo bestimmen und aufhören, wenn ich will. Wenn ich mit anderen laufe, nun ja: Männer geben sich voreinander ungern eine Blöße. Wir machen aus jedem Mist einen Wettbewerb, wenn Sie wissen, was ich meine. Will sagen: Wenn ich mit den Kumpels laufe, will ich weder abbrechen noch als Letzter im Ziel eintrudeln. Zwar wird keiner etwas sagen, aber es wird mit Blut auf meiner Stirn geschrieben stehen: „Klaus wird alt. Er war heute Letzter." Ach, was soll's!? Ich sage nicht ab. Es wird schon gut gehen.

Um 15:00 Uhr treffen wir uns wie vereinbart, machen uns erst warm, indem wir ein bisschen gehen und uns unterhalten. Dann laufen wir los: bergauf und bergab, keineswegs ein Wettrennen, aber es fällt schon auf, wenn einer es nicht packt, bei der Gruppe zu bleiben. Geplant sind etwa 45 Minuten. Ich laufe, wie gesagt, häufig, aber es ist nicht mein Tempo, und vor allem: ICH HABE NICHTS GEGESSEN! Das wird mir von Minute zu Minute mehr bewusst. Nach knapp der Hälfte der Zeit merke ich, dass meine Kräfte so gut wie am Ende sind. Hatte ich schon erwähnt, dass Männer sich voreinander ungern eine Blöße geben? Also laufe ich weiter.

Noch fünfzehn Minuten. Plötzlich habe ich eine Vision: Vor meinem geistigen Auge erscheint ein Keks. Dieser Keks ist zwar ungewöhnlich groß, aber zufällig liegt in meinem Schreibtisch eine ganze Packung ebensolcher Kekse. Was denen vielleicht an Größe fehlt, könnte ich gegebenenfalls durch eine entsprechende Menge kompensieren.

Noch zehn Minuten. Der Keks in meinem Geiste wird immer größer. Ich zittere, mir ist kalt, alles tut mir weh. Ich bin eindeutig unterzuckert. Aber ich laufe – ha!

Fünf Minuten noch: Gott muss ein Keks sein. Oder umkehrt. Ich fange an, Esau zu verstehen, der bekanntlich sein Erstgeburtsrecht für ein Linsengericht hergab. Recht hatte er, oder? Mein Kreislauf steht kurz vor dem Kollaps. Keine Ahnung, wie ich es schaffe, ins Ziel zu kommen. Nur eines weiß ich noch: Ich bin nicht Letzter! Aber von dem anschließenden Chill-out – dem eigentlichen Höhepunkt unseres Treffens – bekomme ich so gut wie nichts mit. Die Kumpels fachsimpeln über die Strecke und Lauftechniken usw. Ich lächle gequält und mache mich, sobald der Anstand es zulässt, vom Acker. Nichts wie nach Hause. Dort wartet eine Dusche – und eine Packung Kekse.

Ja, ich gebe es zu, ich habe mein Fasten gebrochen. Vier Stunden vor Ablauf der Zeit. Um 22:00 Uhr hätte ich ohnehin aufhören dürfen. Aber nachdem ich noch eine Stunde mit mir kämpfe, mich jedoch wirklich schwach fühle und mein ganzer Körper schmerzt, gebe ich auf. Wenn es nicht geht, muss man aufhören. Fasten darf gern etwas unangenehm sein, aber es sollte nicht zur Qual werden. Trotzdem habe ich ein leicht schlechtes Gewissen. Eine spannende theologische Frage: Wenn ich mein Fasten breche, dabei aber ein abgrundtiefes Dankgebet für den – ähm – Keks ausspreche, den ich gerade verschlinge: Was zählt dann vor Gott? Bedauert er eher das gebrochene Fasten oder freut er sich über den tief empfundenen Dank?

Ich habe da so meine Theorie: Gott ist es ziemlich wurscht, ob wir fasten oder nicht. Ihm kommt es darauf an, dass wir ihn lieben, uns selbst und anderen Gutes tun und diese Welt zu einem besseren Platz machen. Wenn uns das Fasten dabei hilft, ist es gut. Als isolierte Übung indes ist es völlig unnütz. Wer meint, er könne mit seinem Fasten Gottes Herz eher bewegen als ohne, denkt nicht christlich, sondern heidnisch. Jesus war das Fasten darum deutlich unwichtiger als seiner damaligen religiösen Umwelt. Seine Kritiker beschimpften ihn als „Fresser und Weinsäufer" und warfen ihm vor, anders als andere spirituelle Lehrer seine Jünger nicht im Fasten zu unterweisen. Offensichtlich war das gemeinsame Essen für Jesus und die ersten Christen ein sehr viel wichtigerer Ausdruck ihrer Spiritualität als das religiöse Fasten. Trotzdem fastete auch Jesus zu Beginn seiner öffentlichen Wirksamkeit, um sich auf diese Aufgabe vorzubereiten. Und auch die christliche Urgemeinde fastete, um die daraus gewonnene geistige Klarheit zur Unterstützung ihres Gebets und vor allem zur inneren Vorbereitung bei wichtigen Weichenstellungen zu nutzen. Nie aber war daran gedacht, dass sich hier eine religiöse Übung verselbstständigt, weil der Verzicht auf Nahrung besonders gottwohlgefällig sei. Davon waren viele Zeitgenossen im Umfeld der ersten Christen in der Tat überzeugt – diese haben sich trotz eigener Fastenpraxis aber von dieser irrigen Auffassung eindeutig abgegrenzt.

An Schaltstellen des Lebens und in besonderen Situationen, bei denen eine besondere Klarheit unseres Geistes und Willens vonnöten ist, kann Fasten durchaus eine hilfreiche Praxis zur Unterstützung unseres Gebets sein. Vielleicht hat mir deshalb meine Fastenübung in den vergangenen beiden Tagen nicht viel gebracht. Es war ein Fasten „einfach nur so – mal gucken, was passiert". Ihm fehlte letztlich der rechte Ernst beziehungsweise die nötige Zielgerichtetheit. Ich werde mir dieses „Tool" aber vormerken für Situationen, in denen ich satt nicht weiterkomme.

Portfolio

Name:	**Fasten**
Erklärung:	Das religiöse Fasten ist der bewusste Verzicht auf Nahrungsaufnahme zur Unterstützung des eigenen Gebets. Dabei wirkt das Fasten weniger auf Gott als vielmehr auf unsere eigene geistige und körperliche Verfassung ein.
Kategorie:	Asketische Gebetsform
Verwandte Formen:	Schweigen; Almosen; Gebet um Klarheit
Auf drei gezählt:	1. Sich klarmachen, welches Ziel man mit seinem Fasten erreichen möchte. 2. Auf Nahrung verzichten, viel Wasser und ungesüßten Tee trinken. 3. Die gewonnene Zeit wenigstens teilweise ins Gebet investieren, vor allem Momente besonderer geistiger Klarheit nutzen. (4. Bei längerem Fasten unbedingt vorher abführen!)
Zeitaufwand:	Mindestens einen Tag, besser zwei, ohne Anleitung höchstens fünf bis sieben Tage; hier: 44 Stunden
Benötigte Hilfsmittel:	Viel Wasser; evtl. Vitamintabletten; bei längerem Fasten: Abführmittel
Meine Erkenntnis:	Das nächste Mal werfe ich die Kekse vorher weg.
Note:	3 „Meins" ist es nicht, kann es aber vielleicht noch mal werden.

Tag 32: Auf der Suche nach dem alten Zauber

Beten in einer Taizé-Andacht

Auch heute lasse ich mir meine Übung von einem äußeren Ereignis vorgeben. Ganz in der Nähe wird eine sogenannte „Taizé-Andacht“ angeboten. Für viele kirchliche Insider ist das seit Jahren ein großer Hype. Entsprechend gut ist diese Andacht auch besucht. Etwa hundert Leute sind zusammengekommen, um miteinander zu singen und zu beten. Für diejenigen, die mit dem Begriff nichts anfangen können: Die Kommunität von Taizé ist ein internationaler ökumenischer Orden, dessen Hauptsitz in der Nähe von Cluny in Frankreich liegt. Bekannt ist dieser Ort wegen der internationalen Jugendtreffen, zu denen jährlich Hunderttausende (!) von Menschen zusammenkommen – und zwar vor allem wegen der einzigartig schönen Liturgie, die dort gefeiert wird. Taizé-Gesänge haben ihren Siegeszug um die ganze Welt in den Siebzigerjahren angetreten. Sie haben in katholische wie evangelische Gesangbücher Einlass gefunden und sind heute die wahrscheinlich am weitesten verbreitete zeitgenössische christliche Musik.

Ich war zweimal in meinem Leben in Taizé. Beide Male war ich hin und her gerissen zwischen dem Zauber, den die dortigen Gottesdienste auf mich ausübten, und den äußeren Gegebenheiten, in die sich dieser Zauber einhüllte. Es waren im Grunde drei Eindrücke, die ich aus Taizé mitnahm. Zum einen war es beide Male, die ich dort war, ziemlich kalt, klamm und ausgesprochen karg (um nicht zu sagen: schmutzig). Eingefleischte Taizé-Fans werden nicht müde, mir zu sagen, dass das gut ist, weil diese äußere Schlichtheit einem dabei hilft, sich ganz auf die Gottesdienste und Gespräche zu konzentrieren. Ich selbst wäre, glaube ich, auch ganz gut ohne diese freundliche Hilfestellung ausgekommen. Jedenfalls hatte ich mit der Qualität des Essens, aber auch mit den sanitären Gegebenheiten echte Probleme. Küche oder Klo: Ich wusste letztlich nicht, wovor mir mehr graute.

Zweitens fiel mir auf, wie viele Tausend Menschen es gab, die bereit waren, das alles auf sich zu nehmen, und zwar ganz offensichtlich, ohne dass es ihnen allzu viel ausmachte. Die Treffen, an denen ich teilnahm, waren eine Art christliche „Love and Peace“-Veranstaltung mit viel Gespräch und politischem Bewusstsein, eingetaucht in einen hochspirituellen Rahmen. Vor allem bei Letzterem berührten wir uns trotz unserer, sagen wir, unterschiedlichen kulturellen Präferenzen.

Denn das war der dritte Eindruck, den ich aus Taizé mitnahm: Das liturgische Gebet war einfach unbeschreiblich schön. Ich hatte das Gefühl, stundenlang beten zu wollen. Was ich dann auch tatsächlich tat, obwohl Langbeterei normalerweise nicht ganz mein Ding ist. Spötter würden sagen: „Kein Wunder, dich zog auch nichts nach draußen." Das ist sicherlich richtig, aber Fakt ist, dass das, was ich in den Liturgien von Taizé erlebte, dermaßen ergreifend war, dass ich alles andere um mich herum vergaß, auch die hygienischen Verhältnisse, vor denen ich mich kurz vorher noch so geekelt hatte. Nie zuvor und seither auch nie wieder habe ich eine so berührende Liturgie erlebt. Auch – und das ist der Wermutstropfen – nicht in den verschiedenen Taizé-Gottesdiensten, die ich später hierzulande besuchte. Diese kamen mir immer ein bisschen vor wie alkoholfreier Sekt: Man spürt die gute Absicht, aber für mich ist es kein Vergleich zum Original.

Dabei sind Taizé-Gottesdienste eigentlich auf Reproduzierbarkeit angelegt. Das „Strickmuster" der liturgischen Gebete ist nämlich ebenso simpel wie wirkungsvoll. Die Brüder von Taizé empfehlen, das Gebet möglichst in eine Kirche zu verlegen und durch Symbole wie Kerzen, Blumen, Ikonen, Kreuze, Tücher, Kniebänkchen usw. eine einladende, spirituelle Atmosphäre zu schaffen. Das Licht soll warm und gedämpft sein, eher zu dunkel als zu hell. Die Gesänge sind einfach und melodisch. Sie werden unterbrochen von Psalm- und anderen Textlesungen aus der Bibel, einer längeren Zeit der Stille, gemeinsamen Fürbitten, einem Vaterunser und einem Segenswort. Eine Predigt gibt es meistens nicht. Am Schluss folgen noch einmal liturgische Gesänge, während derer die Teilnehmenden entweder verweilen oder leise gehen können. Ein abruptes Ende wird nach Möglichkeit vermieden: Meist wird weitergesungen oder meditative Musik gespielt, bis der oder die Letzte den Raum verlassen hat.

Frère Roger Schutz, Gründer und Leiter der Kommunität bis zu seiner Ermordung im Jahr 2005, fasste die Spiritualität von Taizé in folgenden Worten zusammen: *„Nichts führt in innigere Gemeinschaft mit dem lebendigen Gott als ein ruhiges gemeinsames Gebet, das seine höchste Entfaltung in lang anhaltenden Gesängen findet, die danach, wenn man wieder allein ist, in der Stille des Herzens weiterklingen."*

Das bringt es ziemlich gut auf den Punkt. Mein Problem ist vielleicht, dass diese Lieder etwas *zu* sehr in meinem Herzen nachklingen. Die alten Lieder von Taizé habe ich zwar zwischenzeitlich ein paar Mal zu oft gesungen, aber die neuen entwickeln für mich einfach nicht die Atmosphäre, die ich damals in Taizé erlebte. (Da sind sie wieder, die magischen Worte: „für mich".) Eine echte Aporie. Vielleicht kann ich es mit dem Gefühl früherer Verliebtheit vergleichen, das einfach nicht wiederkommt, wenn man den betreffenden Menschen nach Jahren wiedertrifft. Jedenfalls bin ich, seitdem ich damals das Original erlebt habe, scheinbar für alle Kopien von Taizé „verdorben", auch für gute Kopien. Ich habe in den vergangenen Jahren einige Taizé-Gottesdienste besucht und es ist mir jedes Mal ähnlich gegangen. So auch heute. Ich fand das, was ich vorhin erlebt habe, wirklich in Ordnung. Die Gesänge waren schön und ich hatte ab und an einen kurzen Anflug eines Déjà-vus. Aber das war es dann auch schon. Es fehlte für mich einfach der Zauber. Die Seele des Menschen ist schon eigenartig: Als ich in Taizé war, habe ich mich an den äußeren Gegebenheiten dort gestört. Heute durfte ich die Liturgie von Taizé in einer warmen, sauberen Atmosphäre genießen und es war auch wieder nichts Rechtes.

Ich frage mich, ob meine Gebetserfahrung tiefer gewesen wäre, wenn ich das „richtige" Taizé nie erlebt hätte. Doch da bin ich mir nicht sicher. Ich konnte an den Gesichtern derer, die mit mir zusammen den Gottesdienst besuchten, ablesen, dass sie von den Gesängen und Gebeten wirklich berührt waren. Und das waren nicht alles Neulinge, sondern einige von ihnen kannten das Original sicherlich besser als ich und beteten und sangen trotzdem voller Inbrunst und Innigkeit. Es handelt sich also erst einmal um mein ganz persönliches Problem.

Ich habe das heutige Taizé-Gebet mit einer spirituellen Erfahrung verglichen, die zu den schönsten und intensivsten meines Lebens gehört. Angesichts dieser Messlatte musste das, was das Vorbereitungsteam hier auf die Beine stellte, einfach verblassen. Und das ist im Grunde unfair. Nicht nur diesen Leuten, sondern auch Gott gegenüber. Denn wenn ich ehrlich bin, suchte ich gar nicht die Kommunikation mit Gott, sondern das aufregende, unter die Haut gehende liturgische Erlebnis. Letztlich eine Art Wohlfühlerfahrung, und zwar erster Klasse, bitte schön! Der passende Ausdruck dafür wäre wahrscheinlich „Wellnessspiritualität". Eigentlich finde ich so etwas völlig daneben. Man tut so, als wolle man beten, aber im Grunde geht es einem nur um das eigene gute Gefühl. Und wenn einem das Gebet nichts „gibt", dann hat es in den eigenen Augen nichts getaugt. Als ob es beim Gebet primär darum ginge, dass es uns etwas gibt, und nicht darum, dass wir Gott unser Herz oder doch wenigstens einen Teil unseres Herzens geben. Mit Sicherheit bekommen wir dann auch etwas von Gott zurück. Doch wenn wir von vornherein darauf schielen, was uns dabei zufällt, wird die ganze Sache irgendwie schief und verlogen. Dann behandeln wir Gott wie eine alte Tante, die uns im Grunde egal ist, zu der wir aber trotzdem nett sind, weil wir hoffen, dass sie uns etwas Schönes mitbringt.

Die heutige Gebetserfahrung habe ich also gründlich in den Sand gesetzt. Das lag, wenn ich ehrlich bin, aber eher an mir als an der Taizé-Andacht. Neben mir saß auf der einen Seite eine Frau, die in dieser Art des Gebets völlig aufging. Auf der anderen Seite saß ein junger Mann, an dessen Lebensgefühl das, was hier im Gottesdienst vor sich ging, völlig vorbeiging und der dies auch klar und deutlich äußerte. Beide waren auf ihre Weise ehrlicher als ich.

Die heutige Übung gehört sicherlich zu den weniger gelungenen meines Selbstversuchs. Trotzdem könnte die Erkenntnis, die ich daraus gezogen habe, so etwas wie eine Schlüsselerfahrung für mein Gebetsleben überhaupt werden: Ich muss aufpassen, dass ich wirklich Gott und nicht nur ein schönes Gefühl suche. Dass ich nicht voller Inbrunst „du" sage, in Wirklichkeit aber mich selbst meine. Solange ich mich primär von dem leiten lasse, was mir das Gebet „gibt", bin ich auf der falschen Spur. Klar gibt es Gebetsformen, die mir mehr, und solche, die mir weniger liegen. Aber das Geheimnis echten Gebets ist Hingabe. Alle echte Spiritualität hat etwas mit „loslassen" zu tun und nicht mit „haben wollen". Dass sich dieses Loslassen im Endeffekt auch gut anfühlt und mir etwas gibt, genau gesagt: zurückgibt, ist ein schöner Nebeneffekt. Aber wer – wie ich heute – vor allem auf das gute Gefühl aus ist, hat noch nicht wirklich angefangen loszulassen.

Vielleicht hat niemand diese spirituelle Haltung besser auf den Punkt gebracht, als Franz von Assisi:

Denn wer da hingibt, der empfängt,
wer sich selbst vergisst, der findet,
wer verzeiht, dem wird verziehen,
und wer stirbt, der erwacht zum ewigen Leben.

Portfolio

Name:	**Taizé-Andacht**
Erklärung:	Liturgisches Gebet in einladender, spiritueller Atmosphäre. Einfache, melodische Gesänge, unterbrochen von Textlesungen, Gebeten und einer längeren Zeit der Stille.
Kategorie:	Liturgisches Gebet; Gemeinschaftliches Gebet; Musikalisches Gebet
Verwandte Formen: ..	Thomasmesse; IONA-Liturgie; Gregorianik; (bedingt:) Lobpreis-Gottesdienst
Auf drei gezählt:	1. Hingehen. 2. Sich darauf einlassen. 3. Genießen, aber nicht den Genuss suchen.
Zeitaufwand:	Ca. 90 Minuten plus Fahrt
Benötigte Hilfsmittel:	Unter www.taizegottesdienste.de können Sie nachschauen, wann und wo eine solche Liturgie auch in Ihrer Nähe gefeiert wird.
Meine Erkenntnis:	Echte Spiritualität hat etwas mit „loslassen" zu tun und nicht mit „haben wollen".
Note:	3 Teils, teils.

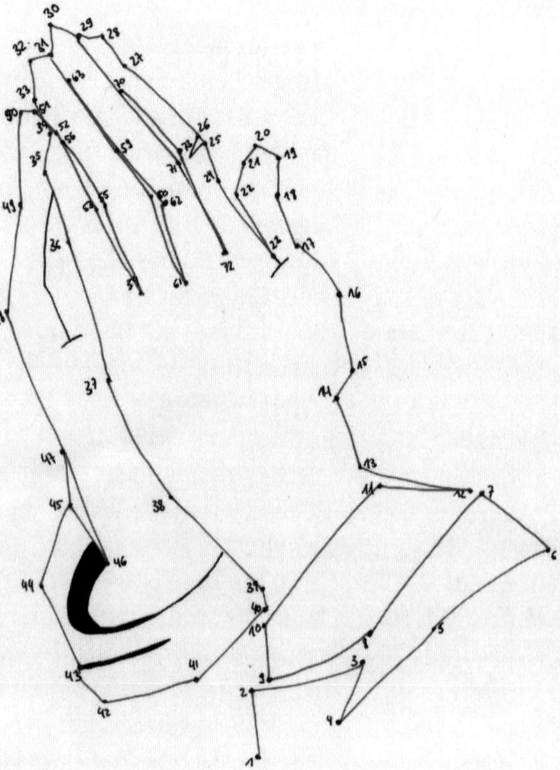

Tag 33: Meine etwas andere Geburtstagsfeier

Beten beim Malen einer Ikone

Für meinen heutigen Geburtstag habe ich mir etwas Besonderes ausgedacht: Ich möchte eine Ikone malen. Obwohl: Ob ich das wirklich möchte, da bin ich mir gar nicht so sicher. Angeblich ist das ein irre spiritueller Prozess, aber wenn Sie jemals eines meiner Machwerke gesehen haben, werden Sie sofort verstehen, wo meine Bedenken liegen. Alle meine vier Kinder fingen spätestens im Alter von sechs Jahren an, mich an Malkunst zu überflügeln. Vielleicht habe ich mir auch deshalb eine Ikone ausgesucht: Die sind nämlich bewusst zweidimensional gehalten und kommen damit meinen persönlichen künstlerischen Fähigkeiten zumindest schon mal um eine Dimension entgegen.

Aber fangen wir ganz vorne an: Ikone heißt „Bild“. Im heutigen Computerzeitalter, in dem wir mit kleinen Bildchen – sogenannten „Icons“ – aufgewachsen sind, ist das wahrscheinlich keine große Überraschung. Äußerlich betrachtet ist eine Ikone ein bemaltes Stück Holz mit einem religiösen Motiv: meist einem Porträt von Jesus oder Maria oder einer anderen Heiligengestalt oder auch einer Bibelszene beziehungsweise eine Kombination von beidem. Für orthodoxe Christen haben Ikonen eine ähnliche Bedeutung, wie sie die Bibel für uns Protestanten hat. Beim Bibellesen kommt vieles darauf an, nicht an den äußeren Worten haften zu bleiben, sondern betend und meditierend eine Ebene tiefer zum eigentlichen Sinn dieser Worte vorzustoßen. In ähnlicher Weise lädt uns eine Ikone ein, Dinge zu entdecken, die hinter dem eigentlichen Bild stecken. Dem orthodoxen Christen gilt die Ikone als eine Art Fenster zur göttlichen Welt. Sie eröffnet ihm ähnlich wie die Bibel uns einen Weg, mit Gott in Kontakt zu treten.

Manch einer mag über diese Vorstellung die Nase rümpfen. Wir sollten aber nicht vergessen, dass zu der Zeit, als die ersten Ikonen entstanden, die meisten Menschen nicht lesen konnten und auch nur wenige Bibeln existierten. Heute haben sich diese Verhältnisse zwar geändert, aber soll die Art von Spiritualität, die sich über fast anderthalb Jahrtausende entwickelt hat, deswegen keine Gültigkeit mehr haben? Sosehr orthodoxe Christen Ikonen auch verehren: Sie beten sie nicht an. Sie verneigen sich vor ihnen, schlagen das Kreuz vor ihnen, ja, sie küssen sie sogar vielfach, bemerkenswerterweise aber niemals aufs Gesicht.

Ihre Anbetung gilt nie dem Bild, sondern immer der dahinterstehenden Wirklichkeit. Darum ist eine Ikone auch zweidimensional und in vielerlei Hinsicht „unrealistisch" gehalten und dazu werden dargestellte Personen durch Beschriften identifiziert: um sich jederzeit dessen bewusst zu bleiben, dass es nur ein Abbild ist, und um zu sichern, dass die Person verehrt wird und nicht das Bild.

Darüber hinaus ist jede Ikone derart symbolbeladen, dass es mich wundert, warum Dan Brown darüber noch keinen Krimi geschrieben hat. Jede Farbe, jedes Schriftzeichen, jeder noch so unscheinbare Gegenstand auf dem Bild hat seine Bedeutung, die sich einem nur nach unendlich oft wiederholter eingehender, andächtiger Betrachtung erschließt. So gibt es beispielsweise eine berühmte Ikone der „Gottesmutter Maria mit den drei Händen". Jeder noch so ungebildete Mensch weiß, dass Maria, selbst wenn er sie für Gottes Mutter hält, mit an Sicherheit grenzender Wahrscheinlichkeit zwei, unter Umständen auch nur eine, auf keinen Fall aber drei Hände gehabt hat. Und es gibt auch kein christliches Dogma, das uns zwingt, dies zu glauben. Ikonen sind voller Symbole und Andeutungen. Diese können wir betrachten, auf uns wirken lassen, sie deuten und uns von ihnen ein Fenster zu einer anderen Wirklichkeit öffnen lassen, nicht aber sie für Gott halten und anbeten. Darum fallen Ikonen für den orthodoxen Christen – anders als dreidimensionale Statuen oder perspektivische Bilder – nicht unter das Bilderverbot. Ja, sie gelten streng genommen nicht einmal als Bilder. Ikonen werden nach orthodoxem Selbstverständnis nicht „gemalt", sondern „geschrieben". Sie gelten als eine Art visualisiertes Wort Gottes.

Um ihre uralte Symbolsprache zu erhalten, werden Ikonen nach strengen Regeln gemalt, die seit Jahrhunderten von einem Mönch an den anderen weitergegeben werden. So gibt es einen seit Jahrhunderten weitgehend feststehenden Kanon von Motiven. Eine echte Ikone wird prinzipiell betend gemalt, weil sie nur auf diese Weise zum Gebet anleiten kann. Und der Maler einer Ikone darf diese weder mit seinem Namen signieren noch sie individuellen Änderungen unterziehen. Wo für uns Abendländer das Künstlerische eines Bildes in seiner individuellen Ausgestaltung liegt, legt die Kunst der Ostkirche ihren Schwerpunkt gerade in die detailgetreue Kopie. Damit soll sichergestellt werden, dass die Ikone nicht den Glauben einer einzelnen Person, sondern den Glauben einer ganzen Kirche ausdrückt.

Ich schreibe dies so ausführlich, weil mir dieses Denken einerseits völlig fremd ist, es mich andererseits aber auch fasziniert. Und weil ich mich, als ich meine Ikone malte – ich sage bewusst nicht: „schrieb" –, so gut wie an keine der Regeln gehalten habe, die es für diese Kunstform gibt. Ich habe mir einen Acrylfarbmalkasten mitsamt Leinwand und einer kleinen Pinselsammlung gekauft – schon das ist ein Killerkriterium, denn echte Ikonen werden ausschließlich mit aus Lebensmitteln hergestellten Temperafarben auf Holz geschrieben. Von den sechs Farben, die sich in dem Kasten befanden, waren im Grunde nur Schwarz, Weiß und Rot einigermaßen stilecht. Das auf vielen Ikonen vorherrschende Gold als Symbol des ewigen göttlichen Lichts habe ich – oh Frevel! – durch schlichtes Gelb ersetzt. Und noch einige andere kleine „Sünden" begangen, die ich hier nicht weiter aufführen will, weil ich weiß, dass ich mir wahrscheinlich schon durch die bereits erwähnten Fakten die ewige Feindschaft jedes wahren Freundes der orthodoxen Kirche zugezogen habe.

Wie male ich – wenn ich gar nicht malen kann – eine Ikone? Ich habe lange danach gesucht, ob es im Internet oder sonst irgendwo eine „Malen-nach-Zahlen"-Vorlage für so etwas gibt – Fehlanzeige. Schade eigentlich. Also habe ich mir zunächst einmal eine Ikone ausgesucht. Das war ein Prozess, der mich einige Wochen begleitet hat. Immer wieder habe ich im Internet geschaut, welche Motive da infrage kommen. Maria ist für mich als Protestant nicht „meins". Die meisten Heiligen sagen mir nichts. Andere Ikonen sind mir zu hässlich (sorry), wieder andere zu kompliziert. Schließlich entschied ich mich für eine Ikone, die einen segnenden Christus darstellt. Der Segen ist mir wichtig, nur das Gesicht allein wäre mir für meine Andacht nicht genug. (Außerdem habe ich aus dem Schulunterricht noch kristallklar vor Augen, wie „gut" mir beim Malen Gesichter gelingen.)

Die Vorlage, die ich gefunden habe, spricht mich sowohl ästhetisch als auch spirituell an. Darum, so mein raffinierter Plan, projiziere ich das Bild doch einfach mit dem Videobeamer auf die Leinwand, zeichne die Konturen nach und male die Flächen entsprechend aus. Genial einfach, nicht wahr? Pustekuchen! Es läuft so ziemlich alles schief, was schieflaufen kann. Das fängt damit an, dass der Beamer unseren Umzug offensichtlich nicht überlebt hat. Er lässt sich nicht einschalten. So ein Mist. Was jetzt? Ich will schon resigniert aufgeben, da erbarmt sich die beste Ehefrau von allen, mir eine Vorlage zu erstellen. Habe ich schon erwähnt, dass sie, die so gut wie alles kann, natürlich auch gut malt? Ein kleiner Aderlass: Ich wollte das Bild eigentlich selbst herstellen, aber ich weiß im Moment einfach nicht, wie ich ohne Hilfe weiterkomme, und denke mir: Im Grunde genommen ist es nur richtig, wenn die Frau, die ich gern und voller Überzeugung als meine „bessere Hälfte" bezeichne, auch die bessere Hälfte des Bildes zu verantworten hat. Fragen Sie mich nicht, wie meine Frau es hingekriegt hat, mir eine Vorlage zu erstellen – allein diese Story würde ein ganzes Kapitel füllen –, aber pünktlich zu meinem Geburtstag stand sie dann morgens auf dem Tisch. Die Vorlage, nicht meine Frau.

Ich schließe mich also in mein Zimmer ein – wie man Geburtstage eben so verbringt, wenn man alt und schrullig genug ist – und beginne, an meinem Jesus zu malen. Schon die ersten Pinselstriche sind ernüchternd. Die Farben sind deckend und ich sehe schon nach wenigen kräftigen Strichen die Vorlage nicht mehr. Schlecht. Der dünnste Pinsel, den ich habe, ist außerdem viel zu dick, um erst die Konturen vorzuzeichnen. Und außerdem war das Ganze von vornherein eine Schnapsidee. Ich merke, wie ich beim Malen zunehmend fluche statt zu beten. Eine geistliche Übung soll das sein? Dass ich nicht lache! Ein spiritueller Prozess, bei dem ich mich in die Person Jesu hineinmeditiere? Dazu bin ich viel zu sehr mit mir selbst beschäftigt – will sagen, mit einer eigentümlichen Melange aus Frust, Selbstmitleid und langsam wachsender Wut. Gut zwei Stunden später bin drauf und dran, das ganze Machwerk einfach wegzuwerfen. Nach einer längeren Pause mache ich dann doch tapfer weiter – nicht zuletzt in Hinblick auf dieses Buch. Als am Abend meine Frau, die ich wohlweislich den Nachmittag über weggeschickt habe, wiederkommt, bin ich den Tränen nahe. Die Augen meines Christus sind verschieden groß, seine segnende Hand wirkt reichlich verkrüppelt und statt eines goldenen Kleides mit schwarzen Falten hat er eine Art Tigerfellumhang an. Meine Frau, lieb wie sie ist, sagt: „Na, dafür, dass du sonst nicht malen kannst, ist das doch gar nicht so schlecht geworden!" Etwa in dem Ton, wie sie unsere Söhne zu loben pflegt, wenn diese wieder mal eine potthässliche Bastelarbeit aus dem Kindergarten oder der Schule mitgebracht haben. Ich bin stocksauer. Nur die nasse Farbe hindert mich daran, meinen spirituellen Versuch mit aller Wucht an die Wand zu klatschen.

Abends feiern meine Frau und ich erst mal schön Geburtstag und nach und nach vergesse ich den grässlichen Nachmittag. Am nächsten

Morgen wache ich auf. „Zufällig“ fällt das Sonnenlicht genau auf die immer noch auf der Staffelei aufgestellte Ikone. Und ich bin merkwürdig berührt. Gehe zu dem Bild und denke: „Hey, dafür, dass du sonst nicht malen kannst, ist das doch gar nicht so schlecht geworden!“ Ich nehme – gucken Sie bitte weg! – einen schwarzen Edding und male ein paar Konturen nach. Drücke etwas Farbe aus der Tube und füge hier etwas hinzu, nehme dort etwas weg – na, da geht doch noch was! Nach dem Frühstück arbeite ich noch mal zwei geschlagene Stunden an dem Bild. Und bin danach richtig happy. Ein kleines Wunder ist geschehen. Nichts Weltbewegendes, aber dieses Bild berührt mich. Aus naheliegenden Gründen laufe ich dabei nicht im Geringsten Gefahr, „das Werk meiner eigenen Hände anzubeten“. Ich staune eher über den, der meine beiden (linken) Hände ganz offensichtlich geführt hat. Aus einem Opus, das ich gestern noch dem Abfall zuführen wollte, ist ein Bild geworden, das mich jedes Mal, wenn ich es ansehe, an die Tatsache erinnert, dass Christus da ist und mich segnen möchte. Selbst jetzt, Tage später, wo ich diesen Text redigiere, hat das noch nicht aufgehört. Immer noch begegne ich dem Bild mit einer merkwürdigen Andacht. Ab und an ertappe ich mich tatsächlich dabei, dass ich mich vor dem Bild bekreuzige. Natürlich nur, wenn niemand zuguckt. Ich habe als Protestant schließlich einen Ruf zu verlieren. Und als ewig cooler Ehemann erst recht. Aber dieser Christus, der mich da so ruhig und gelassen aus seinem Acryltigerfell heraus anschaut, hat mich emotional ziemlich nackt gesehen und wäre deswegen fast in der Mülltonne gelandet. Und doch hört er nicht auf, mich zu segnen. Wenn mir das kein Fenster zu einer tieferen Wirklichkeit öffnet, was dann?

Portfolio

Name:	**Eine Ikone malen**
Erklärung:	Eine Ikone zu malen kann dabei helfen, sich meditativ in jene Person oder jenes Geschehnis hineinzuversenken, die oder das auf ihr abgebildet ist. Das eigene Malen wirkt dabei – eigene künstlerische Grundkenntnisse oder eine gute Anleitung vorausgesetzt – noch stärker als eine bloße Betrachtung des Bildes.
Kategorie:	Kreative Gebetsform
Verwandte Formen:	Bildbetrachtung; Orthodoxer Gottesdienst; Gebetsfahnen; Bibeltexte malen
Auf drei gezählt:	1. Einen Kurs besuchen! 2. Den Anleitungen des Kursleiters oder der Kursleiterin folgen! 3. Es auf KEINEN Fall alleine versuchen!
Zeitaufwand:	Hier: rund 10 Stunden (mit Vorlage); wenn man es richtig macht, eher mehr
Benötigte Hilfsmittel:	Gibt es beim Kursleiter/ der Kursleiterin
Meine Erkenntnis:	Auch wenn echtes Gebet von innen kommt, braucht man dazu manchmal Anleitung von außen.
Note:	2– Quälender Prozess, verblüffendes Ergebnis.

Tag 34: Wiederholung ist die Mutter der Erfahrung

Beten mit dem Rosenkranz

Als ich mir vor Jahren in einer katholischen Kirche einen simplen Finger-Rosenkranz für einen oder zwei Euro kaufte, ahnte ich nicht, wie sehr mir diese kleine Holzperlenkette beim Beten helfen würde. Im Gegenteil: Ich hatte damals tiefe Bedenken gegen diese Art des Gebets. Das fängt damit an, dass mir als Protestant ein „Ave Maria" nicht ernsthaft über die Lippen kommt. Klassisch besteht das Rosenkranzgebet aus dem Vers: „Gegrüßt seist du, Maria, voll der Gnade, der Herr ist mit dir. Du bist gebenedeit unter den Frauen, und gebenedeit ist die Frucht deines Leibes, Jesus." Der Vers wird dabei in verschiedener Form ergänzt. Aber das ist inhaltlich einfach nicht „meins". Verstehen Sie mich nicht falsch: Ich habe eine hohe Wertschätzung für jene Frau, die das Kind gebar und großzog, das wir Christen als „Sohn Gottes" verehren. Für mich tut sich beispielsweise ein Abgrund an Fantasie auf zu überlegen, wie man ein solches Kind erzieht. Maria muss eine bemerkenswerte, duldsame, bescheidene und gleichzeitig sehr starke Persönlichkeit gewesen sein. Und doch ist mir jeglicher Heiligenkult völlig fremd, und das betrifft auch Maria. Mit Heiligenverehrung kann ich irgendwie nichts anfangen. Das mag daran liegen, dass ich selbst keiner bin. Vor allem aber habe ich in meinem ganzen Leben nur drei oder vier Menschen kennengelernt, die wahrscheinlich noch nie gesündigt haben – und fand sie allesamt unausstehlich.

Heiligkeit hat ihre Schattenseiten. Je offensichtlicher diese zutage treten, desto geringer ist die Wahrscheinlichkeit, dass jemand für heilig erklärt wird. Je mehr wir aber diese Schatten verschweigen, desto größer ist die Gefahr, dass wir es mit einem einseitigen, schöngefärbten Bild der betreffenden Person zu tun zu haben. Ich habe viele Biografien herausragender Persönlichkeiten gelesen und finde die Brüche und Ungereimtheiten in ihrem Leben oft viel spannender und Mut machender als ihre edle Gesinnung und ihre guten Werke. Wahrscheinlich ist es tatsächlich so, wie der Volksmund sagt, dass uns die Sünden der Heiligen mehr trösten als ihre Tugenden. Klar gibt es Menschen, die ich für ihren Glauben, ihre Liebe und ihre Hoffnung zutiefst bewundere. Aber sie alle haben auch ihre Fehler, Macken und Abgründe. Und vor allem käme ich nie auf den Gedanken, nach ihrem Tod meine Gebete an sie zu adressieren. Auch wenn ich weiß, dass nach reiner katholischer Lehre Heilige nicht „angebetet", sondern lediglich „angerufen" und „verehrt" werden, glaube ich, dass die Toten bis zum Jüngsten Tag ruhen werden und uns darum im Moment – außer durch das Beispiel, das sie geben – nicht sonderlich weiterhelfen können. Ich finde, es reicht als Christ völlig aus, zum Vater, zum Sohn oder zum Heiligen Geist zu beten. Und sehe bei diesem erstklassigen „Draht nach oben" überhaupt keinen Grund, sich in seinem Gebet auf irgendwelche untergeordneten Instanzen zu beziehen – bei allem Respekt. Darum bete ich übrigens auch nicht zu Engeln oder beschwöre irgendwelche Geister oder so etwas.

Das „Ave Maria" ist also nichts für mich. Aber man kann auch andere Gebete mithilfe des Rosenkranzes wiederholen. „Ruminatio" – Wiederkäuen – nannten die Mönchsväter der christlichen Frühzeit jene Gebetspraxis, in der – damals noch ohne Gebetskette – ein Bibelvers, ein Segenswort oder eine Gebetszeile ständig wiederholt wurde. Diese Wiederholung dient nicht dazu, Gott in irgendeiner Weise zu bedrängen oder womöglich durch die Vielzahl der eigenen Gebete zu beeindrucken. Vor dieser Art Gebet hat Jesus seine Anhänger eindringlich gewarnt, als er sagte, sie sollten beim Beten „nicht plappern wie die Heiden". Sinn der Rumination ist vielmehr – darauf hatte ich bereits im Zusammenhang mit dem Herzensgebet (Tag 10) hingewiesen –, dass das über einen längeren Zeitraum wiederholte Gebetswort in immer tiefere Schichten unseres Unterbewusstseins dringt und dadurch mehr und mehr Möglichkeit bekommt, unsere Psyche zu prägen. Martin Luther – der die Praxis der Rumination zeit seines Lebens in Ehren hielt – empfahl zum Beispiel, abends beim Schlafengehen regelmäßig einen Bibelvers oder eine Zeile des Vaterunsers im Herzen „wiederzukäuen", um dieses Wort dann am Morgen als Hinterlassenschaft des vorigen Abends wieder aufzunehmen. Der Grundgedanke dahinter war, dass „es" während des Nachtschlafs sozusagen in uns weiterbetet und das entsprechende Gebets- oder Bibelwort auch währenddessen seine heilsame Wirkung in unserer Seele entfaltet. Ist das wirklich so abwegig?

Vielleicht klingt das für Sie nach Psychotrick oder sogar nach Gehirnwäsche. Aber es ist einfach die Art und Weise, wie unsere Seele funktioniert. Wir wiederholen ständig Dinge, die wir irgendwo aufgeschnappt haben. Und ich finde, es spricht nichts dagegen, in der Auswahl unserer „Einreden" – wie Anselm Grün diese Sätze nennt – eine bewusste Wahl zu treffen, statt sie einfach dem Zufall zu überlassen.

Das Wiederholungsgebet basiert vor allem auf drei Faktoren:

1. Wir sollten unsere Einreden mit emotionaler Intensität und Leidenschaft sprechen. Ein monotones, herz- und gedankenloses Wiederholen des immer gleichen Satzes bringt nicht viel.
2. Die Rumination wirkt umso stärker, je mehr wir sie mit sinnlichen Eindrücken unterfüttern. Das, was wir da wiederholen, sollten wir auch hören, sehen und fühlen. Etwa indem wir die Gebetszeile laut und nach Möglichkeit rhythmisch sprechen und beim Wiederholen des Satzes innere Bilder wachrufen. An dieser Stelle kommt auch der Rosenkranz ins Spiel, weil das Befühlen der einzelnen Perlen nicht nur eine große Konzentrationshilfe ist, sondern auch unseren Tastsinn aktiviert.
3. Die Rumination entfaltet ihre Wirkung erst nach einem längeren Zeitraum. Fachleute sprechen von mindestens einem Monat täglichen Übens, bevor sich erste spürbare Auswirkungen zeigen. Je länger wir die Rumination praktizieren, desto stärker ist der Einfluss, den sie auf uns nimmt.

Allein schon wegen des letzten Punktes muss meine heutige Übung scheitern. Aber es liegt nun einmal im Wesen meines Selbstversuchs, dass die ganze Wirkung auf längere Zeit angelegter Gebetspraktiken in den von mir geplanten Tagesportionen nicht einzufangen ist. Es ist ebenso sinnvoll wie der Versuch, das Meer mit einem Eimer auszuschöpfen. Was immer sich schließlich in dem Eimer befinden wird, es ist auf jeden Fall nicht das Meer. Ich weiß noch von früher, wie viel Power das Gebet mit einem Rosenkranz entfalten kann. Irgendwann ist diese Praxis bei mir eingeschlafen. Aber vielleicht kann ich heute daran anknüpfen.

Also: Ich stehe in meinem Zimmer, nehme den Rosenkranz in die Hand und laufe los. Als Gebet habe ich mir – übrigens nach langem Nachdenken – den simplen Satz überlegt: „Gott, ich danke dir." Ich habe in letzter Zeit sehr viel Grund zur Dankbarkeit gehabt und doch immer wieder vergessen, Gott gegenüber meinen Dank zu äußern. Mit anderen Worten: Die Dankbarkeit sitzt bei mir im Moment eher im Kopf und nicht so sehr in meinem Herzen. So laufe ich los – immer im Kreis herum –, lasse die Perlen durch meine Hand gleiten und spreche dabei laut: „Gott, ich danke dir." Und weil das dann doch etwas kurz erscheint, ergänze ich jeweils: „Herr, ich danke dir. Jesus, ich danke dir." Meine Schritte nehmen den Rhythmus meiner Worte an – oder ist es umgekehrt? –, und während jeder gesprochenen Zeile versuche ich, innere Bilder dessen wachzurufen, wo ich mich von Gott beschenkt fühle. Die Gebetsperlen helfen mir, gedanklich nicht abzuschweifen, was ich sonst beim Gebet leicht tue. Ich glaube, es ist kein Zufall, dass alle großen Religionen in ihrem spirituellen Portfolio irgendwelche Gebetsperlenketten vorzuweisen haben. Sie helfen einem wirklich, innerlich auf Spur zu bleiben.

Zehn Minuten mache ich das so. Dann setze ich mich hin und reflektiere: Fühle ich mich jetzt dankbarer? Nein, nicht wirklich. Ich habe während der zehn Minuten ein kurzes Aufblitzen erlebt, eine Art Sekundenstaunen, wie reich ich von Gott in letzter Zeit beschenkt wurde. Aber das hatte nicht die Kraft, den dicken Panzer zu durchdringen, den Alltagssorgen, Alltagsstress und aller möglicher Kleinkram über längere Zeit hinweg um meine Seele gelegt haben. Diesen Panzer zu durchbrechen würde tatsächlich erst regelmäßige Übung schaffen. Es ist ein bisschen so wie im Fitness-Studio: Kein Mensch würde erwarten, hier nach einmaligem Üben einen Erfolg zu sehen. Um Fett ab- beziehungsweise Muskeln aufzubauen, bedarf es einer länger anhaltenden, regelmäßigen Praxis. Das gilt im übertragenen Sinn auch im spirituellen Bereich.

Ich glaube an die Kraft der Wiederholung. Dinge, die wir immer wieder tun, und Sätze, die wir immer wieder sagen, nehmen im Lauf der Zeit mehr und mehr Einfluss auf unser Seelenleben und von dort aus auch auf die Realität um uns herum. Am Anfang fast all unserer Überzeugungen und Glaubenssysteme stehen solche Wiederholungen. Wenn wir uns beispielsweise täglich einreden: „Ich bin dumm", glauben wir das eines Tages tatsächlich. Ironischerweise wird der Glaube, dass wir dumm sind, mit ziemlicher Sicherheit dazu führen, dass wir uns auch dumm verhalten. Was uns wiederum darin bestärken wird, dass wir wirklich dumm sind usw. Dieser Kreislauf funktioniert im Guten wie im Schlechten. Wir alle haben es schon erlebt, dass zweifellos begabte Menschen durch ein negatives Selbstbild, das sie sich eingeredet haben, ihre PS nicht auf die Straße kriegen. Und dass andere, die kein bisschen begabter sind, trotzdem ziemlich weit kommen, weil sie von dem festen Glauben getragen sind: „Ich schaff das schon!" Das ist die Macht der Wiederholung. Unsere Einreden formen unsere Überzeugungen und unsere Überzeugungen formen unsere Realität. Wir *kreieren* das, was wir immer wiederholen. Wir *werden* das, was wir immer wiederholen. Und wir *erfahren* das, was wir immer wiederholen.

Und genau hierin liegt sowohl die Stärke als auch die Gefahr von Wiederholungsgebeten. Sie können – mit Herz und Leidenschaft gesprochen und über einen längeren Zeitraum geübt – einen enormen Einfluss auf unsere Seele nehmen. Darum sollten wir weise sein in der Wahl der Sätze, die wir wiederholen. Denn in der Tat kann das ständige Wiederkäuen bestimmter Worte und Formeln zu einer Art Beschwörungszauber werden, der – ganz im Sinne einer sich selbst erfüllenden Prophezeiung – genau die Glaubenserlebnisse produziert, die wir uns im Vorfeld geflissentlich einreden. Salopp gesagt: Wenn Sie über einen längeren Zeitraum – wie bei der großen Rosenkranzkette der Fall – immer wieder Maria grüßen, glauben Sie früher oder später tatsächlich, dass sie irgendwo in Ihrem Zimmer steht. Und machen wahrscheinlich auch entsprechende Erfahrungen. Das ist die Kraft der Wiederholung. Darum ist es wichtig, *was* wir da wiederholen: dass es erstens ein positiver, wahrer und hilfreicher Satz ist, der – dauerhaft gesprochen – einen heilsamen Einfluss auf unsere Seele nimmt. Und dass es zweitens ein Satz ist, der *Gott* und nicht jemand anderem die Ehre gibt, denn sonst ist es kein Gebet.

Vielleicht fragen Sie sich: Ist die Rumination überhaupt ein Gebet? Das kommt darauf an, *was* wir wiederholen. Das Gebet hat sein Wesen in der Anrede Gottes. Viele Wiederholungsgebete haben diesen Charakter. Wir haben in diesem Buch bereits mehrere davon kennengelernt (Jesusgebet der Ostkirche, das Gebet des Jabez). Wenn wir hingegen einen Bibelvers oder ein anderes Wort wiederholen, das nicht den Charakter einer Ansprache hat, würde ich nicht von Gebet, sondern eher von Meditation sprechen. Christliche Meditation besteht – anders als die östliche – nicht darin, dass wir innerlich leer werden, sondern im Gegenteil: dass wir uns anfüllen lassen von bestimmten Inhalten: Worten, Klängen, Bildern usw. Dazu ist die Rumination ein durchaus probates Mittel.

Eine letzte Frage: Geht die ständige Wiederholung immer gleicher Gebete Gott nicht furchtbar auf den Geist? Ich glaube, nicht mehr und nicht weniger, als es unsere Gebete auch sonst tun. Es gibt kein perfektes Gebet, das Gott wirklich angemessen wäre. Sprachlich, stilistisch, inhaltlich, von seinem Wahrheitsgehalt und vor allem von unserem oft so begrenzten Stand- und Blickpunkt her ist letztlich all unser Gebet bei genauer Betrachtung höchst unzureichend und Gottes nicht würdig. Wer immer sich über Wiederholungsgebete aufregt, möge sich hinstellen und sagen, aus welchem Grund er sein eigenes Gebet für würdiger und geeigneter hält, Gottes Ohr zu erreichen. Gott erlaubt und ermutigt uns zu beten. Darin – und nicht in unserer Stilistik – liegt die Verheißung über unserem Gebet. Natürlich kann ein Wiederholungsgebet eine sehr oberflächliche Sache sein. Das kann aber jedes andere Gebet auch. Darum wage ich die These: Solange unser Gebet von Herzen kommt, geht es Gott auch zu Herzen. Davon bin ich überzeugt.

Portfolio

Name:	**Rosenkranz/Wiederholungsgebet**
Erklärung:	Das Wiederholungsgebet – auch Rumination genannt – besteht in der über einen längeren Zeitraum praktizierten Wiederholung eines Gebets- oder Bibelverses. Wenn dabei ein Rosenkranz beziehungsweise eine Gebetskette benutzt wird, steigert dies die Konzentration und das sinnliche Empfinden.
Kategorie:	Wiederholungsgebet
Verwandte Formen:	Gebet des Jabez; Jesusgebet der Ostkirche; Lobpreislieder; Tagzeitengebete; Meditation; Perlen des Lebens
Auf drei gezählt:	1. Eine Gebetskette, Rosenkranz o. Ä. zur Hand nehmen (zum Ausprobieren tut es auch Muttis Perlenkette oder ein Armband mit einfachen Glasperlen). 2. Einen kurzen Bibel- oder Gebetsvers aussuchen. Die Perlen einzeln durch die Finger gleiten lassen, dabei den Vers immer wiederholen („wiederkäuen"). 3. Den wiederholten Vers auf sich wirken lassen (zum Beispiel über Nacht).
Zeitaufwand:	Über einen längeren Zeitraum täglich zehn Minuten; hier: einmal 10 Minuten
Benötigte Hilfsmittel:	Ein kurzes Gebet; Bibel-/Liedvers o. Ä.
Meine Erkenntnis:	Die Wiederholung ist die Mutter unserer Überzeugungen.
Note:	3 Zu kurz geübt, um einen Effekt zu spüren. Auf lange Frist aber ziemlich powervoll.

Tag 35: Stark wie ein guter Espresso

Beten in zehn Sekunden

Vor einiger Zeit schenkte mir ein Freund ein Buch mit dem schönen Titel „Espresso-Beten – Entdecken Sie die Kraft des kleinen Gebets". Da hat sich ein Übersetzer wirklich etwas Pfiffiges einfallen lassen. Der Originaltitel lautet nämlich „The ten second prayer principle", und das erinnert nicht ganz zu Unrecht an Konzepte wie das „Ein-Minuten-Lob", das „Dreißig-Sekunden-System" der effektiven Kommunikation oder die „Drei-Sekunden-Regel" beim Flirten. (Sie glauben doch nicht im Ernst, dass ich Ihnen Letztere im Rahmen eines Buches über das Gebet näher erläutere, oder?) Alle diese Sekundenkonzepte stammen interessanterweise aus den USA.

„Espresso" statt „Zehn-Sekunden-Prinzip" – das heißt, das Cover lockt mit Lifestyle, inhaltlich aber kommt das Buch dann doch ziemlich prinzipiell und im Verlauf der Kapitel immer stressiger daher. Wobei ich den Grundgedanken wirklich gut finde. Der Autor des Buchs geht nämlich davon aus, dass nur die wenigsten Menschen in ihrem Alltag die Zeit, die Kraft und die Konzentration für lange Gebetszeiten aufbringen können. Ähnlich wie der russische Pilger, mit dem ich mich an Tag 11 auseinandergesetzt habe, stellt er sich die Frage, wie er denn die Aufforderung des Paulus, „ohne Unterlass" zu beten, in die Tat umsetzen könne. Und er löst die Frage mit einem Übersetzungskniff: „Ohne Unterlass" bedeute nicht „ununterbrochen", sondern „immer wieder". Das griechische Wort, das Paulus hier verwendet, werde anderorts auch für eine immer wiederkehrende Krankheit benutzt. Ich weiß nicht, ob das sprachlich stimmt, von der Sache her kann ich das jedoch ganz gut nachvollziehen. Das ist wie bei der Erkältung, die ich gerade hinter mich gebracht habe. Auch da habe ich nicht pausenlos gehustet, aber doch so oft, dass jedem in meiner Umgebung schon nach kurzer Zeit klar war: Der Mann hat Husten. Obwohl ich, wenn ich es genau betrachte, wahrscheinlich 99 Prozent der Zeit nicht gehustet habe, sondern Pause machte. Könnte dieses Verständnis der Schlüssel zu dem Geheimnis des „unablässigen Gebets" sein? Zwar nicht ununterbrochen, aber doch „immer wieder" zu husten, äh, zu beten? Ich werde es ausprobieren.

Die Praxis des Zehn-Sekunden-Gebets besteht darin, über den Tag verteilt immer wieder mal kurz und kräftig zu beten und so mit Gott über die Dinge ins Gespräch zu kommen, die uns im Lauf des Tages begegnen und beschäftigen. Die Art dieser Gebete kann dabei sehr unterschiedlich sein: kurze Bitten um Hilfe, Fürbitten, Dankgebete, Bitten um Vergebung, Äußerungen der Freude oder der Klage – im Grunde fast die gesamte Palette der Grundgebetsarten, nur eben jeweils auf ein paar kurze und kräftige Sekunden beschränkt.

Der Morgen fängt recht hoffnungsvoll an. Ich schlage die Augen auf und denke: „Ein neuer Tag, den du für mich gemacht hast – Gott, ich freu mich drauf!" Im Bad spreche ich mein Warmduscher-Gebet: „Danke, dass du Körper und Seele erfrischst!" Ich genieße meinen Morgenkaffee und den Morgenkeks mit einem Tischgebet auf den Lippen. Danach setze ich mich ins Auto und spreche eine kurze Bitte um Bewahrung. Im Autoradio höre ich von einem Grubenunglück und muss an die eingeschlossenen Bergarbeiter denken. Unwillkürlich bitte ich Gott um Beistand bei den Rettungsarbeiten. Einige Minuten später zieht ein Lastwagen ziemlich unvermittelt auf meine Spur: Puh, das war knapp! Ich spreche ein leises Dankgebet, während ich laut vor mich hin schimpfe. Kein Witz: Ich tue wirklich beides gleichzeitig! Als ich mich bei diesem inneren Widerspruch ertappe, muss ich laut lachen, was meine Zorntirade etwas dämpft, denn ich erinnere mich plötzlich daran, dass ich selbst mitunter auch einen ziemlichen Mist zusammenfahre. Wenn natürlich auch nicht oft, denn ich gehöre zu jenen neunzig Prozent der Autofahrer, die einschlägigen Untersuchungen zufolge ihre eigenen Fahrkünste als „überdurchschnittlich" einstufen.

Die Sache mit dem Zehn-Sekunden-Gebet beginnt, mir Spaß zu machen. Alles, was einem begegnet, mit Gott zu teilen, der einen wie ein unsichtbarer Freund begleitet, ist schön. Trotzdem vergesse ich nach etwa einer Stunde meine Übung. Erst mittags beim Essen erinnere ich mich daran, dass ich doch den Tag mit Gott teilen wollte, um dann – nochmals viele Stunden später – kurz vor dem Schlafengehen festzustellen, dass ich meine Übung heute gründlich in den Sand gesetzt habe. Ich habe mich den ganzen Tag über vielleicht zehnmal an Gott gewandt: nicht genug für mein inneres Schiedsgericht, das sich für heute eine mindestens doppelt so hohe Zahl von Kurzkontakten zum Ziel gesetzt hat. Alle halbe Stunde einmal müsste doch drin sein, oder?

Also unternehme ich einen weiteren Anlauf. Der nächste Tag verläuft ganz ähnlich: Aufwachen, Duschen, Morgenkaffee. Und wieder verliert sich irgendwo im Verlauf des Tages die Spur. Mann, da habe ich mal eine wirklich schöne Gebetsmethode gefunden, und es funktioniert nicht! Ich bin reichlich angesäuert. Das Problem liegt – außer in der mangelnden Gewöhnung – in der Zufälligkeit des Verfahrens. Sobald mich die Aufgaben und Herausforderungen des Alltags genug in Beschlag nehmen, beanspruchen sie meine gesamte Aufmerksamkeit, und ich vergesse das Beten. Ich merke: Wer immer nur zufällig betet, betet über kurz oder lang zufällig nicht mehr.

Erst im dritten Anlauf klappt es endlich, und zwar, weil ich zu einem Trick greife: Ich stecke meinen Ehering auf die linke statt auf die rechte Hand. Das ist ein ungewohntes Gefühl, nicht unangenehm, aber doch so, dass ich den Ring ständig spüre. Ständig? Na ja, immer wieder mal. Oder „unablässig", wie Paulus sagen würde. Jedenfalls in der Übersetzung nach „Espresso". Das heißt: Mein auf die linke Seite gewechselter Ehering bietet mir eine wunderbare Erinnerungshilfe: „Du wolltest doch beten, mein Lieber!"

Ja, aber was soll ich jetzt beten? Der Ring meldet sich ja nicht gerade bei irgendwelchen entscheidenden Punkten des Lebens, sondern einfach nur so, irgendwo mittendrin im Gewühl meines Alltags. Nicht, wenn einer mich auf der Autobahn schneidet und mein Adrenalinpegel sowieso auf höchste Achtsamkeit hochschnellt, sondern in den eher ereignislosen Zeiten zwischendrin, wo ich an nichts Besonderes denke. Auch nicht ans Beten, weil es im Moment scheinbar nichts zu beten gibt. Doch gerade dadurch führt mich der Ring zu einer wunderbaren Gewahrsamkeitsübung: „Was mache ich eigentlich gerade? Wie fühle ich mich jetzt? Hat das eventuell mit anderen Menschen zu tun, für die ich jetzt beten kann? Welchen Zielen dient das, was ich gerade tue?" Die Ring-Übung hilft mir, mich kurz in mich hineinzuspüren und meine Empfindungen und Gedanken mit Gott zu teilen beziehungsweise ihm meine Situation „hinzuhalten".

In dieser Kombination gelingt mir mein Versuch – am dritten Tag. Manchmal denke ich von selbst an meinen Vorsatz, mindestens halbstündlich kurz mit Gott zu reden, dann wieder erinnert mich der Ring an mein Vorhaben. Sicher: Das mit dem Ring kann man nicht ewig machen. Schon nach zwei Tagen spüren Sie ihn kaum mehr (ich hab's ausprobiert). Aber er kann einem helfen, eine neue, sinnvolle Praxis einzustudieren, bis diese nach einiger Zeit von selbst funktioniert beziehungsweise zu einer guten Gewohnheit geworden ist. Wenn Sie keinen Ring tragen: Es gibt viele Alltagssituationen, die wir zu einem inneren Auslöser für ein Zehn-Sekunden-Gebet machen können. Mister Espresso empfiehlt zum Beispiel, jedes Mal zu beten, wenn ein Telefon klingelt, die Sirene eines Krankenwagens ertönt oder irgendwo die Glocken läuten. Oder beim Wechseln des Computerprogramms. Oder wenn ein Hund bellt. Oder bei jedem Schluck Kaffee. Das alles kann – wie bei mir der links getragene Ehering – zu einer Erinnerungshilfe werden. So wie sich das Buch liest, habe ich allerdings den Eindruck, der Autor benutzt alle diese Erinnerungshilfen gleichzeitig. Das ist mir zu stressig. Ab und an ein Espresso in allen Ehren, aber bei allzu vielen davon werde ich hibbelig.

Trotz meiner Anlaufschwierigkeiten bewerte ich das Zehn-Sekunden-Gebet als eine der stärksten Übungen meines Selbstversuchs. Zum einen, weil sie mir besonders alltagstauglich zu sein scheint: Anders als die meisten in diesem Buch genannten Übungen brauche ich hierfür weder einen besonderen Ort noch einen eigens reservierten Zeitraum oder sonst irgendwelche Vorbereitungen und Hilfsmittel. Zum anderen setzt das Zehn-Sekunden-Gebet bei etwas an, das wir sowieso die ganze Zeit über tun: Wir sprechen den lieben langen Tag vor uns hin. (Oder geht das nur mir so? Sie gucken gerade so komisch.) Es ist fast so, als wären wir innerlich darauf angelegt, einen ständigen Dialog zu führen, nur dass wir mangels eines echten Gegenübers in einem fortwährenden Selbstgespräch gefangen sind. Die Praxis des Zehn-Sekunden-Gebets hilft uns, unser Leben vor Gott zu führen. Sie zieht unsere Konzentration nicht von der Tätigkeit ab, der wir gerade nachgehen, sondern wir können ganz bei der Sache sein, ganz bei uns selbst und doch auch ganz bei Gott. Wir müssen nicht – wie sonst beim Beten – einen besonderen Freiraum schaffen, in dem wir uns an Gott wenden, sondern beziehen Gott in unser Leben ein. Normalerweise lautet unser Ablauf wie folgt: Leben – Gebetspause – Weiterleben bis zur nächsten Gebetspause. Das Zehn-Sekunden-Gebet ist jedoch keine Pause, sondern lässt sich in den Prozess des Lebens und Weiterlebens problemlos integrieren. Im Gegenteil: Es hilft uns sogar, noch bewusster und intensiver zu leben, weil die Tatsache, dass wir unsere Eindrücke und Empfindungen im Gebet artikulieren, diese verstärkt und ihnen eine gute Richtung gibt.

Also: Diese Übung werde ich mir merken und nach Beendigung meines Selbstversuchs stärker in meinen Alltag integrieren. Wenn Sie mich also mal treffen, und ich trage meinen Ehering links, wissen Sie, dass ich wahrscheinlich gerade für Sie bete.

Portfolio

Name:	**Zehn-Sekunden-Gebet**
Erklärung:	Die Praxis des Zehn-Sekunden-Gebets besteht darin, über den Tag verteilt immer wieder mal kurz und kräftig zu beten und so mit Gott über die Dinge ins Gespräch zu kommen, die uns im Lauf des Tages begegnen und beschäftigen.
Kategorie:	Alltagsgebet; Kombination verschiedener Grundgebetsformen
Verwandte Formen:	Jesusgebet; Stoßgebet (Bitte um Hilfe)
Auf drei gezählt:	1. Davon ausgehen, dass Gott einen begleitet wie ein guter Freund. 2. Bei allem, was einen beschäftigt, ein kurzes Gebet äußern (Dank, Bitte, Klage, Lob, Fürbitte ...). 3. Darüber hinaus evtl. mit einer Erinnerungshilfe arbeiten: Was tue und empfinde ich gerade? Dies Gott in einem kurzen Gebet „hinhalten".
Zeitaufwand:	Über den Tag verteilt rund 20–30 Gebete von jeweils max. 10–20 Sekunden
Benötigte Hilfsmittel:	Keine; anfänglich evtl. Erinnerungshilfe
Meine Erkenntnis:	Wer immer nur zufällig betet, betet bald zufällig nicht mehr.
Note:	1 Vielleicht kein emotionaler Höhepunkt, aber absolut alltagstauglich.

***Tag 36:* Das Herz ist eine miese Gegend**

Beten mit den Rachepsalmen

Theologen machen normalerweise einen großen Bogen darum, sie sind alles andere als erbaulich, und so mancher fragt sich, was sie überhaupt in der Bibel zu suchen haben: die sogenannten Rachepsalmen. Ich habe noch nie eine Predigt zu diesem Thema gehört und in gewisser Weise finde ich das auch richtig. Auf der anderen Seite ärgert es mich. Das Buch der Psalmen gilt als „das Gebetbuch der Bibel". Und darin finden sich eben nicht nur die wunderbarsten Dank-, Lob-, Klage-, Trost-, Natur- und Vertrauenspsalmen, sondern eben auch Fluch- und Rachegebete, die an Gehässigkeit und Bosheit kaum zu überbieten sind (vgl. etwa die Psalmen 59 und 109). Schlimmer noch: Manchmal finden sich solche Verwünschungen in die erbaulichsten Psalmen eingestreut (schauen Sie sich etwa Psalm 143,12 oder Psalm 139, 19–22 an, genau gesagt: tun Sie es lieber nicht). Ich frage mich: Was haben solche Stellen in der Bibel zu suchen? Hat Jesus seinen Jüngern nicht befohlen, zu segnen und nicht zu verfluchen?

Spätestens wenn wir solche Texte lesen, müsste uns eigentlich klar sein, dass die Bibel ein durch und durch menschliches Buch und keineswegs das „Wort Gottes" in dem Sinne ist, dass alles, was sich darin findet, göttlichen Ursprungs und darum frei von Irrtümern, beispielhaft fromm und moralisch korrekt wäre. Nein, es ist nicht richtig, seinen Feinden oder auch den Feinden Gottes die Pest an den Hals zu wünschen, auch wenn man dabei auf ein gutes Dutzend biblischer Belegstellen verweisen kann. Auf diese Weise wurden zwar Kreuzzüge begründet, doch nicht eine Sekunde sollten wir meinen, Hass, Rachegefühle oder Vergeltungsakte seien geistlich begründbar. Diese mögen noch so verständlich und nachvollziehbar sein, aber sie sind weder jemals fromm noch entsprechen sie deshalb gleich dem Willen Gottes, nur weil wir Vergleichbares in den Rachepsalmen finden. So vereinfachend können wir die Bibel nicht lesen.

Auf der anderen Seite mag ich diese Texte auch nicht einfach ignorieren und herausfiltern. Schließlich bin ich nicht der Erste, dem auffällt, dass die Rachepsalmen nicht gerade von jenem Geist der Liebe erfüllt sind, den die Bibel sonst über weite Strecken vermittelt. Das sahen auch die Menschen, die den Kanon der Bibel zusammengestellt haben. Trotzdem haben sie diese Texte nicht rausgeworfen oder redaktionell weichgespült, sondern beibehalten. Das heißt: Für irgendetwas müssen sie gut sein. Nur für was? Hier fallen mir zwei mögliche Antworten ein:

Zum einem entnehme ich der Tatsache, dass die Bibel die Rachepsalmen nicht zensiert, dass ich das bei meinen eigenen Gebeten auch nicht zu tun brauche. Grund zur Zensur gäbe es nämlich genug. In der Theorie ist mir zwar klar, dass ich zu Gott so beten kann und soll, wie es mir ums Herz ist. Aber in der Praxis fällt mir das alles andere als leicht. In mir gibt es nämlich eine Menge Gedanken und Gefühle, bei denen ich Hemmungen habe, sie zu äußern – auch und gerade Gott gegenüber. Das menschliche Herz ist mitunter eine miese Gegend. Meines jedenfalls. Ich wünschte, ich könnte sagen, dass es jeden Tag mit Liebe, Vertrauen, Freude und Dankbarkeit erfüllt wäre. Aber leider finden sich direkt daneben auch Empfindungen wie Angst, Gier, Misstrauen, Bosheit, Selbstgerechtigkeit und noch manches mehr. Das sind Bereiche, die ich selbst nur ungerne anschaue und die ich vor anderen erst recht gern verstecke. Und die ich auch gerne aus meinem geistlichen Leben ausklammere. Doch eine Spiritualität, bei der wir unsere dunklen Seiten ausklammern, führt über kurz oder lang dazu, dass wir uns gegen eine wirklich geistliche Sicht von uns selbst immunisieren. Das Beten von Rachepsalmen ist eine gute Möglichkeit, auch die dunklen Bereiche unseres Herzens ins Gebet zu integrieren. Das macht die dabei geäußerten Inhalte und Gedanken zwar um keinen Deut besser oder gar „heiliger". Aber es setzt sie dem Licht Gottes aus, und das ist – nicht zwangsläufig, aber doch unabdingbar – ein erster, wichtiger Schritt zu ihrer Überwindung.

Damit bin ich bereits bei meinem zweiten Gedanken, wofür Rachepsalmen gut sein könnten: Sie können eine heilsame, geradezu therapeutische Wirkung entfalten. Denn mal im Ernst: Wenn wir Hass und Rachegefühle hegen, was wollen wir damit anfangen?

- Wir können diesen Gefühlen nachgeben und Rache üben (oder den anderen zumindest gepflegt zur Sau machen). Doch in den meisten Fällen schlägt diese Rache auf uns selbst zurück. Wir lösen damit lediglich eine Spirale von Gewalt und Gegengewalt aus. Und nicht selten tun Menschen in ihrem Zorn etwas derartig Dummes, dass sie am Schluss selbst die Geschädigten sind. (So wie jener Mann, der seine Möbel in der Mitte durchsägte, weil seine geschiedene Frau Anspruch auf die Hälfte ihres früheren gemeinsamen Besitzes anmeldete.)

- Wir können diese Gefühle unterdrücken (schließlich darf man so was als Christ ja nicht empfinden). Dann richtet sich die Gewalt, die wir nach außen nicht ausleben konnten, nach innen, und wir bekommen ein Magengeschwür, Depressionen oder Ähnliches.
- Wir können versuchen, uns mit unserem Gegner zu versöhnen. Das wäre natürlich ideal, aber machen wir uns nichts vor: In den seltensten Fällen ist das eine realistische Option.
- Wir können schließlich auch nach einem „Ventil“ für unsere Wut suchen, etwa indem wir in den Teppich beißen, mit den Kindern schimpfen oder die Katze treten.

Wenn ich mir diese Alternativen anschaue, finde ich es, ehrlich gesagt, gar nicht so verkehrt, wenn ein Mensch stattdessen mal all seinen Hass und Groll aufschreibt und Gott in schonungsloser Ehrlichkeit darlegt, was er wirklich denkt. Die Rachepsalmen zeigen uns: Das dürfen wir, ja, mehr noch: Gott *möchte* das sogar von uns! Wir können und sollen mit Gott in einer solchen Offenheit reden, wie wir uns das bei keinem Menschen trauen würden. Unsere abgründigsten Gefühle werden nicht moralisch heruntergebügelt, sondern wir sollen und dürfen sie Gott gegenüber in aller Offenheit äußern. Er kennt sie sowieso. Und indem wir sie im Gebet äußern, lernen wir uns selbst ein bisschen besser kennen, und Gott kann immer mehr heilsamen Einfluss auch auf diese dunklen Bereiche unserer Seele nehmen. Jemand hat mal gesagt: „Besser, ich bete einen Rachepsalm, als dass ich einen gottlosen Hass mit mir herumschleppe.“

Aber jetzt mal ganz praktisch: Ich setze mich also heute hin und verfasse meinen persönlichen „Rachepsalm“. Das Aufschreiben ist bei dieser Übung besonders wichtig: dass ich nicht oberflächlich über meine innersten Gedanken und Empfindungen hinweghusche, sondern sie wirklich einmal auf den Punkt bringe und festhalte. Und das ist, gelinde gesagt, spannend. Im Grunde halte ich mich für einen weitgehend aggressionsfreien Menschen. Es gibt zwar Leute, die ich nicht so mag, aber kaum jemanden, für den ich so etwas wie „Feindschaft“ empfinde oder dem ich gar die Pest an den Hals wünsche. Meine dunklen Seiten liegen definitiv woanders. Und doch: Gibt es nicht auch in meinem

Leben verborgenen Groll gegenüber anderen? Und hilft mir meine heutige Übung nicht, das mal auf den Punkt zu bringen? Zwar habe ich meine Wut weitgehend aus meinem geistlichen Leben ausgeklammert und hielt das bislang auch für eine Tugend. Doch ich beginne zu ahnen, dass das keineswegs eine war. Also setze ich mich hin und schreibe. Dabei vergesse ich mal alle Gebote des Anstands und der Political Correctness. Und merke: Es fällt mir sauschwer. Ich schaue nicht gerne in diese Bereiche meiner Seele hinein.

Ich werde diesen Psalm hier auch nicht offenlegen. Zum einen ist es mir schon peinlich genug, dass Gott ihn gehört beziehungsweise gelesen hat. Außerdem ist jemand anderes davon betroffen, und wem wäre es schon recht, als Gegenstand eines Rachepsalms in die Literatur einzugehen? Aber ich lasse Sie gern an ein paar Erkenntnissen teilhaben, die ich bei meiner Übung gewonnen habe.

Erstens: Diese Übung war sehr beschämend für mich. Dass in meinem Inneren so manche Gedanken und Empfindungen tosen, die ich lieber im Dunkeln lassen würde, war mir durchaus bewusst. Aber all diese Dinge einmal aufgeschrieben vor sich zu sehen ist schon ziemlich erschreckend. Als ich im Vorfeld dieser Übung einige biblische Rachepsalmen las, habe ich mich über das seltsame Gemisch aus Selbstmitleid, Schuldzuweisungen und Vergeltungswünschen gewundert, das diese Gebete kennzeichnet. Dass sich jemand derartig in seiner Opferrolle suhlt, liegt mir im Grunde überhaupt nicht. Doch mit Unbehagen muss ich feststellen, dass mir das tief in meinem eigenen Inneren leider nicht so fern ist, wie ich bislang dachte. Und das erschreckt mich.

Zweitens: Ich sehe mit einiger Bestürzung, welch vernichtende Gedanken ich über andere Menschen entwickeln kann, obwohl ich mich eigentlich für einen grundfriedlichen Menschen halte. Das kann ja wohl nicht wahr sein, was ich da geschrieben habe, oder? Ich staune darüber, wie maßlos ich in meinen Schuldzuweisungen und auch Vergeltungswünschen werden kann, sobald ich der Meinung bin, dass mir jemand meine Entfaltungsmöglichkeiten beschneidet. Da stehe ich den Verfassern der Rachepsalmen in nichts nach. Zwar wünsche ich niemandem, dass er ernsthaft zu Schaden kommt oder gar stirbt. Und doch muss ich gestehen, dass ich in meinem Rachepsalm zumindest mit dem Gedanken gespielt habe, was wäre, wenn es diesen Menschen nicht gäbe. Mein Gott – wie erbärmlich ist das denn!? Nur weil mir irgendwas nicht passt, wünsche ich mir, dass der andere von der Bildfläche verschwindet. Das ist nicht nur völlig unverhältnismäßig, sondern auf diese Weise stilisiere ich mich zum Opfer und gebe anderen Menschen eine Macht über mein Leben, die ihnen nie und nimmer zusteht.

Drittens: Ich hoffe inständig, dass Gott mein Gebet nicht allzu ernst nimmt. Bei nahezu jeder Zeile, die ich schreibe, ertappe ich mich bei Gedanken wie diesen: „Gott, du weißt, dass das jetzt nicht ernst gemeint ist. Bitte erinnere dich: Wir spielen gerade ‚Rachepsalm'. Mehr ist das nicht. Lege meine Worte bloß nicht auf die Goldwaage." Merkwürdig: Ich schaue bei dieser Übung in eine Art Spiegel und habe Angst, dass Gott das Gleiche sieht wie ich. Wie furchtbar wäre es, wenn Gott mich auch nur annähernd nach dem gleichen Maßstab beurteilte, den ich anderen gegenüber anlege. „Richtet nicht, damit ihr nicht gerichtet werdet", sagt Jesus in seiner Bergpredigt. Und: „Mit welchem Maß ihr messt, wird man euch wiedermessen." Das, was ich da in meiner Wut geäußert habe, will ich darum nicht wirklich. Ich will nicht, dass jemand anderes über mich so urteilt – und Gott schon mal gar nicht. Also sollte ich vielleicht doch etwas an meinen eigenen Urteilen ändern. Ich kann nicht gleichzeitig für mich Gnade und mildernde Umstände in Anspruch nehmen, über andere aber in aller Härte urteilen. Denn ich vermute mal, dass bei Gott die gleichen Maßstäbe für alle gelten. Darum sollte ich lieber anfangen, über andere so zu urteilen, wie ich möchte, dass Gott über mich urteilt.

Ich merke, dass mein Gebet gegen Ende tatsächlich etwas moderater wird. Es hat als eine Art Hasstirade begonnen, mündet aber, nachdem ich mich eine Weile ausgetobt habe, tatsächlich in die Bitte, dass Gott heilend in dieses Missverhältnis eingreift. Ja, am Ende formuliere ich sogar eine kleine Fürbitte für meinen „Feind". Obwohl mir das keiner so befohlen hat und ich mir jede Political Correctness bei meinem Rachepsalm eigentlich verboten habe. Es kommt „einfach so" aus meinem Inneren. Das Herz ist scheinbar nicht *nur* eine miese Gegend – Gott sei Dank! Zwar kann ich nicht behaupten, dass durch das einmalige Schreiben eines Rachepsalms alle Wut auf diesen Menschen aus meinem Leben gewichen ist. Aber dadurch, dass ich mein Inneres sozusagen ans Licht gehalten habe, hat Gott Gelegenheit bekommen, wenigstens ein bisschen in meinem Gefühlschaos aufzuräumen. Wie ein Arzt hat er begonnen, an meiner Wunde zu arbeiten, so wie ein Chirurg an einem eingewachsenen Zehennagel. Das tut zwar weh, aber nicht daran zu rühren ist auf Dauer schlimmer. Ich bin mir nicht sicher, ob ich Rachepsalmen in mein Standardrepertoire von Gebetsformen aufnehmen werde. Vielleicht muss eine zwischenmenschliche Beziehung tatsächlich erst grundlegend verfahren sein, bevor ich mir diesen Schmerz noch mal antue. Dann aber weiß ich: Es ist definitiv ein heilsamer Schmerz. Und besser, als sich zu rächen oder die eigene Wut einfach nur herunterzuschlucken, ist es allemal.

Portfolio

Name:	**Rachepsalmen**
Erklärung:	Die Rachepsalmen sind ursprünglich eine biblische Gebetsgattung, mittels derer Menschen Gott um Hilfe gegen einen Feind anrufen, dessen Treiben sie sich hoffnungslos ausgesetzt fühlen. In der Drastik ihrer Verwünschungen widersprechen sie oft allen Geboten moralischer und politischer Korrektheit.
Kategorie:	Gebet mit und ohne Bibel
Verwandte Formen: ..	Klage; Fluch; Verwünschung
Auf drei gezählt:	1. Überlegen, welches zwischenmenschliche Verhältnis derart verfahren ist, dass man Lust hätte, einen Rachepsalm zu schreiben. 2. In Form eines Gebets alles aufschreiben (!), was einem diesbezüglich auf dem Herzen liegt. Je ehrlicher, desto besser. Dabei nicht auf Political Correctness achten! So lange schreiben, bis man das Gefühl hat, erst mal ausreichend „Dampf abgelassen" zu haben. 3. Anschließend mit Gott in einen Dialog über das Aufgeschriebene treten.
Zeitaufwand:	Je nachdem, wie stark uns Rache- und Opfergedanken beschäftigen, kann sich das unter Umständen über Wochen hinziehen; hier: rund 15 Minuten plus anschließende Reflexionsphase.
Benötigte Hilfsmittel:	Papier und Stift; evtl. eine Bibel zur Anregung
Meine Erkenntnis:	Unsere Spiritualität sollte unsere dunklen Seiten nicht ausklammern, sondern integrieren.
Note:	2 Erschreckend!

SONY
1A
90

Tag 37: Der wahrscheinlich 500. Versuch

Beten beim Abendmahl

Mit dem, was ich heute schreibe, werde ich mir sicher nicht nur Freunde machen. Ich war vorhin zum ich-weiß-nicht-wievielten Male in meinem Leben im Gottesdienst beim Abendmahl. Und es hat mich – wie fast immer – überhaupt nicht berührt. Zwar habe ich im Lauf der Jahre gelernt, im Gottesdienst selbst aus Elementen, die mich weniger ansprechen, meinen Nektar zu saugen, aber beim Abendmahl will mir das einfach nicht gelingen. Nein, ich schleppe keine traumatischen Abendmahlserfahrungen aus früheren Tagen mit mir herum. Ich fühle mich nur einfach nicht wohl dabei. Und ich weiß, dass es vielen anderen ebenso geht wie mir. Ich zögere, es zu sagen, aber ich empfinde eine Mischung aus Langeweile, leichter Beklommenheit und Unwirklichkeit der Situation. Zwar gehe ich trotzdem hin, denn ich möchte niemandem wehtun, und mir ist bewusst, dass viele Menschen ganz anders empfinden und sie froh und gestärkt vom Abendmahl weggehen. Aber bei mir ist das schlicht und einfach nicht der Fall, und ich kann nur hoffen, dass es trotzdem wirkt oder doch zumindest nicht schadet – bei den vielen Malen, die ich Brot und Wein nun schon in dieser Form zu mir genommen habe.

Kürzlich habe ich mit einem befreundeten Pfarrer über dieses Phänomen geredet. Ihm geht es mit dem Abendmahl völlig anders. Für ihn ist es ein Mahl der Freude, Tröstung und Stärkung – in einem Satz: Bei ihm kommt all das an, was die Kirche über das Abendmahl lehrt, und offensichtlich hat er meine Ration möglicher religiöser Empfindungen dabei gleich mit abbekommen. Es war ein sehr interessantes Gespräch, bei dem er mir empfahl, einmal nachzuspüren, ob es in meinem Leben überhaupt schon positive Abendmahlserfahrungen gegeben und wenn ja, woran das gelegen hat. Das war ein sehr hilfreicher Hinweis.

In der Tat kenne ich auch positive Abendmahlserfahrungen, die mich tief berührt haben. Und erstaunlicherweise lässt sich hier, wenn ich diese rekapituliere, so etwas wie ein roter Faden entdecken. In aller Regel waren die „Settings“ zum Beispiel deutlich kleiner, als das im Rahmen eines Gottesdienstes der Fall ist. Außerdem verband die Teilnehmenden meist eine gemeinsame Geschichte: etwa die Teilnahme an einer Wochenendfreizeit, einem Glaubenskurs oder einer Kleingruppe.

Auch das eine oder andere Krankenabendmahl, an dem ich teilgenommen habe, wäre hier zu nennen. Ich habe lange nachgedacht, aber ich glaube, dass diese beiden Faktoren die entscheidenden sind: die kleine Gruppe und ein gemeinsames Stück Leben, das wir teilen. Beides macht für mich persönlich den Unterschied aus, ob bei der Feier des Abendmahls Gemeinschaft, Vergebung, Tröstung und Stärkung lediglich eine theologische Behauptung bleiben oder ob sie wirklich zu einer praktischen Erfahrung werden. Ich betone noch einmal: Für mich ist das so. Ich maße mir nicht an, für irgendeine Mehrheit zu sprechen, aber doch für eine ernst zu nehmende Zahl von Christinnen und Christen.

Ich bin heute ganz bewusst in eine Gemeinde gegangen, die das Abendmahl sehr ernst nimmt, es wöchentlich feiert – was im evangelischen Raum die Ausnahme ist – und sehr feierlich einsetzt, dabei aber durchaus fröhlich gestimmt bleibt. Jeder kann so hingehen, wie es ihm zumute ist, ob traurig oder froh, aber die Leute setzen nicht automatisch eine „pflichtfromme" Miene auf, wenn Sie verstehen, was ich meine. Will sagen: Diese Gemeinde macht in meinen Augen eine Menge richtig und ich gehe auch in einer einigermaßen positiven Erwartungshaltung hin. Und doch ergeht es mir wieder so wie fast immer. Das positivste Gefühl, das die gemeinsame Feier des Abendmahls bei mir hinterlässt, ist die Freude, als es „endlich" vorbei ist. (Wobei es durchaus möglich ist, dass ich mich von meinen beiden Jungs anstecken ließ, die drängelten und nach Hause wollten.)

Nun weiß ich, dass Gefühle nicht alles sind. Emotionen sind ein ganz schlechter Gradmesser für geistliche Realitäten, ja, für Realitäten überhaupt. Jeder von uns hatte schon einmal das Gefühl, jemandem trauen zu können, und es erwies sich doch als Fehler. Oder das Gefühl, es würde etwas Furchtbares geschehen, das dann doch nicht eintraf. Vielleicht hatten wir auch schon die Empfindung, jemanden für den Rest unseres Lebens lieben zu können – na ja, Sie wissen ja, was dann geschah. Gefühle sind etwas Wunderbares, aber kein Gradmesser für die Wirklichkeit. Bei dem wenigsten, was wir üben müssen, um es irgendwann einmal gut zu können, haben wir Spaß. Von daher habe ich kein Problem damit, wenn sich bei spirituellen Übungen nicht immer gleich positive Gefühle einstellen. Aber wenn ich – wie bei mir und dem Abendmahl der Fall – etwas immer und immer wieder übe und sich weder emotional noch anderweitig ein messbarer positiver Effekt einstellen will, gibt es im Grunde genommen nur drei Möglichkeiten:

A. Etwas an der Praxis/Übung ist falsch.
B. Etwas an mir selbst ist falsch.
C. Es ist nicht die richtige Praxis/Übung für mich.

„A“ mag ich in Bezug auf das Abendmahl nicht behaupten. Ich werde mich hüten, meinen eigenen Pulsschlag zum Maßstab dessen zu machen, was auch für andere als richtig oder gut zu gelten hat. „B“ akzeptiere ich aber auch nicht. Zu lange habe ich mich mit dieser Frage auseinandergesetzt und zu sorgfältig mein Inneres geprüft, als dass ich mich in diese Ecke stellen würde. Bleibt die Möglichkeit „C“: Das Abendmahl ist – zumindest so, wie es weithin gefeiert wird – einfach nicht die richtige Praxis für mich. Ich gebe zu, dass mich diese Antwort auch nicht sonderlich zufriedenstellt. Immerhin ist das Abendmahl über die gesamte Kirchengeschichte hinweg *die* zentrale spirituelle Praxis der Christenheit gewesen. Im Katholizismus können Sie alles wegnehmen, aber nicht die Eucharistie. Und auch im protestantischen Bereich, wo das Abendmahl dem „Wort“ – also der Bibelspiritualität – deutlich untergeordnet ist, wird niemand ernsthaft behaupten, man könne diese Praxis einfach kippen. Immerhin hat Jesus gesagt: „Tut das zu meinem Gedächtnis!“ Und die ersten Christen, so heißt es in der Bibel, feierten das Abendmahl täglich (!).

Wobei ich schon die Vermutung habe, dass die ersten Christen etwas anders gemacht haben. Sie setzten damals jene Tischgemeinschaft fort, die Jesus während seines irdischen Wirkens mit seinen Jüngerinnen und Jüngern praktiziert hatte. Ihr Abendmahl war dabei in eine ganz normale Sättigungsmahlzeit eingebettet. An einem bestimmten Punkt wurde das Essen kurz unterbrochen, es wurden ein paar deutende Worte gesagt sowie Brot und Wein herumgereicht. Damit vergegenwärtigten sich die ersten Christinnen und Christen, dass der auferstandene Christus auch weiterhin in ihrer Mitte war, nicht nur „im Geiste der Erinnerung“, sondern ebenso real wie Brot und Wein. Anschließend wurde weiter miteinander gegessen und vor allem: weiter miteinander gelebt.

So etwas könnte ich mir auch vorstellen. Ich vermute mal, das wäre sehr viel eher „meine“ Übung als das weitgehend anonymisierte Abendmahl im Gottesdienst. Ich möchte das eine nicht gegen das andere ausspielen. Ich kann mir gut vorstellen, dass eine solche Form des Abendmahls anderen viel zu „dicht“ wäre und dass sie ganz froh sind, im gottesdienstlichen Abendmahl mehr bei sich bleiben zu können. Aber vielleicht könnte die Kirche an dieser Stelle trotzdem ein größeres Spektrum anbieten beziehungsweise mehr ausprobieren. Das Abendmahl eben auch andernorts zulassen als nur im Gottesdienst und es vielleicht nicht nur an die Anwesenheit eines Pfarrers binden. Ich weiß, im Katholizismus ist das unmöglich, aber zumindest die protestantische Kirche könnte meines Erachtens an diesem Punkt die Zügel deutlich lockerer lassen. Was spricht dagegen, wenn sich unter Christinnen und Christen eine Kultur der Gastfreundschaft und des gegenseitigen Sich-Einladens etabliert, bei der sie während des gemeinsamen Essens kurz innehalten, beten, sich gegenseitig Brot und Wein reichen und sich vergegenwärtigen: Jesus ist hier in unserer Mitte – nicht nur „im Geiste", sondern ganz real? Kein Mensch müsste an so etwas teilnehmen. Aber ich weiß, es wäre wohl nicht nur für mich eine große Hilfe.

Portfolio

Name:	**Abendmahl**
Erklärung:	Im Abendmahl werden ein Stück Brot und ein Schluck Wein herumgereicht. Darin vergegenwärtigen sich Christinnen und Christen die Anwesenheit Jesu. Das Abendmahl soll außerdem dazu dienen, Vergebung, Stärkung, Tröstung und Gemeinschaft erfahrbar zu machen.
Kategorie:	Gemeinschaftsgebet; Gebet mit Körper und Geist
Verwandte Formen:	Segnung
Auf drei gezählt:	1. Sich im Gebet für die Abendmahlserfahrung öffnen. 2. Das gereichte Brot essen, einen Schluck Wein aus dem Kelch trinken oder das Brot einstippen („Intinktion"). 3. Sich die Anwesenheit Jesu vergegenwärtigen und daraus Stärkung empfangen.
Zeitaufwand:	Je nach Liturgie und Größe der Gruppe zwischen 10 und 30 Minuten. Da es meist in einen Gottesdienst eingebunden ist, entsprechend mehr. Hier: 90 Minuten.
Benötigte Hilfsmittel:	Brot und Wein; Gruppe; „Liturg/-in"
Meine Erkenntnis:	Richtig essen und trinken wäre mir lieber.
Note:	4 So leid es mir tut: Diese Übung spricht mich beim besten Willen nicht an.

Tag 38: Ein zärtlicher Kuss Gottes

Beten bei Segnung und Salbung

Heute habe ich einen Gottesdienst besucht, bei dem „Segnung und Salbung“ auf dem Programm stand. Ich hatte im Internet davon gelesen, und dabei war mir aufgefallen, dass ich mich lange nicht mehr persönlich segnen lassen habe. Natürlich gibt es am Ende eines jeden Gottesdienstes einen Segen, aber im Vergleich zu einem persönlich und unter Handauflegung zugesprochenen Segen verhält sich der wie das Gucken der „Sportschau“ zu einem Besuch im Stadion. Zweifellos: Ich kriege auch bei der „Sportschau“ alles Entscheidende mit. Aber es ist trotzdem nicht dasselbe Gefühl und – ich weiß, ich hänge mich jetzt theologisch weit aus dem Fenster – letztlich auch nicht dasselbe Erlebnis. Damit will ich den Segen am Ende des Gottesdienstes nicht abwerten. Aber es ist auch ein Unterschied, ob der Pfarrer oder die Pfarrerin allgemein zur „lieben Gemeinde“ predigt oder ob er beziehungsweise sie meine Hand nimmt, mir in die Augen schaut, mich mit Namen anspricht und mir einen ganz persönlichen Rat gibt.

Das habe ich nicht immer so gesehen. Ich war, was die persönliche Segnung betrifft, lange Zeit ausgesprochen skeptisch. Ich hatte eine ganze Menge theologischer beziehungsweise rationaler Einwände dagegen (was nicht immer das Gleiche ist). Es war – wie so oft – die Erfahrung, die mich dazu brachte, an diesem Punkt umzudenken. Ein befreundeter Pfarrer nahm mich zu einem Segnungsgottesdienst mit. Ich erlebte erstmalig eine Segnung – ironischerweise als Mitglied des Segnungsteams – und dieses Erlebnis hat mich einfach „geflasht“. Ich sah – nein: erlebte hautnah! –, was ein persönlicher Segen bei Menschen bewirken kann, und konnte es kaum erwarten, mich im Anschluss an dieses Erlebnis selbst segnen zu lassen. Auch das war ein Erlebnis, das mich tief bewegt hat. Ich erinnere mich nicht mehr an viel, nur dass ich von einer unglaublichen Freude und Wärme durchströmt wurde und leicht zitternd an meinen Platz zurückging. Es war, als hätte mich durch die Hand dessen, der mich da segnete, Gott selbst berührt. (Wenn ich es mir recht überlege, war vermutlich genau das der Fall.)

Anschließend musste ich meine „Pfeile im Köcher“ neu sortieren. All die schönen Argumente gegen die persönliche Einzelsegnung waren von der Realität gnadenlos überholt worden. Ich musste mein persönliches theologisches System ändern, zwar nicht gravierend, aber zumindest auf einem Flügel habe ich doch einige erhebliche Korrekturen vorgenommen. Menschen, die Theologie für eine reine Geistestätigkeit halten, werden jetzt vielleicht entsetzt sein, aber meiner Überzeugung nach sind achtzig Prozent unserer Theologie letztlich Biografie. Sagen Sie mir, was für eine Theologie ein Mensch hat, und ich erzähle Ihnen etwas aus seinem Leben.

Seither habe ich Hunderte von Menschen persönlich gesegnet und mich selbst auch ein paar Dutzend Mal segnen lassen. Meine Erfahrungen dabei waren nicht immer dieselben. Das, was ich bei meinem allerersten Segen erlebt habe, kam in der Intensität nie wieder. Ich war oft berührt, fast immer dankbar, hatte häufig Tränen in den Augen, aber diese allererste Segnung, bei der ich das Gefühl hatte, ich würde fast umfallen vor Freude, war so etwas wie eine Initiation, ein einmaliges Anfangserlebnis, das mich in einen neuen Raum führte, das ich aber so in der Form nie wieder erfuhr. Trotzdem bin ich nicht enttäuscht, sondern froh, dass ich es erlebt habe. Denn viele erleben nicht einmal das. Ich kenne unzählige Menschen, denen die persönliche Segnung sehr viel bedeutet. Ich kenne aber mindestens genauso viele, die es ein paarmal probiert haben und denen das einfach nichts „gibt". Die damit genauso viel anfangen können wie ich mit klassischer Musik (und das ist sehr, sehr wenig). Ist das nun ein geistliches Defizit, ein spiritueller Mangel, irgendetwas, das man unbedingt beheben müsste? Nein, sie – und in puncto klassischer Musik wahrscheinlich auch ich – verpassen nur etwas. Die einen sind eben innerlich so „getaktet", die anderen völlig anders. Nicht alle Menschen sprechen auf dieselben spirituellen Formen in gleicher Weise an. Und das ist völlig in Ordnung. Segnungen sind eben – so wie Jesusgebet, Zungenrede oder Bibelbetrachtung – mein „Ding". Sie gehören zu meinem spezifischen „spirituellen Fingerabdruck". Es wird nicht viele Menschen geben, die auch nur ein annähernd ähnliches spirituelles Profil haben, und mit Sicherheit keinen, der ganz genau das gleiche hat. Denken Sie nur an die „Noten", die ich in meinem Portfolio verteile. Die Chance, dass auch nur *ein* Mensch alle Gebetsübungen exakt gleich bewerten würde, liegt mathematisch gesehen bei 1 zu 6^{50}. (Wenn jemand diesen Wert ausrechnen möchte, kann er ihn mir gerne zuschicken. Nach 6^{25} habe ich aufgehört zu rechnen. Das bereits war eine zwanzigstellige Zahl.) Wenn Sie sich fragen: „Warum gibt der Typ dann überhaupt Noten, wenn der Eindruck bei den Übungen derart individuell ist?“ Nun: Es hat einen hohen Unterhaltungswert. Außerdem bin ich mir sicher, dass dieser Punkt mit die erste Sache ist, nach der Sie gucken. Nein, mal im Ernst: Wie im Vorwort beschrieben, helfen mir diese Noten, mich zu positionieren, was die einzelnen Arten des Gebets anbetrifft. Sie dienen also vor allem meiner eigenen inneren Klarheit. Ihnen hingegen helfen sie, sich dazu in Beziehung zu setzen. Aber nehmen Sie meine Noten bitte nicht allzu ernst, sondern eher mit einem Augenzwinkern.

Doch zurück zur heutigen Gebetserfahrung. Ich habe mich vorhin von jemandem segnen lassen, den ich nicht kannte, der von mir nichts wusste (außer ein paar Worten, die wir zu Beginn gewechselt hatten) und der das Ganze liebevoll, versiert und völlig unaufgeregt – um nicht zu sagen: schnörkellos – zelebrierte. Es gab keine langen Gebete, keine Psychologisierungen, keine weitschweifigen Formeln. Das schätze ich, denn das kenne ich durchaus auch anders. Er sprach ein kurzes Gebet, bat Gott um seinen Segen für mich, legte mir die Hände auf die Schultern – interessanterweise nicht auf den Kopf, was ich etwas bedauerte –, segnete mich im Namen des Vaters, des Sohnes und des Heiligen Geistes, und das war's. Es durchzog mich kein warmer Strom, ich zitterte nicht, musste nicht weinen; es war einfach eine kurze Berührung, verbunden mit einem Zuspruch. Punkt.

Ein kleines bisschen war ich zugegebenermaßen enttäuscht. Im Nachhinein bin ich aber dafür dankbar, denn es zwingt mich an dieser Stelle zu der Frage: „Was bedeutet eigentlich der Segen, wenn ich nichts dabei spüre?“ Bereits an anderer Stelle habe ich geschrieben, dass Gefühle kein guter Gradmesser für geistliche Realitäten beziehungsweise für Realitäten überhaupt sind. Meine Frau und ich lieben uns zum Beispiel heiß und innig. Das bedeutet nicht, dass ich das in jedem Augenblick meines Lebens so empfinde (wenn doch erstaunlicherweise in den meisten). Wenn ich es mitunter nicht fühle, hat es in aller Regel mit Faktoren zu tun, die mit uns und unserer Liebe überhaupt nichts zu tun haben. Etwa wenn ich Zahnschmerzen habe oder gerade Fußball gucke. Nur wenn ich es überhaupt *nie* oder nur selten empfinden würde, müsste ich schon mal genauer draufschauen, ob das, was ich da über unsere Liebe behaupte, denn wirklich stimmt.

Auf unser Thema übertragen: Gott spricht mir im Segen zu, dass er mit mir geht, dass er mich fördert, stärkt, stützt und hält. Manchmal kann ich das sogar rein körperlich spüren, und das ist wunderschön.

Manchmal haut mich dieses Gefühl geradezu um. Manchmal fühle ich es aber auch nicht. Was wiederum meistens mit Faktoren zu tun hat, die mit Gott und seiner Liebe zu mir nichts, aber auch gar nichts zu tun haben. Umso wichtiger, dass ich es dann zugesprochen bekomme. Wenn ich es allerdings *nur* zugesprochen bekomme und niemals fühle, sollte ich vielleicht doch mal nachhaken, woran das liegt.

Der Segen ist bei alledem keine Zusage für einen Ritt auf Wolken. Manche denken: „Wenn ich mich segnen lasse, lösen sich umgehend meine Probleme." Das ist Unsinn. Oder höchstens eine barmherzige Ausnahme. In aller Regel löst der Segen nicht meine Probleme, sondern gibt mir die Kraft, sie anzugehen. Oder zumindest durchzuhalten. Gott ist bei mir. Das gibt mir Halt.

Ein paar Worte noch zum Thema „Salbung": Die wurde in dem Gottesdienst heute nur für Kranke angeboten. Und das ist okay so. Ich habe mich in meinem Leben dreimal salben lassen, davon einmal, als ich ziemlich krank war. Die Salbung mit einem duftenden Öl ist zwar nicht mehr als eine Segnung, aber sie geht in noch stärkerem Maß unter die Haut. Noch Stunden später kann man das Salböl spüren und riechen. Es ist ein nachhaltigeres Gefühl. Kranke brauchen dies oft noch stärker als die Gesunden, denn es gibt so viel, das sie davon abhalten kann, die Liebe Gottes zu spüren: Schmerzen, Zweifel, Sorgen. Darum würde ich Salbungen in aller Regel tatsächlich für solche Situationen reservieren, in denen die betreffende Person gerade durch ein besonders dunkles Tal geht. Diese Menschen können eine kleine Extraportion Segen gut gebrauchen. Das hat die Gemeinde, die ich heute besucht habe, meiner Meinung nach schon sehr richtig gemacht.

Schlussendlich: Was hat das Ganze mit Gebet zu tun? Ganz einfach. Beten ist ja nicht nur Reden mit Gott, sondern auch Hören. Ja, mehr noch: Es umfasst die gesamte Bandbreite möglicher Kommunikation. Im Segen spricht Gott mit uns und wendet sich uns – ähnlich wie in Taufe und Abendmahl – in geradezu körperlich spürbarer Weise zu. Ein Freund von mir sagt oft: „Der Segen ist so etwas wie ein Kuss, den Gott mir gibt." Na, wenn das keine Kommunikation und darum Gebet ist, was dann?

Portfolio

Name:	**Segnung und Salbung**
Erklärung:	Im Segen beziehungsweise der Salbung spricht Gott uns durch die Worte und Handauflegung eines anderen Menschen zu, dass er bei uns ist und mit uns geht, dass er uns stärkt, fördert, stützt und hält.
Kategorie:	Gebet mit Körper und Seele
Verwandte Formen: ..	Abendmahl; Absolution nach der Beichte
Auf drei gezählt:	1. Zu einem Menschen gehen, der darin Erfahrung hat, andere zu segnen. 2. Ihm kurz sagen, wofür man gesegnet werden möchte. 3. Abwarten, was passiert.
Zeitaufwand:	Max. 5 Minuten; alles darüber ist nicht Segnung, sondern Seelsorge
Benötigte Hilfsmittel:	Ggf. Salböl
Meine Erkenntnis:	Achtzig Prozent unserer Theologie ist letztlich Biografie.
Note:	2+ Punktabzug, weil nur die Schultern berührt wurden.

Tag 39: Chaossymphonie und Gänsehaut

Beten mit Tönen

Heute Abend habe ich einen Vortrag über Spiritualität besucht und viel dabei gelernt. Jetzt, gegen Ende, möchte es der Referent – ein evangelischer Pfarrer – nicht bei der Theorie belassen, sondern beendet das Ganze mit einem ritualisierten gemeinsamen Abendgebet. Die Elemente, aus denen dieses zusammengesetzt ist, sind mir weitgehend vertraut und reißen mich erst mal nicht sonderlich vom Hocker. Dann, auf einmal, sagt er: „Wir wollen jetzt gemeinsam um Frieden beten. Jeder hat bei dieser Bitte vielleicht etwas anderes vor Augen. Eine oder einer bittet um Frieden in der Welt, jemand anderes um Frieden zu Hause oder am Arbeitsplatz, mancher sucht vielleicht Frieden mit Gott oder auch nur mit sich selbst. Diese vielfältigen Bitten kulminieren in dem einem Wort: ‚Frieden' beziehungsweise ‚Shalom' oder auch ‚Salaam'. Darum wollen wir uns eine Zeit nehmen, auf diese beiden Worte zu ‚tönen': Shalom und Salaam. Jeder mag dabei seine eigene Melodie singen, sein eigenes Tempo und seine eigene Lautstärke bestimmen. Es steht euch frei, dabei auf die anderen zu achten oder ganz bei euch selbst zu bleiben."

„Tönen" – was ist das denn? Das kannte ich bis dahin nur vom Friseur. Ich bin jedenfalls super gespannt! Es erschallt ein Gong – in kleineren Settings würde er wohl eine Klangschale wählen –, dann intoniert er etwa auf der Klanghöhe des Gongs ein tiefes, lang anhaltendes „Shalommmm". Kurz darauf stimmen andere mit ein; teils auf gleicher Tonhöhe, teils so gekonnt versetzt, dass das gemeinsame „Shalom/Salaam" einen harmonischen Drei- oder Vierklang ergibt. Ich selbst kann nicht anders: Ich muss schon nach wenigen Sekunden mitsingen, erstaunt über meinen Mut, mir meinen Wunsch nach Frieden von der Seele zu singen, wobei ich allerdings darauf achte, dass mein Gesang mit dem meiner Sitznachbarn wenigstens halbwegs zusammenpasst. Andere sind da nicht so zimperlich: Sie singen teilweise auch völlig schräg zur Gesamtgruppe, doch erstaunlicherweise „passt" auch das. Einige singen schnell, andere langsam. Wieder andere summen nur. Manche bleiben auf einem Ton, andere singen ganze Melodien. Alles in allem: erstaunlich! Wahrscheinlich muss man es miterlebt haben, um nachzuvollziehen, wenn ich hier schreibe: Es ist einfach wunderschön!

So vielfältig es ist, wie wir hier singen, brummen, krächzen und quaken – je nachdem, wie es jedem Einzelnen gegeben ist –, und so wenig das Ganze einer festen Melodie folgt, sosehr ist es doch eine Einheit, und sosehr spüre ich, wie sich das, worum wir hier bitten – Frieden –, in unserer Mitte ausbreitet. Frieden, so erfasse ich intuitiv, hat nicht unbedingt etwas mit Gleichförmigkeit oder Gleichklang zu tun. Dafür sind wir alle viel zu unterschiedlich. Frieden heißt, diese Verschiedenheit der Menschen und Stimmen gleichberechtigt nebeneinander stehen zu lassen und als ein gemeinsames großes Ganzes vor Gott zu bringen. Dass dies gerade in den Sprachen der beiden verfeindeten Völker Israels und Arabiens geschieht, berührt mich in besonderer Weise.

Nach etwa fünf Minuten ertönt erneut der Gong und der Gesang verebbt in seinem Nachhall. Ich habe Gänsehaut! Und mir stehen – was mir nicht oft passiert – Tränen in den Augen, obwohl ich keine Gründe nennen könnte, warum. Allein schon für dieses kurze Erlebnis hat sich der ganze Abend gelohnt. Später erfahre ich, dass es hierzu ein korrespondierendes Morgenritual gibt. In diesem wird nicht auf „Shalom/Salaam" getönt, sondern auf die hebräische Urform des Namens Jesu: „Jehoschua." Die Anrufung Jesu am Morgen und die Bitte um Frieden am Abend – das finde ich als Ritual schon ziemlich durchdacht. Allerdings finde ich die Bezeichnung „Tönen" ausgesprochen grässlich, doch sie scheint, wie ich durch kurzes Googeln herausfinde, in spirituellen Kreisen tatsächlich allgemein verbreitet zu sein. Schade, denn es klingt reichlich altbacken. Schon der simple Begriff „Klingen" wäre um Meilen kompatibler mit dem Lebensgefühl eines modernen Menschen. Man muss es ja nicht gleich „Grooven" nennen – wobei: Warum eigentlich nicht? Wahrscheinlich könnte man allein durch diese Begriffsänderung ganz neue Generationen für diese wunderbare Praxis interessieren.

So ganz unvertraut war mir das, was ich heute erlebte, übrigens nicht. Ich habe vor Jahren eine große Freikirche im Norden Deutschlands besucht, in deren Gottesdienst es während einer Zeit von Liedern und Gebeten ein ähnliches Phänomen gab. Plötzlich sang jeder etwas anderes. Teils passten die Gesänge harmonisch zueinander, teils waren sie völlig dissonant. Einige benutzten dabei Worte, die ich verstehen konnte, die meisten indes sangen und beteten in unverständlichen Lauten. Manchmal wurde es lauter, dann wieder leiser. Es hatte etwas von Glockenklang.

Ich hatte seinerzeit schon Erfahrungen mit dem Zungengebet (siehe Tag 21) gesammelt, sodass ich sofort wusste, dass es sich hierbei um einen sogenannten „Zungengesang“ (auch „Sprachengesang“ genannt) handeln musste. Das kannte ich bis dahin nur aus der Literatur und war zugegebenermaßen skeptisch, weil ich immer der Meinung war, dass Zungenrede nicht in den Gottesdienst, sondern in den Bereich der persönlichen Spiritualität gehört. Doch hier – beim Zungengesang – merkte ich schlagartig: Das gehört hierher. Wo sollte man es auch sonst tun? Alleine in Zungen zu singen ist, wie alleine einen Kanon anzustimmen – das geht schon vom Ansatz her nicht. Nein, der Gottesdienst ist schon ein geeigneter Ort dafür. Die Worte, die wir hier nicht verstehen, werden schon durch die Vielfalt der Stimmen und Klänge wettgemacht. Ähnlich wie das Tönen empfand ich den Zungengesang trotz aller vorhandenen schrägen Laute als unglaublich harmonisch, als eine ganz intensive Erfahrung von Gemeinschaft und Gottverbundenheit. Ich habe seither öfter mit Menschen über dieses Erlebnis gesprochen, und die meisten von ihnen, die so etwas schon einmal erlebt hatten, teilten diese Einschätzung – selbst wenn sie eher kirchen- und glaubensdistanziert waren. Zugegeben: Wir verstehen nicht, was der andere singt und betet. Aber wir müssen ja auch nicht unbedingt die Sprache der Glocken verstehen, damit sie auf uns wirken können. Bei den Vögeln im Himmel zwitschert auch jeder, was er will – und trotzdem ergibt das Ganze eine erstaunliche Harmonie.

Als ich noch aktiver Gemeindepfarrer war, habe ich manchmal überlegt, ob und wie ich den Zungengesang in unsere Gottesdienste integrieren könnte. Wir waren zwar recht bekannt für unsere oftmals sehr experimentellen Settings, aber das habe ich mich dann doch nicht getraut. Zu andersartig erschien mir damals die Kultur selbst unserer eigentlich recht innovativen Gemeinde, als dass ich dieses Element hätte einführen wollen. Hätte ich das Tönen, das mir heute aus einer spirituell völlig andersartig gefärbten Ecke entgegenklang, damals schon gekannt, hätte ich es auf diesem Weg versucht. Ein tönendes „Shalom/ Salaam“ oder „Jehoschua“ lässt sich leichter mit der Kultur unserer großen Landeskirchen verbinden als der Zungengesang der charismatischen Bewegung. Ich kann mir durchaus auch vorstellen, dass es als Brücke dazu fungiert. Andererseits spricht auch nichts dagegen, wenn eine Gemeinde es beim Tönen belässt, weil der Zungengesang ihrer Art von Spiritualität fremd ist und bleibt.

Letztlich führt beides die Menschen an einen sehr ähnlichen Punkt: nämlich zu der Erfahrung, dass sich der Himmel dort auftut, wo sich Menschenherzen hoffnungsvoll für Gott öffnen. So erleben sie Harmonie inmitten aller Dissonanz, Trost in ihrer Trauer und Stärkung auf ihrem Weg. Der Zungengesang wirft dabei allerdings eine Menge theologischer Fragen auf, die sich beim Tönen irgendwie leichter und natürlicher erklären. Nicht eine Sekunde wurde beispielsweise heute der Anspruch erhoben oder auch nur der Eindruck erweckt, dass es sich bei dem, was wir hier erlebten, um ein übernatürliches Phänomen oder gar einen „Engelsgesang" handle.

Und genau hier liegt mein eigentliches Problem mit dem Zungengesang: nicht in der Praxis, die ich als sehr schön empfinde, auch nicht in der Tatsache, dass er im Gottesdienst praktiziert wird, sondern in dem unsäglichen theologischen Überbau, der manchmal damit verbunden wird. Gerade bei solchen etwas irrationalen – oder besser: transrationalen – Phänomenen ist es oft besser, theologisch den Ball etwas flach zu halten. Weniger ist in diesem Fall definitiv mehr. Was ich heute beim Tönen erlebte, war von einer geradezu wohltuenden Normalität und Schlichtheit. Trotzdem war es ein „heiliger" Moment – und zwar ganz offensichtlich nicht nur für mich.

Portfolio

Name:	**Tönen/Zungengesang**
Erklärung:	Beim Tönen stimmen die Teilnehmenden auf Worte wie „Shalom/Salaam“, „Jehoshua“ o. Ä. jeweils eigene Melodien an, die trotz aller Dissonanzen zusammen eine vielstimmige, harmonische Einheit bilden. Beim Zungengesang ersetzt ein gesungenes Sprachengebet die vorgegebenen Worte.
Kategorie:	Transrationale Gebetsform; Gemeinschaftsgebet
Verwandte Formen:	Zungenrede; Liturgische Gesänge
Auf drei gezählt:	1. Die von der anstimmenden Person vorgegebene Melodie mit jeweils eigenen Tönen, Melodien und Rhythmen ergänzen, die einem durch den Kopf gehen. 2. Dabei den vereinbarten Text (beziehungsweise beim Zungengesang ein vertontes Sprachengebet) singen. Versuchen, sein ganzes Herz in die gesungenen Laute zu legen. 3. Innerlich in den Klangraum eintauchen, in dem schräge Töne durchaus harmonieren und wo Einheit inmitten von Vielheit erfahren werden kann.
Zeitaufwand:	Ca. 3–5 Minuten
Benötigte Hilfsmittel:	Tongeber für Eingangs- und Schlusssignal (etwa Gong, Klangschale oder E-Gitarre)
Meine Erkenntnis:	Wo sich Menschenherzen für Gott öffnen, öffnet sich über ihnen der Himmel.
Note:	1 Allein schon für die Gänsehaut!

Tag 40: Gipfelerlebnis mit Hindernissen

Beten auf dem Pilgerpfad

Pilgern ist seit einigen Jahren wieder stark in Mode. Ich weiß noch, wie ich vor Jahren fassungslos vor der Tatsache stand, dass ein ehemaliger Konfirmand von mir, der beruflich in einer Krise war, den Jakobsweg beschreiten wollte. Dazu brauchte er von mir eine Art Empfehlungsschreiben, das ich ihm ausstellte, ohne genau zu wissen, was ich tat. Ganz stolz kam er wenige Monate später bei mir vorbei und zeigte mir seine „Compostela", der zufolge ihm alle Sünden vergeben worden waren. Kurz darauf ließ sich ein guter Freund von mir scheiden und tauchte ebenfalls wochenlang auf den Jakobsweg ab. Später las ich die Jakobsweg-Bestseller von Hape Kerkeling und Paulo Coelho, die mich beide auf ihre Weise faszinierten.

Es gibt die unterschiedlichsten Gründe zu pilgern: Manche tun es, um für eine Sünde zu büßen oder weil sie auf einen Ablass für ihre Sünden spekulieren. Andere hoffen auf eine besondere Gebetserhörung oder Heilung. Wieder andere erwarten für sich eine innere Vertiefung und Veränderung.

Ich habe lange überlegt, ob ich im Rahmen meines Selbstversuchs nicht auch auf den Jakobsweg gehen sollte. Immerhin gibt es in Hessen ein ansehnliches Teilstück desselben und ich habe mir von der Jakobusgesellschaft schon mal vorsorglich einen Pilgerausweis zuschicken lassen. Andererseits fand ich es etwas absurd, nur einen Tag lang zu pilgern. Was sollte das bringen? Hilde Domin sagt über das Pilgern: „Wenn du lange genug gegangen bist, bleibt das Wunder nicht aus." Alle, die mir von solchen Wundern berichtet haben, sind tatsächlich auch lange gepilgert. Mein Vorhaben, einen Tag lang auf dem Jakobsweg zu laufen, war zwar eine coole Idee, wäre aber bereits im Ansatz zum Scheitern verurteilt gewesen. Ich hätte bestenfalls eine nette Wanderung gemacht.

Was ist eigentlich der Unterschied zwischen einer Wanderung und einem Pilgerweg? Ich denke, es ist die Sehnsucht nach einer Gottesbegegnung. Ein Wanderer will sich des Weges erfreuen und dabei Neues entdecken. Ein Pilger hingegen will auf dem Weg Gott erfahren und dabei selbst neu werden. Die Frage, die mich lange beschäftigte, war, wie ich das im Rahmen meines Selbstversuchs innerhalb von 24

Stunden hinbekommen könnte: ehrliche Sehnsucht, ein spirituell bedeutsamer Weg bei gleichzeitiger zeitlicher Begrenzung. Das Phänomen des „Neuwerdens auf dem Weg“ kann ich eh nicht bewusst herstellen; es ist unverfügbares Geschenk. Alles, worauf ich mich beim Pilgern konzentrieren kann und soll, ist meine Sehnsucht.

Auf einmal stolperte ich geradezu über die Lösung. Im Rahmen eines Badeurlaubs in Ägypten (es war das Jahr vor den großen politischen Umwälzungen) entdeckte ich an einer Anschlagtafel das Angebot, eine Nachtwanderung auf den Berg Sinai zu machen, um dort den Sonnenaufgang zu erleben. Wow, das war es! Allein das Wort „Sinai“ brachte in mir jene Sehnsucht zum Klingen, die für einen Pilgerweg so unabdingbar ist. Auf dem Berg Sinai soll Mose die Tafeln mit den Zehn Geboten empfangen haben. Beim Katharinenkloster, dem Start- und Endpunkt unserer Rundwanderung, soll Gott dem Mose in einem brennenden Dornbusch erschienen sein. Und irgendwo am Fuße des Berges befindet sich auch jene Höhle, in der der Prophet Elia eine der großartigsten Gotteserscheinungen der Weltgeschichte gehabt haben soll. Ein „aufgeladener“ Ort geballter Gottespräsenz also. Ein geradezu ideales Ziel für einen relativ kurzen Pilgerweg. Vielleicht würde auch ich eine kleine Gotteserfahrung haben, und wer weiß: Vielleicht würde ich ja so etwas wie ein elftes und zwölftes Gebot empfangen?

Der Aufstieg vom Katharinenkloster zum Sinai dauert etwa drei Stunden. Dabei werden knapp 800 Höhenmeter überwunden. Es geht entweder über 4.000 Stufen, die von Mönchen gebaut wurden, oder über einen etwas einfacheren, aber längeren Weg. Die letzten 750 Stufen aber muss jeder so oder so gehen, bis er den Gipfel erreicht. Bitte vergessen Sie alle Stufen, die Sie je gesehen haben. Jede der hiesigen ist nach Trittfestigkeit, Höhe, Länge und Abstand zur vorherigen ein Unikat. Eine echte Herausforderung, wenn Sie im Dunkeln laufen! Gefühlt jede halbe Minute taucht außerdem eine Gestalt aus dem Dunkel auf und zischt Ihnen – darauf spekulierend, dass Sie abendländisches Weichei diesen Weg nicht durchhalten – fragend zu: „Kamele?“ Mal ganz ehrlich: 4.000 Stufen oder auch 750 mögen beschwerlich sein, aber all die Blasen, die ich mir unterwegs vielleicht hole, sind mit Sicherheit nichts im Vergleich zu dem, was ich meinem Hintern antue, wenn ich diese Strecke auf dem Rücken eines zwei Meter hohen Wüstenschiffs absolviere. Eine Frau aus unserer Gruppe entschloss sich tatsächlich dazu, ein solches Kamel für teures Geld zu mieten. Sie war allerdings auch in Strohschläppchen auf unsere Exkursion gekommen. Wahrscheinlich hatte sie gedacht, sie könne mit der Gondel hoch auf den Sinai fahren, und war deshalb nach 500 Metern super dankbar, nicht weiterlaufen zu müssen. Ihre Dankbarkeit währte allerdings nicht lange. In luftiger Höhe schaukelnd jammerte sie nach kurzer Zeit, sie sei seekrank und müsse sich übergeben, und oben angekommen tat ihr jeder Knochen weh. Wie sie das mit der Seekrankheit zwischenzeitlich gelöst hatte, wollte ich lieber nicht wissen.

Ich überspringe den Aufstieg, um Sie an meinem „Gipfelerlebnis" teilhaben zu lassen und weil der Weg für mich nichts Spirituelles barg. Viel zu häufig wurde ich in meinen Gedanken von den äußerst verkaufsfreudigen Beduinen unterbrochen. Sonderlich besinnungsfördernd war das nicht. Auf der anderen Seite ging es mir – typisch Mann! – nicht so sehr um den Weg, sondern um das Ziel. Und das ist fürs Pilgern auch durchaus legitim. Denn es gibt, wie ich mal gelesen habe, drei Kategorien des Pilgerns: das Unterwegssein *zu* Gott, das Unterwegssein *mit* Gott und das Unterwegssein *für* Gott. Ersteres nennt man eine „Wallfahrt", Zweiteres einen „Pilgerweg" und das Dritte „Pilgerschaft". In meinem Fall handelte es sich eindeutig um eine Wallfahrt: Ich war unterwegs zu einem wahrhaft heiligen Ziel und freute mich darauf. Und ich ließ mich nicht davon stören, dass mich alle paar Meter jemand ansprach: „Du wolle Rose kaufen?"

Ich strebte dem Ziel derart entgegen, dass ich viel zu früh oben auf dem Gipfel ankam. Es war saukalt und mir standen noch gut 90 Minuten Wartezeit bis zum Sonnenaufgang ins Haus. Also mietete ich mir kurz vor dem Gipfel zwar kein Kamel, aber eine Decke, die einem Kamel an Gestank in nichts nachstand. Ich lief die letzten 100 Meter im Stockdunkeln bis zum Gipfel und trat dabei ab und zu auf etwas Weiches. Das darauf folgende Schimpfen belehrte mich darüber, dass es sich dabei um Pilger handelte, die dort oben offenbar übernachteten. Ich überlegte, wo ich den besten Ausblick auf den Sonnenaufgang haben würde, und setzte mich – in meine Decke eingemummelt – direkt an den Rand des Gipfels. Meine Füße stützten sich auf einen etwa 30 Zentimeter breiten Felsvorsprung, gerade eben passend für meine Schuhgröße 45, und dann kam der Abgrund. Ich bekomme – ungelogen! – jetzt noch Schweißhände, während ich das schreibe. Denn, das sollte ich vielleicht erwähnen, ich sitze nicht nur gerne in der ersten Reihe, sondern leide auch unter Höhenangst. Je heller es wurde, desto besser konnte ich die Tiefe des Abgrunds erkennen. Vielleicht fragen Sie sich: „Warum ist der Idiot nicht einfach weiter nach hinten gegangen?“ Antwort: Weil es nicht mehr ging. Ich war – abgesehen von denen, die hier biwakierten – zwar einer der Ersten, die auf dem Berg angekommen waren. Aber nur wenige Minuten später drängten immer mehr Menschen auf die kleine Felsplatte, an deren Rand ich saß; alle auf der Suche nach dem ultimativen spirituellen Kick. Ich hätte es ja liebend gern getan, aber es war schlichtweg kein Platz, um zurückzugehen. Mich durch diese Massen zu wühlen wäre hier direkt am Abgrund gefährlicher gewesen, als mit beiden Beinen fest auf dem Felsvorsprung gestützt am Rande des Felsens sitzen zu bleiben.

Wenn ich im Flieger sitze, mache ich, wenn es mir zu sehr wackelt, einfach die Augen zu. Aber ich war hierher gekommen, um das atemberaubende Panorama und den einmaligen Sonnenaufgang zu erleben, den seinerzeit auch Mose erlebt hatte, bevor ihm die Zehn Gebote offenbart wurden. Ich weiß nicht, welche Gebote ihm eingefallen wären, wenn er diese Erfahrung mit rund 400 Rucksacktouristen hätte teilen müssen, aber ich wette, sie hätten anders ausgesehen und die Weltgeschichte wäre völlig anders verlaufen. Also saß ich dort, zitternd vor Kälte und vor Angst. 30 Meter entfernt stimmte eine deutsche Jugendgruppe das Lied „Danke für diesen guten Morgen“ an. Ich bitte Sie: mitten in Ägypten! Ich mag das Lied schon in Deutschland nicht besonders. Und dann noch in diesem Moment! Diese Kids hatten tatsächlich eine Gitarre mit auf den Gipfel geschleppt – oder sie von einem Kamel tragen lassen. Es war so absurd, dass ich wider Willen lachen musste. Wie sagt Karl Valentin so schön: „Jedes Ding hat drei Seiten: eine positive, eine negative und eine witzige.“

Aber dann kam der Hammer: Für ziemlich genau 6:00 Uhr war der Sonnenaufgang angekündigt. Etwa sieben, acht Minuten davor entstand hinter mir eine Unruhe. Grund dafür war ein offensichtlich alkoholisierter, ziemlich beleibter Russe, der sich durch die dicht gedrängten Menschenmassen nach vorn drängelte. Nichts, was ich nicht von den abendlichen Büfetts in unserem All-inclusive-Hotel kannte, aber hier bekam dieses Verhalten doch noch mal eine ganz neue Qualität, denn er steuerte direkt auf mich zu, quetschte sich an mir vorbei und setzte sich schräg vor mich genau auf jenen schmalen Felsvorsprung, auf den ich meine Füße gestellt hatte. Ganz offensichtlich liebte er es noch mehr als ich, in der ersten Reihe zu sitzen. Seine Beine baumelten über dem Abgrund, an seinen Füßen trug er – ich schwöre es! – Adiletten, und es war völlig klar, an wessen Bein er sich mit seinen gut 120 Kilo Kampfgewicht festhalten würde, wenn er abrutschen und in die Tiefe fallen sollte.

Von dem fünf Minuten später erfolgenden Sonnenaufgang habe ich nicht viel mitbekommen. Ja, ich betete, aber es handelte sich nicht um die Art von Gebet, die ich mir eigentlich für einen solchen Moment reserviert hatte. Ich betete darum, dass ich diese Erfahrung heil überleben würde. Und dass Gott, wenn er die sicherlich vielfältigen Sünden des dicken Russen da vor mir irgendwann einmal bestrafen wollte, dies bitte nicht gleich tun möge.

Wenige Minuten später war der Spuk auf einmal vorbei. Die Sonne war gerade aufgegangen, es war höchstens fünf nach sechs, und ich saß nahezu alleine auf dem Gipfel. Der Russe war weg, die Menschentrauben hinter mir ebenfalls. Eilig, ja, geradezu hektisch machten sich 400 Menschen auf den langen Abstieg hinunter ins Tal zum Katharinenkloster, wo sie offensichtlich nur für 399 Personen das Frühstück gedeckt hatten. Ich vermute mal, das muss exakt der Moment gewesen sein, in dem Mose nach langer Wanderung die Spitze des Sinai erreichte: morgens um kurz nach sechs. So fand er einen völlig menschenleeren, von der Morgensonne durchfluteten Berggipfel mit einem atemberaubenden Panorama vor. Geradezu das ideale Ambiente, um die Zehn Gebote zu empfangen. Leider war ich vor sechs gekommen, daher blieb mir ein ähnliches Erlebnis verwehrt. Und ich vermute mal, den meisten, die mit mir auf den Berg gekommen waren, ging es genauso. Die weltweit anerkannte Anzahl der Gebote jedenfalls liegt auch weiterhin bei zehn.

Bleibt die Frage: Gibt es so etwas wie „aufgeladene Orte", Plätze, an denen Gott, der doch überall ist, in besonderer Weise gegenwärtig ist? Zumindest gibt es Orte, die so etwas wie eine besondere Affinität für Gottesberührungen haben. Zweifellos: Wir können Gott gleichermaßen in einer alten Kirche wie auf einer Müllhalde begegnen. Und doch halte ich die Wahrscheinlichkeit in einer Kirche für höher. Der Berg Sinai ist für mich auch so ein Ort. Ob Mose seine Tafeln wirklich dort empfangen hat, ist zwar durchaus umstritten. Aber die Tatsache, dass Menschen seit Jahrhunderten dorthin pilgern und ihre Gebete verrichten, macht diesen Berg zu einem heiligen Ort. Und ob es wirklich jener Dornbusch war, den wir heute noch im Katharinenkloster bewundern können, in dem Gott Mose erschienen ist, lässt sich mit Fug und Recht bezweifeln. Aber dass an diesem Ort Christen, Juden und Moslems seit Jahrhunderten friedlich zusammenleben und ihre Religion in gegenseitiger Toleranz ausüben, macht diese Stätte zu etwas Besonderem. Und wahrscheinlich hätte auch der Weg dorthin für mich zu einem spirituellen Ereignis werden können, wenn ich nicht so anfällig gewesen wäre für die vielen Absurditäten am Rande. Vielleicht hätte ich mich im Lauf der Zeit auch besser innerlich aufs Pilgern eingestellt, wenn die Wanderung etwas länger gedauert hätte als nur ein paar Stunden. Wenn es heilige, durch Gebete „aufgeladene" Orte gibt, gibt es sicherlich auch heilige Wege, auf denen die Wahrscheinlichkeit, Gott zu begegnen, größer ist als beispielsweise im Stau auf der A3. Allerdings ist diese Erfahrung unverfügbar, das heißt, es gibt keine Garantie dafür, dass wir sie machen. Und vor allem gibt es viele Faktoren, mit denen wir uns dieser Erfahrung gegenüber wirksam verschließen. Bei meiner heutigen Pilgerwanderung waren einige davon zusammengekommen. Zwar war die innere Sehnsucht durchaus da, aber ich ließ mich zu oft von meinem spirituellen Ziel ablenken. Möglichkeiten hierzu gab es schließlich genug. Vielleicht wäre ein einsamer Tag oder auch eine geführte Pilgerwanderung in einer gleichgesinnten Gruppe auf dem Jakobsweg in dem zugegebenermaßen viel weniger spektakulären Osthessen tatsächlich die bessere Alternative gewesen. Zwar wurden dort noch nie irgendwelche Gebote offenbart. Anderseits bietet einem dort auch niemand ein Kamel an, kein fettleibiger Russe droht, einen in den Abgrund zu reißen, und niemand singt im falschen Moment „Danke für diesen guten Morgen".

Auf den ersten Blick war meine kleine Pilgerreise sicherlich ein Fehlversuch. Und doch glaube ich, dass am Pilgern etwas „dran" ist. Nur sollte man sich mehr Zeit nehmen, Lärm und Gedränge meiden, sich streng auf seine Sehnsucht konzentrieren und nicht erst dann beten, wenn Lebensgefahr besteht. Der Gott, der sich am Sinai offenbart hat, kann dies sicherlich auch in Kleinlöffelgrund oder Niedergesäß tun – oder wie solche Orte eben heißen, an denen Jakobus und Mose garantiert niemals gewesen sind.

Portfolio

Name:	**Pilgern/Wallfahrt**
Erklärung:	Pilgern ist ein Unterwegssein auf ein als heilig geltendes Ziel hin. Der Pilger verspricht sich davon die Reinigung von Sünden, Unterstützung in wichtigen Gebetsanliegen und/oder eine innere Veränderung und Neuwerdung.
Kategorie:	Gebet mit Leib und Seele, sowohl allein als auch in Gemeinschaft möglich
Verwandte Formen:	Prozession; Gebet im Gehen oder Laufen; Gebetsspaziergang
Auf drei gezählt:	1. Einen Weg oder Ort suchen, mit dem sich eine spirituelle Sehnsucht verbindet. 2. Sich betend auf den Weg machen und sich dabei von seiner Sehnsucht leiten lassen. 3. Ablenkungen meiden und sich Zeit lassen. Nichts krampfhaft herbeiführen wollen. Loslassen und empfangen.
Zeitaufwand:	Idealerweise mindestens 4–5 Tage, besser 2–3 Wochen; hier: mit An- und Abfahrt knapp 1 Tag
Benötigte Hilfsmittel:	Gute Schuhe; Wegführer; leichtes Gepäck
Meine Erkenntnis:	In der ersten Reihe sitzen ist nicht immer von Vorteil.
Note:	3+ Ich glaube, dass es trotzdem geht.

Tag 41: Gespräche mit Gott

Beten im Dialog (frei nach Neale D. Walsch)

Auch heute möchte ich mich durch das Lesen eines Bibeltextes zum Beten anregen lassen. Ausgehend von dem bereits früher erörterten Gedanken, dass die Bibel geschrieben wurde, um einen Dialog zwischen Gott und uns zu eröffnen, habe ich heute versucht, auf einen Bibeltext zu „antworten". Ich habe den Text so genommen, als wäre er an mich ganz persönlich gerichtet, und aufgeschrieben, was mir dazu einfiel. Während ich meine Gedanken in mein Gebetstagebuch schrieb, hatte ich den Eindruck, dass Gott auf meine Antworten wiederum etwas erwiderte. Es entspann sich ein regelrechter Dialog. Das Gespräch mit Gott war mit meinen Antworten keineswegs zu Ende. Im Gegenteil: Es nahm erst seinen Anfang.

Vielleicht ist Ihnen der amerikanische Autor Neale Donald Walsch ein Begriff. Walsch füllt ganze Bücher mit Gesprächen, die er seiner Aussage nach mit Gott geführt hat. Den ersten Band fand ich noch ganz witzig (wenn ich auch bei Weitem nicht alles teilen konnte), danach nahm die Qualität seiner Veröffentlichungen in gleichem Maße ab, wie ihre Menge zunahm. Wie dem auch sei: Ich werde Sie nur einige Seiten lang an einem solchen Gespräch teilhaben lassen. Und möchte vorab festhalten: Ich habe keine Stimmen gehört oder so etwas, sondern es war eher ein „innerer Dialog" mit Gott. Darum ist mir völlig klar, dass sich auch in die Stimme, die ich hier „Gott" zueigne, sehr viel Eigenes gemischt hat. Dennoch meine ich, dass Gott zu mir gesprochen hat. Ob die Bibel Gottes Wort „ist", das heißt, ob ich sie wirklich „wörtlich" oder nicht doch besser „beim Wort" nehme, ist für mich – wie ich bereits früher dargelegt habe – durchaus ambivalent. Aber heute ist sie mir definitiv zu einem solchen geworden.

Der Bibeltext, den ich als persönliche Anrede an mich gewählt habe, findet sich in Markus 4, Verse 3 bis 8. Es handelt sich um Jesu „Gleichnis vom vierfachen Ackerfeld". Danach folgt mein „Gespräch".

Hört zu! Siehe, es ging ein Sämann aus zu säen. Und es begab sich, indem er säte, dass einiges auf den Weg fiel; da kamen die Vögel und fraßen's auf. Einiges fiel auf felsigen Boden, wo es nicht viel Erde hatte, und ging alsbald auf, weil es keine tiefe Erde hatte. Als nun die Sonne aufging, verwelkte es, und weil es keine Wurzel hatte, verdorrte es. Und einiges fiel unter die Dornen, und die Dornen wuchsen empor und erstickten's, und es brachte keine Frucht. Und einiges fiel auf gutes Land, ging auf und wuchs und brachte Frucht, und einiges trug dreißigfach und einiges sechzigfach und einiges hundertfach.

„Gott“: Hast du verstanden, was ich dir damit sagen will?
Ich: Nö.
„Gott“: Na, komm! Stell dein Licht nicht unter den Scheffel. Du liest das Gleichnis schließlich nicht zum ersten Mal.
Ich: Na gut. Sagen wir: ein bisschen. Aber ich habe auch viele Fragen.
„Gott“: Ich weiß. Nur solltest du mir und deinen Lesern nicht vormachen, dass du völlig ahnungslos wärst.
Ich: Okay, okay. Aber wie ist das mit dem Weg? Der kommt mir in dem Gleichnis viel zu schlecht weg!
„Gott“: Du meinst, weil Wege wichtig sind?
Ich: Ja, definitiv. Es ist gut, dass es in meinem Leben gut ausgebaute Wege und befestigte Straßen gibt. Ich möchte mich nicht jeden Tag durch Wildwuchs kämpfen. Ohne Wege würde ich nicht vorankommen, ja, ich würde vielleicht nicht einmal bis zu dem guten Land vordringen, das dir doch so wichtig ist.
„Gott“: Dem widerspreche ich ja gar nicht. Wege sind wichtig, da gebe ich dir völlig recht.
Ich: Davon ist in dem Gleichnis aber nicht viel zu spüren.
„Gott“: Zugegeben. Wobei du aber genau weißt, dass das nicht überall in der Bibel der Fall ist.
Ich: Warum aber hier?
„Gott“: Weil ihr Menschen eure Wege oft überschätzt.
Ich: Wie meinst du das?
„Gott“: Wege sind wichtig, ohne Zweifel. Aber ihr verwechselt Wege oft mit dem Ziel.
Ich: Inwiefern?
„Gott“: Ich versuche, meine gute Saat in dein Leben zu werfen. Versuche, irgendwie dein Herz zu erreichen. Aber du kommst mir mit Wegen: mit Gewohnheiten und Traditionen. Bist voll damit beschäftigt vorwärtszukommen und

vergisst über alldem, worum es eigentlich geht in deinem Leben.

Ich: Ich bleibe dabei: Ohne Weg gibt es kein erreichbares Ziel.

„Gott“: Und ich bleibe dabei: Passt auf, dass ihr eure Wege nicht verabsolutiert. Manche verabsolutieren auch das „Auf-dem-Weg-Sein“ selbst. Sie haben sozusagen die Suche zum eigentlichen Ziel erhoben. Das „Schlimmste“, das ihnen passieren könnte, wäre, wenn sie plötzlich etwas finden würden. Eigentlich suchen sie gar nicht wirklich, sondern kokettieren mit ihrer Sucherrolle. Andere beharren auf spirituellen Methoden. Ob sie mit ihnen das Ziel erreichen, ist ihnen nicht wichtig. Hauptsache, sie gehen die in ihren Augen richtigen Wege. Und wieder andere sind Traditionalisten. Sie versteifen sich auf Wege, die früher einmal dabei geholfen haben, das gute Land zu erreichen. Ob und bei wem das heute noch funktioniert, ist ihnen im Grunde egal.

Ich: Und wie ist das mit dem Vorwärtskommen?

„Gott“: Ich habe nichts gegen Gewohnheiten und Traditionen und auch nichts dagegen, dass du vorwärtskommst. Ich habe nur ein Problem damit, wenn du diese Dinge verabsolutierst.

Ich: Ach, du hast nichts gegen Karriere?

„Gott“: Sagen wir so: Ich habe keinerlei Interesse daran, dass du stehen bleibst. Darum habe ich auch nichts gegen Wege. Schlecht ist, wenn sie dich davon abhalten, dass mein Wort sich in dir verwurzeln kann. Und das kann sehr leicht passieren.

Ich: Du meinst, dann wird das, was vorher gut und hilfreich war, auf einmal zu etwas Schlechtem?

„Gott“: Zumindest bekommt es in deinem Leben einen Rang, der ihm nicht zusteht. Erfreue dich also am Weg, aber vergiss ihn, wenn du auf das Eigentliche triffst.

Ich: Gilt das auch für Jesus, den Erzähler dieses Gleichnisses? Er hat immerhin behauptet, er sei „der Weg“ zu dir.

„Gott“: Nein. Diesen Anspruch erhob er zu Recht. Aber du darfst nicht so weit gehen, wie es viele Christen tun: nämlich deinen Weg zu Jesus zu verabsolutieren. Er ist der Zugang zu mir, aber es gibt durchaus verschiedene Zugänge zu ihm.

Ich: Was bedeutet das für den Absolutheitsanspruch des Christentums?

„Gott“: Dass es einen solchen nicht gibt.

Ich: Aber es gibt doch einen Absolutheitsanspruch Jesu Christi?

„Gott“: Genau. Aber nicht des Christentums. Das sind zwei Paar Schuhe.

Ich: Das ist nicht einfach zu verstehen.

„Gott“: Vor allem nicht einfach zu akzeptieren. „Jesus ist der Weg“ – dieser Satz wird ziemlich viele Menschen ärgern. „Aber es gibt verschiedene Wege zu Jesus“ – das ärgert wahrscheinlich alle, die sich bei dem ersten Satz noch die Hände gerieben haben.

Ich: Hm. Irgendwie driften wir gerade vom Gleichnis ab. Ist es okay, wenn wir darauf zurückkommen?

„Gott“: Klar. Du hast mit Jesus angefangen, nicht ich.

Ich: Okay. Was genau ist in dem Gleichnis mit dem „felsigen Boden“ gemeint?

„Gott“: Erzähl mir erst mal, was du denkst!

Ich: Ich habe darunter immer meine Oberflächlichkeit verstanden.

„Gott“: Das ist schon sehr gut. Und?

Ich: Wie – „und“?

„Gott“: Versuche mal, etwas tiefer zu gehen. Charakterisiere deine Oberflächlichkeit: Was ist an der Oberfläche und was darunter?

Ich: An der Oberfläche ist gute Erde. Das sind die hoffnungsvollen Ansätze in meinem Leben. Jene Bereiche in meinem Herzen, in denen du dich verwurzeln kannst.

„Gott“: Sehr, sehr gut. Und davon hast du sehr viele …

Ich: Vielen Dank.

„Gott“: … aber leider ist da noch etwas.

Ich: Felsen?

„Gott“: Ja. Und jede Menge Steine.

Ich: Ich komm nicht drauf, was du meinst.

„Gott“: Der Felsen und die Steine stehen für all das in deinem Leben, was unterhalb der Oberfläche hart ist. Das, was du nicht auf den ersten Blick siehst, was aber meine Saat daran hindert, in deinem Leben Tiefe zu gewinnen.

Ich: Gibt es das?

„Gott“: Und wie! Du kannst es an deiner oft kurzatmigen Begeiste-

rung sehen. An deinem Streben nach schnellen Effekten, wo eigentlich Nachhaltigkeit gefragt wäre. An alldem, was du hoffnungsfroh begonnen und dann nach kurzer Zeit müde und resigniert zur Seite gelegt hast.

Ich: Puh. Und du meinst, das liegt an irgendwelchen Steinen? Ich dachte immer, ich hätte mich an den falschen Dingen entzündet?

„Gott“: Das sicherlich auch. Aber unter deiner Oberfläche, direkt über deinem Herzen, ist ganz viel, was verhärtet ist, abgestorben, abweisend nach außen und vertrocknet nach innen. Das hindert nicht nur meine gute Saat daran, in dir Wurzeln zu schlagen. Es hat auch ein enormes Potenzial, andere zu verletzen.

Ich: Puh, das ist ganz schön starker Tobak. Ich habe mich oft gewundert, wie viele Menschen sich durch mich verletzt gefühlt haben, obwohl ich hätte schwören können, dass ich ihnen nie etwas getan habe.

„Gott“: Ja, ein Teil deines Wesens ist zwar mit einer dünnen Schicht weicher Erde getarnt, aber nur wenige Zentimeter darunter ist es ziemlich knüppelhart.

Ich: Kannst du mir einen Gefallen tun und nicht weiter in die Details gehen? Da lesen einige Leute mit, und langsam fängt es an, peinlich zu werden.

„Gott“: Kein Thema. Du weißt, dass ich immer nur so weit gehe, wie du es bei dir zulässt. Nur um eins bitte ich dich: Bleib an dem Thema dran. Wege sind okay. Wege müssen relativiert werden, aber sie können bleiben. Steine müssen jedoch raus.

Ich: Gott, in mir ist so viel Felsiges – ich werde das nie alles entfernen können! Hilf mir bitte, wenigstens die großen Brocken wegzuschaffen.

„Gott“: Gerne. Wobei ich dir deine Arbeit nicht abnehmen werde. Es gibt vieles, das sinnvollerweise nur du machen kannst. Aber helfen: klar.

Ich: Was ist es denn, das nur ich machen kann?

„Gott“: Dein Herz zum Beispiel kannst du nur von innen öffnen. Da komme ich von außen nicht ran. Wenn ich das täte, würde ich dir deine tiefste Würde nehmen. Du kannst auch sagen: deine Gottebenbildlichkeit.

Ich: Ich verstehe. Können wir jetzt zu den Dornen kommen?

„Gott“: Gerne. Da liegt es bei dir fast noch mehr im Argen als bei den Felsen.

Ich: Bitte denk an die Leserinnen und Leser dieses Gespräches!

„Gott“: Na, dann sag selbst: Wofür stehen deines Erachtens die Dornen?

Ich: Ich hab das immer so interpretiert, als seien das meine Ängste und Sorgen.

„Gott“: Ja, und doch ist mir das zu oberflächlich.

Ich: Kannst du ein bisschen mehr erzählen (ohne konkrete Einzelheiten zu nennen)?

„Gott“: Okay. Es kann nur eine Saat geben, die sich auf Dauer durchsetzt. Nur eine, die in deinem Herzen Frucht bringt. Die Frage nach den Dornen ist die: Was lässt du in deinem Herzen neben meiner guten Saat wachsen?

Ich: Ich verstehe es noch nicht.

„Gott“: Der Glaube, die Liebe und die Hoffnung, die ich in deinem Herzen säen will, sind hochgradig gefährdet. Sie haben starke Konkurrenz: Angst, Misstrauen und Sorge. Lieblosigkeit und Gleichgültigkeit. Hoffnungslosigkeit und Verzweiflung.

Ich: Keine Einzelheiten, bitte.

„Gott“: Hast du eine Ahnung, wovon ich rede?

Ich: Ich fürchte, ja.

„Gott“: Dornen wachsen da, wo du zulässt, dass etwas neben meiner guten Saat groß wird. Dornen beginnen klein, werden dann aber immer größer und sind am Ende unbeherrschbar. Dornen sorgen dafür, dass es eng wird in deiner Seele und dass dir die Luft wegbleibt.

Ich: Und damit sind wir beim Thema „Ängste und Sorgen“.

„Gott“: Ja. Aber die haben Gründe. Jedes Wort, jede Tat und jeder Gedanke von dir ist eine Saat, die in deinem Herzen Wurzeln schlägt. In deinem Herzen ist ein Haufen Unkraut, mein Lieber.

Ich: Aber ich kann es auch nicht einfach rausreißen.

„Gott“: Stimmt. Zu diesem Thema gibt es ein anderes Gleichnis. *(Anmerkung des Verfassers: „Gott“ spielt hier auf Matthäus 13,24–30 an.)* Was du aber tun kannst und auch tun sollst, ist, mehr gute Saat an dich ranzulassen. Und diese

gute Saat besser zu pflegen und dafür zu sorgen, dass sie ausreichend Raum zum Wachsen hat. Die Dornen wachsen schnell und von selbst, aber die gute Saat braucht dein aktives Eingreifen, sonst geht sie ein. Und das wäre sehr schade. Denn: Du hast wirklich gute Anlagen. Und es wäre ein Jammer, wenn du das gute Land, das ich in dir angelegt habe, einfach so verwildern lassen würdest.

Ich: Und wofür steht das „gute Land“ in dem Gleichnis?

„Gott“: Ts-ts-ts ...

Ich: Okay, okay: wahrscheinlich für mein Herz, oder?

„Gott“: Gut. Gehen wir mal davon aus. Wenn das so ist, was ist dann der Sinn deines Lebens?

Ich: Hm. Eine ordentliche Ernte hervorzubringen?

„Gott“: Ja, prima. „Frucht bringen“ nennt das die Bibel. Du bist auf der Erde, um das Gute, das ich im Lauf deines Lebens in dich hineinlege, zu multiplizieren. Es an andere weiterzugeben, damit sie davon profitieren.

Ich: Gilt das für jeden Menschen?

„Gott“: Ja, natürlich. Wobei ich in jeden Menschen etwas anderes hineinlege. Es wäre ja auch langweilig, wenn jeder die gleichen Früchte bringen würde. So ist der eine für den Weizen zuständig, der zweite für Wein und der dritte für schöne Blumen.

Ich: Hat also jeder Mensch einen anderen Lebenssinn?

„Gott“: In gewisser Weise schon. Wobei es letztlich immer darauf hinausläuft, Glaube, Liebe und Hoffnung zu den Menschen zu bringen. Diese drei haben aber die unterschiedlichsten Farben, Geschmäcker und Formen.

Ich: Und das gute Land?

„Gott“: Ist sozusagen die Persönlichkeit, derer es bedarf, um in dieser Welt gute Früchte zu bringen. Oder sagen wir: mehr gute Früchte als schlechte. Oder noch vorsichtiger: wenigstens einige.

Ich: Steine und Dornen rauszureißen ist also so etwas wie die nötige Charakterschulung dazu?

„Gott“: Genau. Wobei beides nur in sehr begrenztem Maße geht. Sieh lieber zu, dass du der guten Saat mehr Platz einräumst und dass du sie ordentlich hegst und pflegst.

Ich: Die gute Saat? Eigentlich reden wir die ganze Zeit darüber. Kannst du es bitte noch einmal genau definieren?

„Gott“: Die „gute Saat“ ist mein Wort. Ist jedes Wort und jede Tat, die in der Lage sind, in dir Glaube, Liebe, Hoffnung zu erwecken. Ist der Segen, den ich dir erwiesen habe und jeden Tag neu erweise.

Ich: *Mein Leben soll ein weites Feld sein,*
auf dem Glaube, Liebe und Hoffnung
Wurzeln schlagen
wachsen
aufblühen
sich vermehren.

Dazu will ich dir, oh Gott, mein Herz hinhalten.
Dir Einfluss einräumen.
Du wirst bei mir auch weiterhin
auf Wege und Vögel treffen
auf Felsen
und auch auf Dornen.

Ich aber vertraue
auf das gute Land, das du in mir angelegt,
und auf den Segen, den du mir erwiesen hast,
und dass du, oh Gott, in meinem Leben
Frucht wachsen lassen willst:

Dreißigfach wäre schon prima.
Sechzigfach eine Sensation. Und
Hundertfach geradezu der Himmel.
– Für andere und für mich.

Eine interessante Übung. Ich kenne dieses Gleichnis seit Jahrzehnten, aber so hat es noch nie zu mir gesprochen. Ich habe einfach mal so getan, als ob der Text speziell an mich gerichtet wäre, und siehe da: Er fing an, zu mir zu sprechen. Und indem ich meine Gedanken und Antworten dazu formulierte, hatte ich den Eindruck, dass Gott wiederum antwortete. Manchmal müssen wir einfach mal so tun, als ob es Gott gäbe, um Erfahrungen mit ihm zu machen. Ich zweifle zwar nicht daran, dass es Gott gibt, aber im Grunde genommen gehe ich viel zu selten davon aus.

Portfolio

Name:	**Gespräch mit Gott über einen Bibeltext**
Erklärung:	Die Antwort auf einen Bibeltext geht davon aus, dass ein Bibeltext eigens dazu geschrieben wurde, um uns in einen Dialog mit Gott zu bringen. Das kann man sicherlich nicht mit jedem Bibeltext so machen, aber doch mit erstaunlich vielen.
Kategorie:	Beten mit der Bibel
Verwandte Formen:	In der Bibel blättern; Das vierfache Gebet Martin Luthers; Ignatianische Methode des Bibellesens
Auf drei gezählt:	1. Einen passenden Bibeltext suchen. 2. Ihn mehrmals durchlesen und als Anrede an sich selbst nehmen. 3. Darauf antworten beziehungsweise beginnen, mit Gott über den Text zu sprechen. Evtl. schriftlich fixieren (aber das dauert eine Weile!)
Zeitaufwand:	Mündlich: 10–20 Minuten; schriftlich: deutlich mehr; hier: etwa 2–3 Stunden (sorry)
Benötigte Hilfsmittel:	Bibel; evtl. Schreibzeug
Meine Erkenntnis:	Manchmal muss man einfach mal so tun, als ob es Gott gäbe, um Erfahrungen mit ihm zu machen.
Note:	1 Wie so vieles in diesem Buch mit einem Augenzwinkern zu lesen.

Tag 42: Göttliches Schauspiel für Eingeweihte

Beten im orthodoxen Gottesdienst

In meiner Jugend habe ich im Theater mal die Aufführung von Samuel Becketts „Warten auf Godot" gesehen. Damals habe ich nichts von dem Stück verstanden, außer dass es sehr lange dauerte. An dieses Erlebnis fühlte ich mich heute erinnert. Ich war abends in einem orthodoxen Gottesdienst, der fast zweieinhalb Stunden dauerte, und habe dabei NICHTS, aber auch gar nichts verstanden. Das fing bei der Sprache an, von der ich die ganze Zeit dachte, es sei Russisch. Aber mitnichten: Es war altslawisch – eine Sprache, die seit Jahrhunderten nur noch in Gottesdiensten gesprochen wird. Das Standardwerk dazu wurde im Jahr 1822 verfasst und seither nicht verändert. Die Sprache ist schlicht und ergreifend festgefroren. Ähnliches gilt für das „Schauspiel" des Gottesdienstes, wobei dieser Begriff keineswegs despektierlich gemeint ist, sondern genauso will die Orthodoxie ihre Gottesdienste verstanden haben: als „heiliges" beziehungsweise „göttliches Schauspiel". Auch dieses wird seit Jahrhunderten in nahezu unveränderter Weise gefeiert.

Aber fangen wir vorn an: Leider komme ich zehn Minuten zu spät, weil ich in einen Stau geraten bin. Während ich warte, fluche ich leise vor mich hin, was sicherlich nicht die beste Art ist, sich auf eine Messe vorzubereiten. Am Ort des Geschehens angekommen, schleiche ich mich leise hinein und stehe vor der ersten Frage: Wo soll ich mich hinstellen? Im Seitenflügel hat sich ein kleiner Chor aufgebaut. Im übrigen Raum verteilt stehen etwa zehn Frauen, es gibt ungefähr zwanzig frei stehende Stühle, aber die sind, von einer Ausnahme abgesehen, unbesetzt. Eine Ordnung ist bei alledem nicht zu erkennen, außer dass die Frauen Kopftücher tragen (was mir in keiner Religion sonderlich sympathisch ist). Außer mir besucht nur ein einziger Mann den Gottesdienst. Doch der steht ziemlich weit vorne, da traue ich mich nicht hin. Wer weiß, vielleicht ist das der Küster oder so etwas. Also bleibe ich lieber im Hintergrund stehen und schaue erst mal, was passiert.

Und das ist auch genau richtig so! Denn mangels Kenntnis der Spielregeln mache ich so ziemlich alles falsch, was man falsch machen kann, und komme mir vor wie einer, der bei einem Fußballspiel den Ball in die Hände nimmt und alle anderen gucken ihn an. Du liebes bisschen: Wann genau machen die eine Beuge und wann und wie schlagen sie das Kreuz? Mitunter treten alle ein paar Schritte zur Seite, dann geht es wieder zurück und manchmal verharren sie auch in tiefer Verbeugung – da steht man als verwirrter Protestant ziemlich einsam da. Nur gut, dass ich hinten stehe, da sieht mich bloß der Priester. Und der ist die meiste Zeit des Gottesdienstes hinter einer von drei großen Türen verschwunden, die den Altarraum – sozusagen das „Allerheiligste" – von dem restlichen Gottesdienstraum abtrennt. Nur ab und zu kommt er heraus und beweihräuchert die massenhaft vorhandenen Ikonen und manchmal auch uns Gottesdienstbesucher. Er trägt einen langen Bart sowie ein prächtiges Gewand und wird von zwei Messdienern begleitet. Schlagen Sie mich, aber ich kann mich beim besten Willen nicht daran erinnern, ob er in dem ganzen Gottesdienst überhaupt ein einziges Wort spricht. Dafür singt er allerdings mit toller, tiefer Stimme einige der liturgischen Gesänge: teils allein, teils im Wechsel mit dem kleinen Chor, der mit vier Frauen und zwei Männern besetzt ist.

Im orthodoxen Gottesdienst gibt es prinzipiell keine Instrumente. Ich muss lachen, weil ich im Zuge meiner Vorbereitung auf einer offiziellen orthodoxen Homepage gelesen habe, dass der Einsatz der Orgel in der Orthodoxie tief verpönt ist. Sie wird dort etwa mit den gleichen Argumenten bekämpft, die Verfechter der Orgelmusik normalerweise gegen die Verwendung moderner Lieder ins Feld führen: Von „unwürdigem Lärm" ist da die Rede und dass dort, wo eine derartige Musik in die Kirche Einzug hält, die Atmosphäre des Gottesdienstes empfindlich gestört werde. Das heißt: Im orthodoxen Gottesdienst wird nur gesungen, und zwar nach alter Schule ausschließlich vom Priester und/oder vom Chor. Leise summe ich die eingängigen Melodien mit, passe aber auf, dass mich niemand dabei erwischt.

Die wesentliche Beteiligung der Gemeinde besteht in einer schier unendlichen Anzahl von Bekreuzigungen und Verbeugungen. Während der Priester mit seinem Räucherfass durch die Gemeinde geht, vollzieht sich darin außerdem eine merkwürdige Bewegung: Jeder sucht offensichtlich seine Nähe, aber keiner will ihn berühren. Es ist fast wie ein Spiel: „Komm mir zwar nah, aber fass mich nicht an." An bestimmten Stellen des Gottesdienstes gehen einige Gottesdienstteilnehmer wie auf ein Stichwort hin nach vorn und löschen die heruntergebrannten Kerzen vor den Ikonen aus beziehungsweise zünden teilweise neue an, aber wer das machen darf und nach welchen Regeln das passiert, bleibt mir verborgen.

Übrigens hätte ich mich im Vorfeld gar nicht so in Hektik bringen lassen müssen. In dem Gottesdienst herrscht ein ständiges Kommen und Gehen. In der Stoßzeit ist die Gemeinde auf rund zwei Dutzend Personen angewachsen. Auch kleine Kinder sind dabei, die das Geschehen offensichtlich noch weniger verstehen als ich. Aber einen Kindergottesdienst gibt es hier nicht. Es geht auch nicht darum, etwas zu verstehen. Dabeisein und Mitmachen ist alles! Man muss es einfach erleben, dieses Fest für die Sinne, beziehungsweise man muss von klein auf hineinwachsen in diese Tradition. Der Gottesdienst bildet – ebenso wie die Ikonen im Raum – die wesentlichen Stationen der biblischen Heilsgeschichte ab. Ziel des Gottesdienstes ist, durch die regelmäßige Partizipation an diesem „heiligen Schauspiel" mehr und mehr teilzuhaben an dem göttlichen Geheimnis und dadurch von innen heraus verwandelt zu werden. Wahrscheinlich bekommen die Gläubigen im Lauf der Zeit auch das eine oder andere erklärt. Aber das Wesentliche am orthodoxen Gottesdienst ist die regelmäßig erfolgende Wiederholung des göttlichen Dramas, das sich durch die Vielzahl der sinnlichen Eindrücke im Lauf der Jahre in die Seele eines Menschen einbrennt.

Alles, aber auch alles an diesem Gottesdienst hat eine tiefere Bedeutung. Um das nur einmal an dem bereits erwähnten Kreuzzeichen deutlich zu machen: Dieses erfolgt mit ausladender Bewegung von der Stirn bis etwa zum Bauchnabel, dann von der rechten zur linken Schulter. Also genau andersherum als bei den Katholiken. Damit wird die Bewegung des eigentlich Segnenden – Christus – nachvollzogen. Er segnet von links nach rechts; spiegelbildlich kommt das bei uns entsprechend von rechts nach links an. Beim Kreuzzeichen werden Daumen, Zeigefinger und Mittelfinger aneinandergelegt, was die Trinität (Dreieinigkeit) Gottes symbolisiert, Ringfinger und kleiner Finger liegen dabei an der Handfläche an, als Symbol für die göttliche und menschliche Natur Christi. Du lieber Himmel, woher soll ich das wissen? Und wenn ich's weiß: Komme ich diesem Geheimnis wirklich dadurch näher, dass ich bei der Bekreuzigung meine Finger korrekt halte? Oft folgt dann noch eine kleine oder auch große Verbeugung. Nach etwa der Hälfte des Gottesdienstes habe ich den Bogen halbwegs raus, ohne allerdings zu verstehen, was ich da mache. Dieses Wissen habe ich mir erst im Nachhinein aus dem Internet gefischt.

Wie mir das Internet ebenfalls verrät, ist im orthodoxen Gottesdienst nicht einmal die Anordnung der Brotwürfel auf dem Abendmahlsteller dem Zufall überlassen. Da gibt es eine Gruppe Brotstückchen, die für die Propheten stehen, andere stehen für die Heiligen, eines steht für den Namenspatron der Kirche, eines für Maria usw. Dieser Gottesdienst ist leider ohne Abendmahl, was ich wirklich schade finde. Denn vor Jahren habe ich schon mal an einem orthodoxen Abendmahl teilgenommen. Da wurden die Brotstückchen mit einem langen goldenen Löffel zuerst in den Wein getaucht und einem anschließend direkt in den Mund gegeben. Ich war damals super überrascht, als sich das getränkte Brot als warm entpuppte! In der Tat wird der Abendmahlswein vor der Austeilung mit heißem Wasser gemischt; ich vermute mal, damit Leib und Blut Jesu wirklich Körpertemperatur haben. Eine Art göttlicher Glühwein – allein schon vom Geruch her ist das ein Fest für die Sinne! Probieren Sie das einmal – danach wollen Sie Ihr Abendmahl nie wieder kalt! Umso enttäuschter bin ich, dass in diesem Gottesdienst gar kein Abendmahl angeboten wird. Das, so lese ich später, liegt daran, dass es sich um einen Abendgottesdienst handelt. Wobei ich mich schon frage, wo da die Logik liegt. Wo wäre ein Abendmahl besser angebracht als in einem Abendgottesdienst?

Dafür aber bietet der Gottesdienst ein anderes Highlight, denn plötzlich stellen sich alle an, um sich vom Priester mit duftendem Öl segnen zu lassen. Dazu taucht er einen Pinsel in ein Ölgefäß und malt den Bereitstehenden ein Kreuzchen auf die Stirn. „Na, das ist doch mal was", denke ich. Doch während ich so in der Schlange stehe, registriere ich, dass alle derart Gesegneten dem Priester anschließend die Hand küssen. Ups! Mein evangelisches Hirn beginnt zu rattern: Soll ich schnell zurück auf meinen Platz gehen? Oder den Ahnungslosen spielen und den Kuss verweigern? Ach was, ich nehme heute das komplette Paket, lasse mich also salben und küsse hastig die Hand des Priesters. Gott sei Dank sieht mich ja keiner!

Dann ist der Gottesdienst plötzlich zu Ende; ich habe gar nicht so richtig mitbekommen, an welchem Punkt genau. Einige gehen noch nach vorne und verweilen ein wenig bei den Ikonen. Ich steuere eine Christus-Ikone an, spreche ein leises Gebet und fahre verwirrt nach Hause. Ich habe stehend einem fast zweieinhalbstündigen göttlichen Schauspiel beigewohnt, das ich nicht einmal ansatzweise verstanden habe, obwohl ich die Geschichte eigentlich kenne, habe dabei schätzungsweise 60-mal das Kreuz geschlagen und mich ebenso oft verbeugt, ein Dutzend schöne Melodien gehört, die ich nicht mitsingen durfte, lange Textlesungen in einer Sprache verfolgt, die vermutlich keiner der Gottesdienstteilnehmer verstanden hat, mich ein halbes Dutzend Mal beweihräuchern lassen und schließlich einem Mann die parfümierte Hand geküsst.

Was soll ich dazu sagen? Ich habe total gemischte Gefühle bei alledem. Noch Stunden später spüre und rieche ich das Salböl auf meiner Stirn und bin ich immer noch überwältigt von der Fülle der Sinneseindrücke, die da auf mich eingeprasselt sind. Während mein Verstand die ganze Zeit beleidigt schmollte, hat mich das „göttliche Schauspiel" auf eine Weise berührt, die ich nicht recht in Worte fassen kann. Ich könnte das nicht regelmäßig tun, aber zwei-, dreimal im Jahr kann ich mir den Besuch eines orthodoxen Gottesdienstes schon gut vorstellen. Auf der anderen Seite bin ich entsetzt, weil mir ein solcher Gottesdienst als Normalkost für den Alltag viel zu wenig wäre: ohne auch nur ein verständliches Wort, ohne die Möglichkeit, mitzusingen oder sich anderweitig als Individuum aus Fleisch und Blut zu zeigen. Und vor allem ohne jegliches Erlebnis von Gemeinschaft: Kein Mensch interessierte sich hier für den andern! Es mag an meinen fehlenden Kenntnissen des Altslawischen liegen, aber ich fand in diesem Gottesdienst keine Hilfestellung für Glauben, Hoffnung und Liebe, keine Herausforderung zur Veränderung und Nachfolge und auch keine Anleitung für Gebet und geistliches Leben im Alltag. Worum es einzig und allein ging, war, in die Fülle von Symbolen beziehungsweise in das heilige Schauspiel einzutauchen, um auf diese Weise mehr und mehr in dessen göttlichen Charakter einbezogen zu werden.

Ob das wirklich klappt? Ich möchte keinem der Gottesdienstbesucher zu nahe treten, aber sonderlich „vergöttlicht" wirkten sie auf mich nicht, sondern eher tranceartig, düster und schicksalsbeladen. Nicht ein Einziger – der Priester vielleicht ausgenommen – strahlte so etwas wie Lebensfreude aus. Oder gar die fröhliche Zuversicht: „Gott, der Vater, ist bei mir." Die Beziehung zu Gott beziehungsweise Christus vermittelt sich in der Orthodoxie nahezu ausschließlich über Rituale. Als ich ihr davon erzählte, brachte meine Frau es sehr schön auf den Punkt: „Das ist neutestamentliche Theologie, in einen alttestamentlichen Ritus eingepfercht." Und das ist schon sehr weit weg von dem, was ich von einem Gottesdienst erwarte. Mein heutiges Erlebnis war für mich eine

Art Meditationserfahrung, in gewisser Weise auch ein spannendes, vielschichtiges Rätsel. Ich gebe zu, dass mich das als Sinnesmensch sehr fasziniert hat. So sehr, dass ich da wahrscheinlich wieder hingehen werde. Aber leben könnte mein Glaube davon nicht.

Portfolio

Name:	**Orthodoxer Gottesdienst**
Erklärung:	Der orthodoxe Gottesdienst versteht sich als „göttliches Schauspiel“, dessen Ritus, wenn man ihn nur oft genug feiert, den Menschen von innen heraus verwandelt. Die Anbetung Gottes findet dadurch statt, dass der Mensch das Geschehen offenen Herzens auf sich wirken lässt, auch wenn er es im Einzelnen nicht versteht.
Kategorie:	Gottesdienstliches Gebet
Verwandte Formen:	Gregorianik; Taizé-Andachten; Liturgisches Gebet
Auf drei gezählt:	1. Einen orthodoxen Gottesdienst besuchen (gern auch ohne Vorkenntnisse). Sich dabei dezent im Hintergrund halten. 2. Den Gottesdienst auf sich wirken lassen. Versuchen, die Haltung des Beobachters oder gar Kritikers zu verlassen, stattdessen das Ganze als Gebetserfahrung nehmen. 3. Sich im Nachhinein über die wesentlichen Elemente des „göttlichen Schauspiels“ sachkundig machen. Mit diesem Wissen evtl. noch mal einen solchen Gottesdienst besuchen.
Zeitaufwand:	2–3 Stunden muss man schon einrechnen
Benötigte Hilfsmittel:	Stehvermögen
Meine Erkenntnis:	Was „göttlich“ sein will, sollte auch Lebensfreude ausstrahlen.
Note:	3 Himmelhoch jauchzend, zu Tode betrübt.

Tag 43: Lass die Kirche rocken!

Beten durch Lobpreismusik

Ich stehe zusammen mit etwa 150 Menschen in einem Gottesdienstraum und mir läuft langsam eine Träne übers Gesicht. Die Lieder, die wir miteinander singen, berühren mich zutiefst. Ich habe das Gefühl, auf ganz intensive Weise mit Gott in Kontakt zu sein. Es war, glaube ich, der Kirchenvater Augustinus, der sagte, dass man, um die Herzen der Menschen zu erreichen, ihre Art von Musik spielen müsse. Die Wahrheit dieses Satzes holt mich heute ein. Sie spiegelt sich auch in allen möglichen Bereichen unserer Gesellschaft wider: in der Werbung, im Film, im Fernsehen usw. Nur die Kirche hat diese Tatsache offensichtlich vergessen. Jedenfalls nimmt sie sie nicht wirklich ernst. Denn die Musik, die in unseren Gottesdiensten im Allgemeinen gespielt wird, geht am Lebensgefühl der meisten Menschen, die ich kenne, weitgehend vorbei. So auch an meinem. Doch dieser Gottesdienst ist anders: Hier gibt es – entschuldigen Sie den Ausdruck – saugute Rockmusik, verbunden mit innigen Gebetstexten.

Die Leute, mit denen ich diesen Gottesdienst feiere, sind alle „vom Fach“. Seit einigen Jahren habe ich nämlich das Privileg, jährlich an einer Tagung bekannter christlicher Popmusiker/-innen Deutschlands teilnehmen zu können. Ich war mal Referent auf einer solchen Tagung, und sie hat mir seinerzeit derart gut gefallen, dass ich zum äußersten Mittel griff, um öfter daran teilnehmen zu können: Ich heiratete kurzerhand eine der anwesenden Musikerinnen. Und tatsächlich ging meine Rechnung auf: Seither darf ich jedes Jahr auf der Musikertagung mit dabei sein, obwohl meine musikalischen Fähigkeiten die Menschen aus ganz anderen Gründen zu Tränen rühren als den oben beschriebenen.

„Lobpreis“ nennt sich der Musikstil, der mich derart mitreißt, ein Begriff, mit dem ich meine Schwierigkeiten habe, nicht zuletzt, weil er reichlich „churchy“ klingt. Im Englischen bezeichnet man das als „Worship“, was mir im Grunde viel besser gefällt, aber das ist eben Englisch und öffnet hierzulande nicht überall Türen. (Das gilt natürlich auch für den Begriff „churchy“, aber den musste ich hier einfach mal anbringen.) Lobpreis ist mehr als das am 12. Tag meines Gebetsprojektes beschriebene Gotteslob. Es ist aber auch weit mehr als ein bloßer Musikstil. Es ist eine Kombination von beidem. Lobpreis ist ein emotional verdichtetes, intensives Gespräch mit Gott. Inhalt dieses Gesprächs ist in erster Linie Gott selbst: sein Wesen, seine Eigenschaften und sein Handeln. Unterstützt wird diese Art von Gebet durch einen Musikstil, die man als Mainstream-Pop oder -Rock bezeichnen könnte. Das ist die Art von Musik, mit der ich groß geworden bin. Und mit mir offensichtlich viele andere, denn etwa 60 bis 80 Prozent aller Musik, die wir heute im Radio hören können, gehen in diese Richtung. Es ist also eine ziemlich „gewöhnliche" Musik. Aber für mich ist gerade das durchaus hilfreich. Weil diese Musik meinem inneren Lebensgefühl entspricht, kann ich viel leichter von Herzen singen, als wenn die gesungenen Worte erst die Hürde eines fremden Musikstils überwinden müssen. Um noch einmal Augustinus (und zwar diesmal gesichert) zu zitieren: „Wer singt, betet doppelt." Vorausgesetzt, man singt aus dem Grund des eigenen Herzens. Und das hat auch etwas mit dem Musikstil zu tun.

Nun können Sie zu Recht einwenden, dass es individuell höchst unterschiedlich ist, welche Art von Musik den Menschen wirklich zu Herzen geht. Und da haben Sie völlig recht. Aber mein Punkt ist der: Die Wahrscheinlichkeit, dass das bei jemandem heutzutage ausgerechnet Kirchenmusik ist, ist ausgesprochen gering. Der Anteil an Orgelmusik unter allen in Deutschland verkauften CDs beläuft sich beispielsweise auf gerade mal 0,2 Prozent. Und auch Chor- und andere klassische Musik liegt, was die Hörgewohnheiten hierzulande betrifft, bei deutlich unter 5 Prozent. Allein schon deswegen halte ich es für unklug, wenn die Kirche auf ihrer Suche nach einer Musik beziehungsweise nach Liedern, mit deren Hilfe Menschen Gott von Herzen anbeten können, nur auf diese eine Karte setzt. Denn der Anteil der Bevölkerung, der statt auf Klassik eher auf Rock- und Popmusik anspricht, ist mehr als 10-mal so hoch. Und 400-mal mehr Deutsche lauschen lieber einer Band mit E-Gitarre, Schlagzeug und Bass als den Klängen einer Orgel.

So auch ich. Verstehen Sie mich nicht falsch: Ich weiß, dass klassische Kirchenmusik vielen Menschen ein geistliches Zuhause bietet und ihnen hilft, ihren tiefsten Gefühlen vor Gott Ausdruck zu verleihen. Und dafür habe ich eine hohe Wertschätzung. Es ist nur eben bei mir nicht der Fall. Ich will niemandem seine lieb gewordene Kirchenmusik nehmen, aber kann man nicht regelmäßig alternative Gottesdienste für Menschen wie mich anbieten, die unter „klassischer Musik" eher so etwas wie „Pink Floyd" oder die „Rolling Stones" verstehen? Ich finde es jedenfalls nicht fair, dass ich mich, wenn ich eine gute Predigt hören will, erst durch eine halbe Stunde Musik hindurchkämpfen muss, mit der ich im Grunde nicht viel anfangen kann. Mit dieser Ansicht stehe ich alles andere als allein. Ich kenne jedenfalls eine Menge Menschen, die der Kirche fernbleiben, nicht etwa, weil sie die Inhalte ablehnen, sondern weil sie die Musik dort uncool finden.

Musik ist für die meisten Menschen heute nicht nur eine Kunstform, sie ist Ausdruck eines Lebensgefühls. Wenn die Musik für sie nicht stimmt, geht ein Gottesdienst bereits in seinem Ansatz an ihren innersten Empfindungen vorbei. Ich finde, die Kirche sollte sich darauf einstellen. Aber leider tut sie sich schwer, moderne Musik überhaupt ernst zu nehmen, geschweige denn ein Konzept zu entwickeln, wie sie Menschen der jüngeren Generation in ihren Gottesdiensten nachhaltig erreichen will. Die drei Haupteinwände, die ich immer wieder höre, wenn es um Lobpreis- oder ähnliche Musik geht, sind folgende: sie sei zu laut, zu simpel und zu redundant (wiederholungsintensiv). Darauf möchte ich im Folgenden kurz eingehen.

Erstens also: „Lobpreismusik ist zu laut." Den Vorwurf finde ich schon mal seltsam. Schließlich sind Posaunenchöre und Orgel nun auch nicht unbedingt Instrumente für Pferdeflüsterer. Außerdem halte ich die Ansicht schlicht für falsch, dass christliches Gebet immer nur in der Stille stattzufinden hat. Ich habe extra mal in der Bibel nachgeschaut. Da ist – vor allem, wenn es um gemeinschaftliches Gebet geht – viel häufiger von lauten und expressiven als von stillen Gebetsformen die Rede. Wobei ich das eine gar nicht gegen das andere ausspielen möchte. Stilles Gebet gehört in den Bereich der Intimität des Hörens und der „leisen Gefühle". Lautes, expressives Gebet hingegen dient dazu, Emotionen wie Dank, Freude oder Zuversicht auszudrücken und zu verstärken. Beides hat seinen Platz. Guter Lobpreis wird darum immer auch leisere Lieder beinhalten und Raum zur Stille geben. Aber er darf auch laut sein. Schließlich sollen sich Christen nicht nur „nach innen freuen".

Zweitens: „Lobpreismusik ist zu simpel." Es ist eine echte Ironie: Im Verlauf der Kirchengeschichte wurde nahezu jede neue geistliche Musik mit dem Vorwurf überzogen, zu einfach zu sein. Um das am Beispiel Martin Luthers deutlich zu machen: Dieser nahm in vielen Fällen die Kneipenlieder und Gassenhauer seiner Zeit und verpasste ihnen christliche Texte. Der Vorwurf war ihm so sicher wie das Amen in der

Kirche: das sei Straßenmusik und völlig unwürdig, im Gottesdienst gespielt zu werden. Irgendwann hat sich seine Musik dann durchgesetzt und im Lauf der Zeit drehte sich die Argumentation: Plötzlich galt das, was danach neu aufkam, als „zu simpel". (Zum Beispiel wurde Händels „Messias" mit seinen über 100 „Hallelujas" von seinen Zeitgenossen als „vulgäres Theater" verurteilt.) Doch was heißt denn „zu einfach"? Anders als meine Frau bin ich kein Musiker. Was christliche Lieder anbetrifft, ist „simpel" für jemanden wie mich gleichbedeutend mit „eingängig" oder „singbar". Das mag vielleicht eine ziemlich gewöhnliche Kategorie sein, aber ich finde sie relativ wichtig. Denn was nützt mir eine noch so anspruchsvolle Musik im Gottesdienst, wenn sie mein Herz nicht erreicht beziehungsweise ich die Lieder nicht mitsingen kann? Lobpreislieder sind in der Tat simpel: Sie gehen direkt ins Ohr – und von dort aus ebenso direkt ins Herz. Spätestens nach der zweiten Strophe kann ich sie mitsingen, und sie begleiten mich oft tagelang als „Ohrwurm", und zwar mitsamt ihren Texten, die meist ebenso leicht eingängig sind.

Damit bin ich beim dritten Vorwurf: „Lobpreismusik ist zu redundant." In der Tat werden in Lobpreisliedern oft die gleichen Zeilen mehrfach wiederholt beziehungsweise in ihnen tauchen immer wieder die gleichen Motive auf. Ähnlich wie bei Verliebten scheint das Repertoire an wirklich neuen Aussagen in Lobpreisliedern relativ begrenzt zu sein. So kann man oft in Endlosschleife hören: „Gott, du bist groß. Du bist stark. Du bist gut." Auch im biblischen Buch der Psalmen gibt es diese Tendenzen. „Gott, du bist mein Fels, meine Burg, mein Beschützer und mein Hort", heißt es da immer wieder. Allein in Psalm 136 findet sich 26-mal der Satz „Denn seine Güte währet ewiglich". Sonderlich abwechslungsreich ist das nicht. Ich glaube, das ist wie bei meinen Liebesbekundungen meiner Frau gegenüber: „Ich liebe dich. Du bist einfach wunderbar. Ich finde dich schön." Manchmal komme ich mir da auch ziemlich einfallslos vor – und trotzdem kann ich es im Grunde nicht oft genug sagen. Und ich habe nicht den Eindruck, dass sie sich daran satthört, auch wenn die ständige Wiederholung solcher Sätze einem außenstehenden Beobachter wahrscheinlich etwas beschränkt vorkommen würde. Ich habe in diesem Buch bereits an anderer Stelle etwas über die Macht der Wiederholung (Tag 34) geschrieben. Wiederholungen können sicherlich ein Zeichen von Einfallslosigkeit sein. Sie können aber auch eine ungeheure Dynamik entfalten, die in der Lage ist, die eigene Seele, das innere Lebensgefühl, ja, sogar eine Beziehung und Partnerschaft nachhaltig zu prägen. Warum soll das nicht auch für unsere Beziehung zu Gott gelten?

Ich habe Lobpreismusik kennen- und schätzen gelernt, als es mir gut ging im Leben. Ich sang damals meinen Dank Gott gegenüber und meine Freude lauthals heraus. Dann kamen aber auch Zeiten, in denen es mir richtig schlecht ging. Doch eigenartigerweise merkte ich, dass das Gotteslob mich selbst da trug. Lobpreis ist nicht nur ein Gebet für gute Zeiten. Lobpreis hat vielmehr die Kraft, einen Menschen auch an schweren Tagen zu tragen. Vielleicht ist das der Grund, warum ich in diesem Gottesdienst still eine Träne verdrücke: weil diese Kombination aus Gebet und Musik mich getragen hat und weiterhin trägt. Und weil es lange her ist, dass ich in einem Gottesdienst Gott von Herzen anbeten konnte, weil eine entsprechende Musik mich dabei unterstützte. Es ist, als ob sich ein Pfropfen löst und mein Gebet endlich wieder mal in einem Gottesdienst nicht nur aus meinem Kopf, sondern direkt aus meinem Herzen kommt.

Und noch etwas anderes bewegt mich. Ich habe diese Musiker im Lauf der Jahre ein bisschen kennengelernt. Diese Menschen hier könnten mit ihrer Begabung die Kirche, ja, sie könnten Deutschland verändern. Sie könnten Menschen, die ähnlich „ticken" wie ich, scharenweise wieder in die Kirche zurück- beziehungsweise an Gott heranführen. Und doch fristen sie in vielen Gemeinden ein Nischendasein. Einige von ihnen träumen davon, von ihrer Passion leben zu können. Sie hätten es verdient, weil sie wirklich gut sind. Die meisten wären allerdings schon froh, ihre Leidenschaft – Gott durch Rockmusik großzumachen – wenigstens ansatzweise ausüben zu können. Aber es gibt in den großen Kirchen so gut wie keinen Raum für sie. Darum sind viele von ihnen zwischenzeitlich in Freikirchen abgewandert. Sie kommen eigentlich gar nicht dorther, sie tendieren theologisch nicht einmal dorthin, aber dort dürfen sie spielen. Ist es nicht verrückt, dass Menschen ihre Konfession nicht wegen eines Bekenntnisses wechseln, sondern weil die Kirche ihnen keine Möglichkeit bietet, Gott mit der Musik ihres Herzens anzubeten?

Ich weiß, dass Musik Geschmackssache ist. Aber weil uns diese Aussage oftmals zu simpel und zu oberflächlich erscheint, werden häufig viele Argumente dafür herangeführt, warum die eine Art von Musik angeblich „geistlicher" ist als die andere. Ich behaupte: Es gibt überhaupt keine geistliche Musik. Es gibt nur geistliche Texte. Und es gibt Musik, die zu Herzen geht und darum in der Lage ist, uns geistliche Texte in besonderer Weise nahzubringen, und uns hilft, unseren innersten Empfindungen vor Gott Ausdruck zu verleihen. Für mich persönlich erfüllt Lobpreis diesen Zweck voll und ganz. Darum gebe ich meinem heutigen Gebetserlebnis die Note 1.

Portfolio

Name:	**Lobpreismusik**
Erklärung:	Lobpreis ist eine Form von christlicher Musik, die stilistisch zum Mainstream-Rock oder -Pop zählt. Die dabei gesungenen Lieder sind emotional sehr dicht und thematisieren vor allem Gottes Wesen, Taten und Eigenschaften.
Kategorie:	In der Regel ist Lobpreis Gemeinschaftsgebet, kann aber auch im Bereich der individuellen Spiritualität eine Rolle spielen.
Verwandte Formen: ..	Lob Gottes; Singen; Kirchenmusik
Auf drei gezählt:	1. Einen Gottesdienst mit moderner Lobpreismusik besuchen. 2. Sich von der Musik mitreißen lassen und die eingängigen Texte mitsingen. 3. Sich selbst vergessen, um sich Gott zu öffnen.
Zeitaufwand:	Meist 3–4 Lieder, kann aber auch länger dauern; hier: einen ganzen Gottesdienst hindurch
Benötigte Hilfsmittel:	Eine Band; Gitarre/Keyboard oder CD
Meine Erkenntnis:	Wer singt, betet doppelt. Allerdings nur, wenn die Musik für ihn stimmt.
Note:	1 Auch wenn's sicherlich nicht jeder mag.

Tag 44: Schwedenhäppchen für die Hosentasche

Beten mit den Perlen des Lebens

Vor einiger Zeit schenkte mir eine gute Freundin ein wunderschön gestaltetes kleines Buch mit dem Titel „Perlen des Lebens". In die Umschlagseite eingelassen war eine kleine Handkette mit unterschiedlichen Perlen, eine Art evangelischer Rosenkranz. Diese Perlen stehen für das Große und Wichtige in unserem Leben: Gott, die Stille, das Ich, die Taufe, die Wüste, die Gelassenheit, die Liebe, das Geheimnis, die Nacht und die Auferstehung. Einige Perlen kommen mehrfach vor, sodass die gesamte Anzahl bei 18 liegt. Die Perlen sind teilweise auch unter dem Namen „Perlen des Glaubens" bekannt; außer dem Namen besteht hier aber kein Unterschied.

Das Büchlein habe ich gestern vor dem Schlafengehen durchgelesen, anschließend die kleine Kette in die Hand genommen – sie fühlt sich gut an! –, habe noch einmal die Bedeutung der einzelnen Perlen memoriert und bin darüber eingeschlafen. Irgendwann nachts bin ich aufgewacht, spürte das Kettchen in meiner Hand, fühlte mich positiv berührt und schlief weiter. Als ich morgens aufwachte, lag der Perlenkranz unter mir. Ich nahm ihn zur Hand, bestaunte ihn im Licht der ersten Sonnenstrahlen und befühlte ihn abermals. Das also sollen die wesentlichen Aspekte meines Lebens sein – na gut, ich lasse mich darauf ein.

Das Buch enthält leider keine rechte Anleitung, wie ich mit den Perlen des Lebens beten kann. Als bewusst protestantisches Produkt möchte es den Leser und die Leserin möglichst wenig reglementieren. Schade eigentlich, als Anfänger könnte ich etwas mehr Hilfestellung gut gebrauchen, in evangelischer Freiheit lösen kann ich mich dann immer noch. In dem Büchlein finden sich als Einstiegshilfe zu jeder Perle jeweils eine Einführung, eine kleine Meditation und ein kurzes Gebet. Es wird empfohlen, sich immer wieder mal eine Perle in einer bestimmten Situation zur Hand zu nehmen und diese zu meditieren. Oder sich von der Perlenkette als Ganzes an die Gegenwart des Göttlichen in unserem Leben erinnern zu lassen. Der schwedische Bischof Martin Lönnebo, der „Erfinder" der „Perlen des Lebens", sagt zum Beispiel, dass er seinen Perlenkranz immer in der Hosentasche trage und dadurch jedes Mal, wenn er seine Hand in die Tasche stecke, an die Anwesenheit des Großen erinnert werde. Ich denke, dies ist ein ähnlicher Effekt wie das, was ich gestern Nacht erlebt habe. Ich nehme mir heute Morgen vor, in einer Art Crashkurs Perle für Perle durchzugehen und mir dabei jeweils etwa eine Minute einzuräumen.

Die größte Perle ist die Gottesperle; sie ist golden (1). Sie steht am Anfang und am Schluss des Kranzes, und das ist gut und richtig so. Wenn es Gott wirklich gibt, wovon ich überzeugt bin, ist er gleichzeitig der Ursprung wie auch das Ziel unseres Lebens. Mit Gott zu beginnen und zu enden tut jeder Meditation gut. Also vergegenwärtige ich mir für einen kurzen Augenblick die Gegenwart Gottes: Gott ist da. Ich liege noch halb zerknautscht und verwuschelt im Bett, aber ER ist bereits da und wartet auf mich und mein Gebet.

Dann folgt die erste von insgesamt sechs sandfarbenen Stilleperlen (2). Sie sind länglich geformt und scheinen dadurch eine Verzögerung zu signalisieren und darauf hinzudeuten, dass man bei dem vorherigen Gedanken noch ein wenig verweilen soll, bevor man sich auf den nächsten einlässt. Und auch das ist sehr weise, denn es ist sicherlich gut, wenn wir erst noch ein wenig schweigen, bevor wir allzu unvermittelt von der Gottesperle zur Ich-Perle (3) springen. Wir sind als Ebenbild Gottes geschaffen, darum liegen diese beiden Perlen – nur durch das Schweigen getrennt – nebeneinander. Die kleine weiße Ich-Perle soll uns helfen, uns mit Gottes liebevollen Augen zu sehen, jenseits aller Rollen, Erwartungen und Ansprüche. Wir sind geschätzte und geliebte Wesen. Das Buch empfiehlt: „Wenn du die Ich-Perle umfasst, dann stell dir dein innerstes Ich als das Schönste vor, das jemals gesehen wurde." An diese Formulierung kann ich mich heute Morgen noch erinnern, so wunderbar finde ich sie.

Als Nächstes folgt die große weiße Taufperle (4), die die Ich-Perle vor dem Folgenden, durchaus auch Bedrohlichen schützt. Die Taufe steht für die Zusage Gottes, immer bei mir zu sein, für unbegrenzte Gnade und Vergebung. Und sie steht für den immer wieder möglichen Neuanfang: „Wenn du die Taufperle umfasst, betest du für das Kind in dir."

Dann folgt eine weitere Stilleperle (5), bevor die mittelgroße Wüstenperle (6) folgt. Sie steht für die trockenen, mühseligen, sinnlos anmutenden Zeiten in unserem Leben. Eine solche Phase durchlaufe ich seit einigen Jahren und denke nicht gerne darüber nach. Der Perlenkranz zwingt mich, die Wüstenperle anzufassen, das heißt, mit dieser Phase meines Lebens in Berührung zu kommen und sie als Teil meines Lebens zu akzeptieren. Interessanterweise folgt hierauf – nach einer weiteren Stilleperle (7), das heißt nach einem erneuten Verweilen – die große blaue Perle der Gelassenheit (8). Gelassenheit hat etwas mit Loslassen zu tun: Träume, Wünsche, Ambitionen. Aber auch etwas damit, dass ich Gott handeln lasse, wo mein eigenes Tun und Machen bislang so beunruhigend wenig erreicht hat. Gut, dass hierauf eine weitere Stilleperle (9) folgt, so kann ich noch bisschen länger in diesem Gefühl verweilen.

Dann folgen die beiden roten Perlen der Liebe. Die erste (10) steht für die empfangene Liebe in meinem Leben, die zweite (11) für die Liebe, die ich an andere weitergebe. Auch das ist klug: beides einmal getrennt zu betrachten und mit der empfangenen Liebe zu beginnen, denn letztlich kann ich nur an andere weitergeben, was ich zuvor selbst an Liebe erfahren habe. Gleich bei der ersten Perle fange ich an zu staunen, wie viel Liebe, Anerkennung und Zustimmung ich in meinem Leben doch erfahren habe und erfahre. Dann gehe ich weiter zu der Perle, bei der es um die Menschen geht, die ich liebe oder die vielleicht noch etwas mehr Liebe von mir gebrauchen könnten.

Nach den beiden Perlen der Liebe folgen drei kleine „Geheimnisperlen" (12 bis 14). Mit ihnen kann ich am wenigsten anfangen. Bei ihnen geht es um das, worüber ich mit niemandem rede oder wofür ich keine Worte habe. Sofort fallen mir ein paar geheime Sünden ein, aber das kann ja wohl nicht alles sein, was damit gemeint ist. Geheime Wünsche vielleicht? Ich habe den Eindruck, nur an der Oberfläche zu kratzen, und komme einfach nicht drauf. Da müsste ich noch mal tiefer bohren. Und dann kommt – völlig unvermittelt – die schwarze Perle der Nacht (15). Sie ist größer als die Ich-Perle, aber kleiner als die Taufperle, auch etwas kleiner als die beiden Liebesperlen und definitiv kleiner als die Gottesperle. Die Perle der Nacht steht für das Dunkle in meinem Leben: für Angst, Katastrophen, Verzweiflung, Sinnlosigkeit und letzten Endes natürlich für den Tod. Ich bin vor allzu großem Dunkel in meinem Leben bislang bewahrt geblieben, aber die Angst vor dem Dunkel kenne ich durchaus, und der Gedanke an den Tod begleitet mich seit meiner Kindheit wie ein unsympathischer Zeitgenosse. Im Lauf der ins Land gehenden Lebensjahre werden diese Gedanken – trotz allen Glaubens – nicht weniger.

Nach einer weiteren Stilleperle (16) – der Übergang von Karfreitag auf Ostern folgte schließlich auch nicht von jetzt auf gleich – die große weiße Perle der Auferstehung (17). In dem Begleitbüchlein findet sich ein wunderschöner Begleittext, den ich noch einmal aufschlage und mit Tränen in den Augen lese. So herrlich muss Auferstehung sein! Wenn nur dieser blöde Tod dazwischen nicht wäre! Auch hier lädt mich eine weitere Stilleperle (18) zum Verweilen ein, bis das Ganze schließlich dort endet, wo alles anfangen hat: bei der großen goldenen Gottesperle.

Obwohl ich diese Übung nur ganz oberflächlich gemacht habe, hat sie mich doch erstaunlich tief berührt. Es widerspricht der Vorgehensweise meines Selbstversuchs, aber eigentlich müsste ich an dieser Stelle morgen noch mal weitermachen. Ich spüre, dass ich hier nur die Oberfläche von etwas ganz Großem angekratzt habe. Beispielsweise hätte ich Lust, meinem „dreifachen Geheimnis" auf die Spur zu kommen. An dieser Stelle war ich heute völlig vernagelt. Na gut, dann merke ich es mir für später vor. Ich bin mir nicht sicher, ob ich daraus eine tägliche Gepflogenheit machen möchte, aber das erwartet ja auch niemand. Morgen mache ich mit meinem 50-Tage-Projekt weiter. Aber das Perlenkettchen stecke ich mir auf jeden Fall mal in die Hosentasche – „für den kleinen Hunger zwischendurch".

Portfolio

Name:	**Perlen des Lebens/Glaubens**
Erklärung:	Die „Perlen des Lebens" (anderer Name: „Perlen des Glaubens") sind eine Art evangelischer Rosenkranz, der uns helfen kann, uns die wesentlichen Dinge in unserem Leben zu vergegenwärtigen.
Kategorie:	Meditation
Verwandte Formen: ..	Rosenkranzgebet; Lebensbetrachtung
Auf drei gezählt:	1. Das Büchlein „Perlen des Lebens" mit integriertem Perlenkranz besorgen (zwischenzeitlich gibt es mehrere Publikationen dazu). Die Perlenkette kann man auch separat bestellen, beispielsweise auf der Website www.perlen-des-lebens.com. 2. Entweder einzelne Perlen mithilfe des Buches meditieren oder – wie hier – nach Lektüre des Buches alle Perlen nacheinander durchgehen. 3. Bei näherem Interesse unter der genannten Homepage weitere Informationen einholen und die Übung in der Folgezeit vertiefen.
Zeitaufwand:	Lektüre des Büchleins: ca. 1 Stunde; für die Meditation einer einzelne Perle ca. zehn Minuten; hier: für den gesamten Kranz ca. 20 Minuten
Benötigte Hilfsmittel:	Perlenkranz „Perlen des Lebens"; evtl. das dazugehörige Büchlein oder die Anleitung aus dem Internet
Meine Erkenntnis:	Ich habe ein dreifaches Geheimnis, dem ich auf die Spur kommen will.
Note:	1– Ein kleines Juwel!

Tag 45: Das Schöne steckt im Detail

Beten mit dem Fotoapparat

Das menschliche Gehirn ist in vielerlei Hinsicht ein Wunderwerk. Elf Millionen Sinneseindrücke werden ihm zum Beispiel von unseren Sinneszellen pro Sekunde zugeleitet, davon allein zehn Millionen über die Augen, eine Million über den Tastsinn, je 100.000 über das Hören und Riechen und nur 1.000 über den Geschmackssinn (schon allein deswegen sollte unser Lebensinhalt nicht nur aus Essen und Trinken bestehen – uns entgehen dabei über 99,99 Prozent Lebensgenuss). Die vielen Eindrücke, die sekündlich auf unser Gehirn einprasseln, stellen bereits eine arge Vereinfachung der „wirklichen Welt da draußen" dar, denn dort gibt es natürlich unendlich viel mehr Farben, Töne, Gerüche und Geschmäcker. Nur elf Millionen davon machen das Rennen und passieren die Eingangstore unserer Sinneszellen. Sobald diese aber an unser Gehirn weitergeleitet werden, werden sie noch einmal gnadenlos aussortiert. Gerade mal vierzig (!) dieser elf Millionen Sinneseindrücke stuft unser Gehirn als relevant zur Weiterverarbeitung ein. Alles andere kommt in den inneren Reißwolf und wird dort nach wenigen Sekunden unwiederbringlich gelöscht. Was für eine Verschwendung einerseits – und was für eine Meisterleistung andererseits! Aus unendlich vielen möglichen Reizen wählt sich unser Gehirn sekündlich vierzig Stück aus, um sich daraus ein Abbild der Realität zu schaffen.

Schon allein deswegen ist es mir nicht möglich, dem Satz zu folgen: „Ich glaube nur, was ich sehe." Ich habe mich schon als Kind gefragt: Könnte es sein, dass wir von Tönen umgeben sind, die wir nur deshalb nicht hören, weil unsere Ohren nicht auf diese Frequenz eingestellt sind? Hunde würde diese Frage sofort mit Ja beantworten. Und sie würden uns auch etwas davon erzählen, dass diese Welt voll von spannenden Gerüchen ist, die wir nur deshalb nicht wahrnehmen, weil die Evolution nun einmal entschieden hat, zehn unserer elf Millionen Sinneszellen auf die Augen zu verteilen und nicht auf die Nase. Und könnte es auch sein, dass wir von den wunderbarsten Farben umgeben sind, die wir aber nicht sehen, weil unsere Augen Farben nur in einem ganz geringen Spektrum wahrnehmen können? Wahrscheinlich steht es in großen, bunten Buchstaben direkt vor uns: „Gott lebt und es geht ihm gut. Danke der Nachfrage." Nur können wir es leider nicht lesen.

Nein, es ist für mich keine Option, nur das zu glauben, was ich sehe. Auf der anderen Seite macht es aber auch wenig Sinn, darüber zu spekulieren, welche Farben, Töne und Gerüche es über das hinaus gibt, was unsere Sinne wahrnehmen können. Gott hat uns genau diese fünf Sinne mit auf den Weg gegeben, wahrscheinlich, weil er der Meinung war: „Das reicht fürs Erste. Das ist schon mehr, als du sinnvoll verarbeiten kannst. Komm erst mal damit zurecht (und wenn du genau hinschaust, kannst du meine Botschaft auch so entziffern)."

Den Tipp mit dem „Fotografieren als Gebet" hat mir vor Jahren eine Bekannte gegeben. Sie verkauft selbstgemachte Postkarten für einen guten Zweck und erlebt gleichzeitig den Akt des Fotografierens als eine Art Meditation: Die Suche nach einem geeigneten Motiv, die Konzentration auf einen einzigen Inhalt, das Ausprobieren verschiedener Perspektiven usw. helfen ihr, sich im wahrsten Sinne des Wortes zu fokussieren. Sie sieht mehr, weil sie weniger anschaut. Sie entdeckt es in einer neuen Tiefendimension. Und das lässt sie immer wieder staunen über die Schönheit dieser Welt – und über den, der das alles geschaffen hat.

Mich hat das bereits damals unmittelbar angesprochen, denn ich habe schon immer gern fotografiert. Nur habe ich es nie als Gebet verstanden beziehungsweise den letzten Schritt zum Beten nie bewusst vollzogen. Schade eigentlich, denn vom Staunen zum dankbaren Gebet ist es in der Tat nur ein kleiner Schritt. Im Buch der Weisheit Salomos (13,5) heißt es: „An der Größe und Schönheit der Geschöpfe wird ihr Schöpfer wie in einem Bild erkannt." Diesem Geheimnis möchte ich heute auf die Spur kommen. Also mache ich mich frühmorgens mit meiner Kamera auf und komme tatsächlich ins Staunen. Ich bin diesen Weg zwar schon oft entlanggejoggt und fand ihn immer schön. Aber heute, wo ich langsam gehe und bewusst nach geeigneten Motiven Ausschau halte, empfinde ich die Schönheit der Schöpfung noch viel intensiver. Rund vierzig Minuten bin ich unterwegs und mache dabei etwa 30 Fotos. Im Anschluss schaue ich mir die Bilder noch einmal auf dem Rechner an und entdecke – auf Monitorgröße gezoomt – eine Menge Aspekte, die ich im Moment des Fotografierens noch übersehen hatte. Und das Staunen geht weiter. Haben Sie sich schon einmal mit Sinn und Verstand die vergrößerte Aufnahme einer Pusteblume angeschaut? „Boah, ey", möchte man ausrufen; früher sagte man wahrscheinlich eher: „Halleluja!"

Vier meiner Bilder möchte ich Ihnen im Folgenden kurz vorstellen.

Nichts Besonderes, vielmehr ganz gewöhnliche, alltägliche Wunder Gottes. Ich weiß, dass Diashows nerven, darum mache ich es wirklich nur kurz:

1. **Der Löwenzahn:** Zigtausende stehen davon am Wegrand und auf den Wiesen. Ich nehme sie normalerweise bestenfalls als kleine gelbe beziehungsweise weiße Kleckse inmitten des weit ausladenden Grüns der Wiesen und Felder wahr. Die Tatsache, dass heute nicht Joggen, sondern Staunen und Beten auf dem Programm steht, lässt mich auch auf diese kleinen Dinge achten, die mein Gehirn bei der Auswahl seiner „Top 40" oft aussortiert. Wie viel Detailschönheit hat Gott bereits in eine so kleine, scheinbar unwichtige Blüte hineingelegt, die wir normalerweise als „Unkraut" abtun – wow!
2. **Die gebundene Rebe.** Es ist Frühling im Rheingau. Die Winzer haben die Weinstöcke radikal zurückgeschnitten. Zu Hunderten stehen die Stöcke nebeneinander aufgereiht: kleine Stämme, von denen jeweils rechts und links ein kleiner Ast zur Seite gebunden ist. Wie lauter kleine Kruzifixe sehen sie aus, passend zu der Tatsache, dass in wenigen Tagen Karfreitag ist. Die zur Seite gebundenen Äste zeigen hier und dort allerdings schon erste Knospen: Vorboten der überbordenden Fülle, die im Lauf der nächsten Wochen aus dieser scheinbar so trostlosen Szene erwachsen wird. Es erinnert mich daran, wie viel Gutes aus dem scheinbar so sinnlosen Tod Jesu von Nazaret erwachsen ist. Und wie oft sich dieses Phänomen auch in unserem Leben bewahrheitet: dass Gott dort, wo alles trostlos und am Ende zu sein scheint, Neues und besonders Fruchtbares wachsen lässt.
3. **Der Kirschbaum.** Er steht mitten in unserem Garten und blüht, was das Zeug hält. Zigtausende kleiner weißer Blüten lassen den Baum in einer unbeschreiblichen Schönheit erstrahlen. Auch hier muss ich sagen: wie verschwenderisch! Zwei neue Bäume setzt so ein Kirschbaum im Laufe seines langen Lebens durchschnittlich in die Welt. Dafür bringt er Jahr für Jahr Zehntausende dieser wunderschönen weißen Blüten hervor. So etwas finden wir in der Schöpfung immer wieder: Von Milliarden interessanter Menschen lernen wir nur einige wenige kennen. Von 200 Millionen Samenzellen gelingt es nur einer, das Ei zu befruchten. Von Zigtausenden guter Gedanken schafft es nur ein Bruchteil in dieses Buch. Und von unseren

vielen Gaben und Träumen leben wir nur einen kleinen Teil wirklich aus. Das können wir sicherlich alles bedauern; wir können aber von dem Kirschbaum lernen, dass das irgendwie auch normal ist. Dass Gott ein enormes Potenzial in uns legt, von dem wir nur einen kleinen Bruchteil umsetzen können. Und dass es zur Kunst des Lebens gehört, aus der verschwenderischen Fülle von Möglichkeiten, die das Leben uns eröffnet, eine kleine, aber feine Auswahl zu treffen.

4. **Die Wolken.** Eigentlich wollte ich ein Bild von der über dem Rhein aufgehenden Sonne machen. Doch ausgerechnet heute stehen Wolken auf dem Programm. Ich will gerade anfangen, mich darüber zu ärgern, als ich realisiere, dass auch Wolken von einer atemberaubenden Schönheit sind: Wie große, bizarre Wattebäusche ziehen sie ihre Bahnen am Himmel. Bis vorhin dachte ich noch: Wolken sind entweder weiß oder grau. Bei genauerer Betrachtung sehe ich aber mindestens ein Dutzend verschiedener Grautöne, sodass ich sie fast schon als „bunt“ bezeichnen könnte. „Bunte Wolken“ – ich gebe zu, das klingt etwas merkwürdig. Aber ist es nicht manchmal so im Leben, dass uns Dinge (oder auch Menschen) langweilig und grau vorkommen, bis wir uns die Zeit nehmen, sie einmal näher zu betrachten? Auf jeden Fall finde ich im Nachhinein, dass meine Wolkenbilder die schönsten Fotos von allen sind.

Fotografieren als Gebet ist für mich wirklich eine Option. Über das Staunen komme ich nicht nur zum Philosophieren (was bereits Aristoteles erkannte), sondern auch zum Beten. Wobei ich durchaus so meine Anfragen habe, ob wir Gott wirklich in der Natur finden können. Die Natur an sich spricht nämlich nicht zu uns. Sie löst vielleicht bestimmte Gedanken in uns aus, aber im Grunde finden wir in ihr – religiös gesehen – nur das, was wir von vornherein in sie hineinlegen. Ich hole mir eben nicht einen Dackel mit Hängewampe vor die Linse, sondern fotografiere lieber einen Sonnenaufgang. Ich ignoriere den Todeskampf des Wurmes, den die Krähe mit ihrem Schnabel aus der feuchten Erde zieht, und wähle stattdessen lieber die taubenetzte Blüte oder das atemberaubende Panorama des Rheintals. Ein bisschen unseriös ist es schon, was ich hier mache. Ich wähle einen Teil der Natur aus – eben den atemberaubend schönen – und schließe von dort aus zurück auf die Schönheit Gottes. Ich könnte einen anderen Teil wählen und käme dann vielleicht zu einem völlig anderen Ergebnis. Es ist eine sehr eindrückliche Gebetserfahrung, die ich hier mache, aber sie hat einen eigenartigen Beigeschmack. Ich habe meinen Blick bewusst auf die schönen Aspekte der Natur fokussiert, um dann – intellektuell nicht ganz sauber – auf einen liebenden, großartigen Gott zu schließen. Ich halte das nicht für gänzlich verboten – schließlich versuche ich, auch bei Menschen vor allem erst mal das Positive zu sehen. Aber es ist einseitig, und ich muss wissen, dass ein solcher Zugang seine Grenzen hat.

Dazu kommt noch etwas. Friedrich Nietzsche sagte: „Wir sind so gerne in der freien Natur, weil diese keine Meinung über uns hat.“ Das finde ich sehr klug. Der Natur-Gott verdankt seine Beliebtheit in der Tat nicht zuletzt der Tatsache, dass er keine Ansprüche an uns stellt. Keine Gebote, kein Wort der Kritik, keine Herausforderung zur Korrektur oder zum persönlichen Wachstum werde ich von diesem Gott zu hören bekommen. Ich finde das einerseits durchaus angenehm. Nichts ist schlimmer als ein Gott, der wie die Karikatur einer schlechten Ehefrau ständig an einem herumnörgelt. Auf der anderen Seite ist Gott nach meinem Verständnis durchaus ein Gegenüber, an dem wir wachsen und reifen sollen, jemand, der uns zwar aufbaut, ermutigt und stärkt, uns dabei aber eben nicht nur nach dem Mund redet, sondern auch hier und da Widerpart gibt und uns herausfordert.

Um es auf den Punkt zu bringen: Naturerfahrungen, wie ich sie heute gemacht habe, können meinen Glauben zwar stärken und unterstützen, auf solchen Erfahrungen aufbauen wollte ich meinen Glauben jedoch nicht. Meine heutige Gebetserfahrung hat mich einmal mehr dazu gebracht, über die Größe Gottes zu staunen, und das macht sie mir wertvoll. Doch die Blüte, über deren Schönheit ich mich heute noch freue, ist morgen bereits verwelkt. Darum braucht mein Glaube an die Liebe Gottes in der Tat eine stärkere Grundlage als die Schönheit der Natur. Daher schließt der christliche Glaube das Staunen über die Natur zwar positiv mit ein, verankert sich aber an einer ganz anderen Stelle, nämlich dort, wo Gott Menschen ganz persönlich begegnet und sie mit seinem fördernden, aber auch herausfordernden Wort anspricht.

Ein Letztes noch: Vergangene Woche war ich an einem strahlenden Frühlingstag in Rüdesheim am Rhein. Hunderte von Touristen liefen durch das pittoreske Städtchen und fotografierten sich die Seele aus dem Leib. Ich musste grinsen, weil das nun wirklich allen Klischees entsprach, die man sich so von Amerikanern oder auch Japanern macht. Ganz sicherlich ist Rüdesheim schön, aber ich fragte mich, warum um alles in der Welt die Leute dort jeden Stein und jedes Eckchen fotografieren müssen. Nach der Erfahrung von heute würde mein Urteil vermutlich gemäßigter ausfallen. Gestern hätte ich noch gedacht: „Die fotografieren wahllos herum." Heute weiß ich besser, was sie machen: Sie beten. Auch wenn sie es vielleicht nicht wissen.

Portfolio

Name:	**Meditative Fotografie**
Erklärung:	Die Fotografie kann uns dazu bringen, über Gottes Schöpfung zu staunen. In den Wundern der Natur erkennen wir die Handschrift Gottes in dieser Welt. Kaum etwas liegt näher, als über die Werke der Schöpfung in Kontakt mit dem Schöpfer zu treten.
Kategorie:	Meditatives, naturverbundenes Gebet
Verwandte Formen: ..	Schöpfungspsalmen; Gott in den schönen Dingen dieser Welt verehren
Auf drei gezählt:	1. Einen Spaziergang in der freien Natur machen. Dabei ein geeignetes Motiv aussuchen. 2. Es aus verschiedenen Perspektiven fotografieren. Dabei die Dinge, die man fotografiert, zu sich sprechen lassen. 3. Beim Betrachten der Fotos zu Hause mit Gott darüber reden, was man beim Fotografieren gesehen und gedacht hat. (4. Für Fortgeschrittene: Zu den besten Fotos mithilfe einer Wortkonkordanz einen passenden Bibelvers aussuchen.)
Zeitaufwand:	Hier: rund 40 Minuten plus „Nachgespräch" am Computer
Benötigte Hilfsmittel:	Kamera; ggf. Rechner mit Fotosoftware
Meine Erkenntnis:	Vom Staunen zum dankbaren Gebet ist nur ein kleiner Schritt.
Note:	2– Gut, wenn auch nicht ganz seriös.

Tag 46: Hier steppt der Bär!

Beten beim Tanzen

Gut, dass mich eben niemand gesehen hat! Außer Gott, meine ich. Denn schön war das ganz sicherlich nicht. Ich bin ganz und gar kein Tänzer. Schon als Kind habe ich Reigen- und Folkloretänze gehasst. Die obligatorische Tanzschule ist in meiner Jugendzeit irgendwie an mir vorübergegangen, und alle Versuche, das später im Erwachsenenalter nachzuholen, sind grandios gescheitert. Trotz mehrfacher Anläufe und Einzelunterricht will es mir einfach nicht gelingen, mich auch nur halbwegs koordiniert im Takt zu bewegen. Kurz gesagt: Ich habe beim Tanzen die Anmut eines dreibeinigen Elefanten. Was nicht bedeutet, dass ich mich nicht gerne zur Musik bewege. Das tue ich sehr wohl. Es sieht nur einfach nicht gut aus (um es vorsichtig auszudrücken). Wenn das Wort „Kunst" von „Können" kommt, ist Tanzen bei mir bestenfalls eine „Wulst" (von „Wollen"). Und meist nicht einmal das. So viel muss vorausgeschickt werden, bevor ich von meiner heutigen Übung berichte.

Ein bisschen hat mich König David zu dieser Übung inspiriert. Von ihm heißt es in der Bibel, dass er einmal bei einem großen feierlichen Umzug „mit aller Macht" vor der Bundeslade – dem transportablen Nationalheiligtum der Israeliten – hertanzte. Seine Frau Michal sah das aus dem Fenster ihres Palastes, und ihr war, so wird berichtet, das Auftreten ihres Mannes grottenpeinlich. Entsprechend machte sie ihm Vorhaltungen. Er habe sich ziemlich zum Affen gemacht. Seelisch und körperlich habe er sich vor den Menschen entblößt, was sich für einen König nicht gehöre. Er aber antwortete ihr, es sei ihm herzlich egal, ob Menschen ihn dafür gering schätzten. Er jedenfalls wolle vor JAHWE tanzen.

Da ich diese Geschichte im Hinterkopf habe, warte ich mit meiner Übung lieber, bis meine Frau und die Kinder für ein paar Stunden unterwegs sind. Ich ziehe die Jalousien herunter, damit mich niemand sehen kann – ganz so egal wie David ist es mir dann doch nicht, was die Nachbarn über mich denken. Sie wissen ja auch nicht, dass ich vor JAHWE tanze. Und ich bin mir nicht sicher, ob es die Sache besser machen würde, wenn sie es wüssten.

Ich räume das Zimmer großzügig frei, ziehe mir – wie David – lockere Kleidung an. Das heißt, ich bin nicht nackt, aber ich würde so auch nicht durch die Straßen laufen, schon gar nicht, wenn ich König wäre. Eine Bundeslade habe ich nicht zur Verfügung. Dafür lege ich eine CD mit moderner geistlicher Musik auf. Sie trägt den schönen Titel „Unser Vater“. Prima. An dem Thema hatte ich mir bereits am 13. Tag die Zähne ausgebissen. Mal sehen, welche Erfahrungen ich diesmal damit mache. Schon nach wenigen Takten – nachdem ich mich noch mal vergewissert habe, dass mich auch wirklich niemand sehen kann – tauche ich ein in die Musik. Erst bewege ich mich noch etwas zögerlich, dann verliere ich mehr und mehr die Zurückhaltung. Die Schritte werden größer, die Gesten ausladender, ich singe Textpassagen mit, die ich auswendig kenne. Mitunter singe ich nicht nur eine Zweitstimme, sondern auch einen Zweittext – wie es mir gerade einfällt und ob es nun passt oder nicht –, oder wiederhole mehrfach einzelne Worte oder Textzeilen. Mehr und mehr gehe ich aus mir heraus: Ich laufe, hüpfe, tanze und schreite – von dem, was meine Arme und Hände machen, ganz zu schweigen. Noch einmal: gut, dass mir niemand dabei zusieht! Mir macht die Übung einen Riesenspaß, aber sonderlich sozialtauglich scheint sie mir nicht zu sein.

Und damit bin ich bei der Frage aller Fragen: Gefällt das, was ich da tue, eigentlich *Gott?* Ich kenne Menschen, die sich beim Tanzen ungemein graziös bewegen. Wenn sie tanzen, ist es eine Augenweide, und ich kann mir vorstellen, dass es Gott große Freude macht und dass es ihn wirklich ehrt, wenn sie auf diese Weise „vor Gott“ tanzen. Ein solcher Tanz ist in diesem Fall wie ein Kunstwerk, das sie ihm widmen. Was aber ist mit meinem Tanz, dem jedes Schiedsgericht dieser Welt, das nicht ausschließlich aus Blinden zusammengesetzt ist, sowohl in der A- wie auch in der B-Note ein negatives Vorzeichen geben würde? Kann ich da die Logik des Königs David für mich beanspruchen, der sagte: „Völlig egal, ob die Leute es lächerlich finden. Hauptsache, Gott findet es gut!“? Hier ist die Rückfrage erlaubt: Was, bitte schön, soll Gott an diesem exzessiven, völlig kunstfreien Rumgehopse gut finden?

Wenn es allerdings stimmt, was die Bibel sagt, dass nämlich die Menschen sehen, was vor Augen ist, dass Gott aber das Herz ansieht, habe ich vielleicht bessere Chancen als gedacht. Denn diese Übung hat mir nicht nur Spaß gemacht, sie ging auch erstaunlich tief. Ich empfand dabei eine sehr große Nähe, ja, geradezu Verschmelzung mit den Liedtexten, denen ich mit meinem „Tanz“ Ausdruck verlieh. Ich war ganz nah bei mir selbst. Und spürte gleichzeitig eine intensive Nähe zu Gott. Wenn das kein tiefes Gebet war, was dann?

Im Nachhinein habe ich mir überlegt, ob es überhaupt Musik mit Texten sein muss oder ob für einen solchen Gebetstanz Instrumentalmusik nicht noch besser geeignet ist. Ich kann mir das sehr gut vorstellen. Aber in diesem Fall haben mir die Texte geholfen, bei der Sache zu bleiben und durchgängig in der Position des Beters zu verweilen, was mir bei reiner Instrumentalmusik vielleicht etwas schwerer gefallen wäre. Trotzdem habe ich den Eindruck, dass mein Körper in dieser Übung etwas zum Ausdruck brachte, das ich niemals in Worte fassen könnte. Diese Art von Gebet entsprang einem Bereich meines Inneren, in den menschliche Sprache und menschlicher Verstand nicht hineinreichen. Insofern rückt diese Form des Gebets ein bisschen in die Nähe der bereits früher von mir beschriebenen „Zungenrede". Beides ist ein Beten in einer irrational anmutenden Sprache, weil es aus dem Unterbewussten entspringt. Das erinnert mich an die Aussage des Paulus: „Wir wissen nicht, was wir beten sollen, wie sich's gebührt; sondern der Geist selbst vertritt uns mit unaussprechlichem Seufzen." Ersetzen Sie in diesem Fall nur das Wort „Seufzen" durch das Wort „Hüpfen". Das „Geistreiche" an diesem Gebet ist nicht unbedingt die besondere künstlerische Form, sondern die Tatsache, dass es uns in die Lage versetzt, unser Inneres nach außen zu kehren und vor Gott zu bringen und damit für einen kleinen Augenblick ganz und gar wahrhaftig zu sein.

Im Gottesdienst – dort also, wo andere Menschen dabei zusehen – überlasse ich das Tanzen lieber denen, die es können. Da bin ich froh, wenn ich beim Mitklatschen den Takt halbwegs treffe, und wenn nicht, müssen die anderen gnädig darüber hinwegsehen beziehungsweise – hören. Mehr will ich dort niemandem zumuten – am allerwenigsten mir selbst. Aber für mich allein fand ich diese Übung ganz wunderbar. Am Ende jedenfalls zog ich die Jalousien hoch, legte mich ausgepowert auf den Boden, blickte dankbar und erfüllt hinauf zum Himmel und hatte den Eindruck, dass Gott breit und fröhlich zu mir zurückgrinste.

Portfolio

Name:	**Gebetstanz**
Erklärung:	Im Gebetstanz äußern sich Bereiche unserer Seele, in die unsere Sprache und unser Verstand nicht hineinreichen. Man muss dazu nicht unbedingt tanzen können. Wichtiger ist, sich innerlich fallen zu lassen.
Kategorie:	Transrationale Gebetsform; körperliches Gebet; Hingabe und Handeln
Verwandte Formen: ..	Zungenrede; kreative Gebetsformen; Gebet mit Händen und Füßen
Auf drei gezählt:	1. Musik auflegen, die einen geistlich inspiriert. In diesem Fall war es eine CD von Albert Frey. 2. Sich – erst langsam, dann intensiver – nach der Musik und den Texten bewegen. 3. Sich bewusst für Gott öffnen und versuchen, so nah wie möglich am eigenen Herzen zu bleiben.
Zeitaufwand:	Vorschlag: 10–20 Minuten; hier: ca. 45 Minuten
Benötigte Hilfsmittel:	Störungsfreier Raum; CD mit inspirierender Musik
Meine Erkenntnis:	Gott liebt auch den Tanz dreibeiniger Elefanten.
Note:	1 Das kam von ganz tief innen!

Tag 47: Fünf kleine Stellschrauben des Lebens

Beten als Alltagsliturgie

Auf die Frage, wie oft sie bete, hörte ich von einer alten Frau einmal die verblüffende Antwort: „Fünfmal – und außerdem den ganzen Tag." Was sie damit ausdrücken wollte, ist wahrscheinlich dies: Gebet ist für einen religiösen Menschen etwas, das seinen gesamten Tag in irgendeiner Weise begleitet beziehungsweise begleiten sollte. Auf der anderen Seite wissen wir alle, wie schnell uns der Alltag mit seinen kleinen und großen Anforderungen im Griff hat, und dann passiert es leicht, dass man das Gebet einfach vergisst. Darum ist es gut, wenn wir uns neben unseren (idealerweise) über den ganzen Tag verteilten Gebeten feste Zeiten reservieren, um mit Gott Kontakt aufzunehmen. Sie geben unserem Gebetsleben ein solides Gefüge, weil sie so etwas wie Wegmarken sind, an denen sich unser Gebetsleben auf der Schnellstraße des Lebens orientieren kann.

Die Zahl „fünf" scheint dabei so eine Art universaler Erfahrungswert zu sein, wie viele feste Gebetszeiten wir uns am Tag einrichten sollten, wenn unser Gebet nicht ausfasern und sich im Gestrüpp des Alltags verlieren soll. Das gilt nicht nur für die eben erwähnte alte Dame. Auch die Moslems beten fünfmal am Tag: vor Sonnenaufgang, mittags, nachmittags, bei Sonnenuntergang und bei Einbruch der Nacht. Und in christlichen Klöstern werden im Allgemeinen ebenfalls fünf Gebetszeiten täglich angeboten: Laudes, Messe, Mittagshore, Vesper und Komplet. Die genauen Zeiten sind dabei zweitrangig, aber offenbar braucht es fünf solcher bewusst gesetzten Zeiten des Gebets, um das Geschehen eines Tages in die eigene Gottesbeziehung zu integrieren. Ohne ein solches regelmäßiges Gebet driften Glauben und Leben unmerklich auseinander. Beides ist dann keine Einheit mehr, sondern der Glaube wird auf diese Weise zu einem Teilbereich des Lebens unter anderen, was dazu führt, dass er zu Familie, Beruf, Hobbys, Sozialkontakten und andere in unnötige Konkurrenz tritt, was Zeit, Bedeutung und Aufmerksamkeit angeht. Glaube im Sinne von Gottvertrauen ist aber eine Lebenshaltung und nicht nur ein Lebensbereich.

Meine heutige Aufgabe ist also folgende: Ich erstelle für mich eine kleine, individuelle „Alltagsliturgie": fünfmal am Tag beten, und zwar gar nicht so lang, doch mit einer gewissen Regelmäßigkeit, das müsste möglich sein. So wie es die Mönche und die Moslems oder die erwähnte alte Frau machen, nur eben so, dass es zu meinem Alltag und zu meiner Art von Spiritualität passt. Ich muss dazu sagen, dass ich jedes der im Folgenden genannten Elemente schon öfters praktiziert habe. Neu ist ihre Zusammenstellung zu einer festen „Liturgie", die meinen Tagesablauf durchdringt. Ich bestimme also fünf feste Zeitpunkte an einem normalen Arbeitstag, in denen ich Gott in meinen Alltag einlasse beziehungsweise meinen Alltag vor Gott bringe:

1. Morgens direkt nach dem Aufwachen.
Ich gehöre zu den Menschen, die sehr früh aufstehen. Weil ich meinen Beruf liebe, springe ich meist gegen 4:30 Uhr aus dem Bett. Ich muss mich förmlich dazu zwingen, noch ein paar Minuten im Bett liegen zu bleiben, um mir Zeit zum Beten zu nehmen. (Für andere wäre das wahrscheinlich weniger ein Problem, selbst wenn ihr Tag zwei oder drei Stunden später beginnt.) Also: Ich bleibe im Bett liegen, öffne die Augen und starte – übrigens schon seit Jahren – immer mit der gleichen Frage: „Worauf freue ich mich?" Und warte darauf, dass mein vom Schlaf noch etwas benebeltes Gehirn mir diese Frage beantwortet. Es ist noch viel zu verdattert, um klug zurückzufragen: „Ja, wer sagt denn, dass ich mich überhaupt freue?" Vielmehr liefert es nach einigen Sekunden verblüfften Schweigens die angeforderten Antworten. Nahezu an jedem Tag gibt es etwas, worauf wir uns freuen können. Das Geheimnis dieser morgendlichen Übung ist es, sich darauf zu fokussieren. Und das machen wir am geschicktesten, indem wir uns eine Frage stellen, die das Positive des bevorstehenden Tages in den Blick nimmt.

Früher habe ich das anders gemacht: Pünktlich zu den Nachrichten sprang morgens mein Radiowecker an, und ich hatte nach fünf Minuten – wenn ich alles über den neuesten Sprengstoffanschlag im Irak oder einen tragischen Verkehrsunfall in der Nähe gehört hatte – in aller Regel eine ganz andere Frage auf den Lippen: „Was ist das nur für eine Welt, in der wir leben?" Und mein Gehirn – mein zweitliebstes Organ, wie Woody Allen zu sagen pflegt – beantwortete mir auch diese Frage treu und brav: „Es ist, lieber Klaus, eine ziemlich üble Welt, in der du da lebst." Meinen Sie nicht auch, es ist besser, mit einer positiven Frage zu beginnen? Keine Sorge: Das Negative wird seinen Platz schon früh genug einnehmen. Wir übersehen da sicher nichts. Ich beginne also meinen Tag mit einer Konzentration auf das, worauf ich mich freue. Und das bringe ich vor Gott und beende mein Frühgebet mit einem Vers aus dem 118. Psalm (Vers 24): „Dies ist der Tag, den der HERR macht; lasst uns freuen und fröhlich an ihm sein." Damit führe ich mir bewusst vor Augen, dass dieser Tag ein Geschenk Gottes an mich ist. Er ist einzigartig. Er bringt zweifellos seine Herausforderungen und Schwierigkeiten mit sich. Aber er beinhaltet immer auch Grund zur Freude und zur Dankbarkeit.

„Dies ist der Tag, den der Herr gemacht hat.
Deshalb freue ich mich, dass ich lebe.
Ich werde diesen Tag dankbar beginnen
und ich werde ihn dankbar beenden.
Ich werde das Negative möglichst wenig beachten
und ich werde die Segnungen Gottes suchen und finden."
(Andreas Herrmann)

2. Etwas später, wenn ich mit meiner Arbeit beginne.
Ich pendle, das heißt, dieser Moment liegt bei mir etwa 90 Minuten später, in aller Regel gegen 6:00 Uhr. Ich hole mir einen Kaffee, setze mich an meinen Schreibtisch und fahre den Computer hoch. Das ist an sich tote Zeit, die ich gerne mit Leben fülle. Ich genieße meinen ersten Schluck Kaffee und denke daran, welche Aufgaben mich heute erwarten. Und das mache ich in dem Bewusstsein der Gegenwart Gottes. Ich bitte ihn, dass er mich durch meinen Tag führt. Unter anderen größeren Projekten gibt es da einen Vortrag, den ich ausarbeiten muss und der ganz besonders drängt. Da ist ein Meeting, das mir eigentlich nicht so in den Kram passt, weil ich den Vortrag bereits morgen halten muss. Da sind ein halbes Dutzend Telefonate, die erledigt, und ein paar Briefe, die aufgesetzt werden müssen. Dann habe ich noch zwei kurze Besprechungen und natürlich jede Menge E-Mails, die in den Eingeweiden des mittlerweile hochgefahrenen Rechners auf mich warten und die für mich so etwas wie kleine „Wundertüten" sind, in denen sich mal größere, mal kleinere Arbeiten für mich verbergen. (Komischerweise ist die Anzahl von E-Mails, die mir Arbeit *abnehmen*, vergleichsweise gering.) Ich schreibe mir alle Tagesaufgaben kurz auf einen Block und setze meine Prioritäten fest. Die Leitfrage dabei ist: „Was will ich heute erledigt haben, damit ich abends sagen kann: Mein Tag hat sich gelohnt?" Die heutige Antwort

ist ganz klar: „Ich will meinen Vortrag fertig haben.“ Dann bete ich: zum einen für meine Tagespriorität, aber auch dafür, dass ich mit den vielen anderen Kleinigkeiten zurande komme. Und schließlich bete ich kurz für die Menschen, mit denen ich heute zu tun haben werde. Ich benenne sie namentlich oder als Gruppe und bitte darum, dass es positive Begegnungen werden, dass wir uns gegenseitig helfen können usw. Und dann beende ich mein Gebet mit den Worten: „Herr, segne mein Tun – und mein Lassen. Amen.“

Ein Blick auf die Uhr zeigt: Das dauerte heute etwas länger als fünf Minuten, aber das habe ich gar nicht gemerkt. Und es kommt auch meiner Arbeit zugute, ist also kein Zeitverlust.

3. Um 12:00 Uhr, in der Mitte des Tages.

Was die Mitte des Tages ist, definiert sicher jeder für sich etwas anders. (Sie wissen ja, warum Studenten um sieben Uhr aufstehen. Nein? Na, weil die meisten Geschäfte um acht schließen). Da in unmittelbarer Nähe meines Büros ein Glockenturm ist, der um zwölf Uhr mittags läutet, ist das für mich ein guter Zeitpunkt innezuhalten. Bei den ersten beiden Gebeten habe ich viel von mir geredet. Jetzt möchte ich auch mal Gott die Möglichkeit geben, zu mir zu reden. Die Ökumenische Gesellschaft fürs Bibellesen (www.oeab.de) gibt seit langer Zeit einen Plan mit täglichen Bibeltexten heraus, die mir über eine kostenlose „App“ direkt auf mein Handy gespielt werden. Das heißt, ich muss weder einen Plan noch eine Bibel mit mir herumschleppen, mein iPhone genügt. Das habe ich gestern erst entdeckt und freue mich auf diese Spielerei. Ich lese den Text aufmerksam mit der Frage auf den Lippen: „Gott, was möchtest du mir damit sagen?“ Der heutige Text spricht mich prompt an. Ich bin tatsächlich gespannt, wie es weitergeht, und beschließe, morgen weiterzulesen (und das gleich mit einer neuen Übung zu verbinden). Hey, ich bin tatsächlich angefixt! Ob es wirklich Gott ist, der da zu mir redet, oder ob ich nur mit mir selbst rede, kann ich natürlich nicht sicher sagen, aber mein Gebet kreist auf einmal nicht nur um mich, meine Gefühle und meine kleine Welt. Es sind größere und in gewisser Weise tatsächlich „göttliche“ Themen, mit denen ich mich da auseinandersetze, und ich kann meine Gedanken und Antworten dazu im Gebet vor Gott bringen.

4. Abends, wenn ich meine Arbeit beendet habe.
Das ist für mich ein persönliches Highlight. Ich wohne ja am Rhein und mache, wenn es das Wetter erlaubt, auf dem Nachhauseweg gerne dort Halt, setze mich auf eine Bank und lasse meine Arbeit und das, was mich den Tag über beschäftigt hat, zusammen mit der Strömung rheinabwärts fließen. Ich versuche, das, was mich bewegt, an Gott abzugeben, loszulassen, um innerlich frei zu sein für das, was jetzt kommt: meine Familie, die bevorstehende Freizeit, das Abendprogramm. Manchmal gehe ich auch joggen, statt mich an den Fluss zu setzen. Oder ich nehme mir auf der Autofahrt die Zeit für ein solches Gebet. Aber ich setze eine bewusste Zäsur. Und das Wissen, dass alles bei Gott in guten Händen ist, hilft mir dabei, die Arbeit loszulassen und Gedanken und Hände freizubekommen für das, was an diesem Tag noch folgt, und für die Menschen, die mir abends begegnen.

Dieses Gebet dauert bei mir meistens mehr als fünf Minuten, einfach, weil es so guttut. Wobei aber fünf Minuten oft wirklich ausreichen. Sie können einen Unterschied machen zwischen einem eher mittelmäßigen und einem gelungenen Abend.

5. Nachts, bevor ich einschlafe.
Das ist der Zeitpunkt, noch einmal dankbar zurückzuschauen: auf die Begegnungen des Tages; auf das, was ich erreicht habe; auf das, was schön war. Natürlich bringe ich in meinem Gebet auch zur Sprache, was an diesem Tag nicht gelungen oder was noch offen geblieben ist, was mich belastet und umtreibt. All das versuche ich, an Gott abzugeben: an den, der mein Leben und diese Welt in Händen hat und von dem ich glaube, dass er uns voller Liebe und Weisheit leiten will, wenn wir ihm nur den entsprechenden Einfluss auf unser Leben einräumen. Mir ist bei alledem wichtig, dass mein Gebet so endet, wie es heute früh begonnen hat: positiv, mit einem Wort des Dankes. Und auch dieses Gebet beende ich wiederum mit einem Psalmwort (4,9; Einheitsübersetzung): „In Frieden lege ich mich nieder und schlafe ein; denn du allein, Herr, lässt mich sorglos ruhen. Ich danke dir, Amen." Wobei ich gestehe, dass ich dieses Ende meines Gebetes oft nicht mehr erlebe, sondern bereits nach kürzester Zeit müde und erschöpft einschlafe.

Ich finde schon nach einem Tag, dass das wirklich etwas „bringt", und kann darum nur jedem empfehlen, sich eine solche Alltagsliturgie zusammenzustellen. Die fünf Gebetszeiten und deren jeweilige Ausrichtung können bei jedem etwas anders liegen. Legen Sie es einfach so fest, dass es für Sie stimmt. Wenn Sie nicht berufstätig sind, werden Sie vielleicht die Punkte 2 und 4 völlig anders definieren. Und was die Mitte des Tages ist, ist wahrscheinlich auch von Person zu Person verschieden. Der Charme dieser Art von Gebet ist: Sie ist alltagsnah und alltagstauglich, und der Aufwand, den wir dafür betreiben müssen, ist relativ gering. Wir müssen uns keine halbe Stunde im Tagesablauf reservieren, für die wir im Trubel des Geschehens dann oft keine Zeit finden, und wir haben trotzdem rund eine halbe Stunde Zeit zum Beten. Aber eben in Form von erholsamen Pausen und Randzeiten, die in der Lage sind, dem gesamten Tag ein wohltuendes, heilsames Gepräge zu geben. Große Dinge sind oft einfach. Es liegt nicht im Wesen meines Selbstversuchs, aber ich vermute mal, wenn ich diese Übung über einen längeren Zeitraum täglich praktizieren würde, täte mir das gut. Ich merke es mir entsprechend vor – für die Zeit danach.

Portfolio

Name:	**Alltagsliturgie**
Erklärung:	Die Alltagsliturgie besteht aus einem Set von (in diesem Fall fünf) festen Gebetszeiten, die regelmäßig eingehalten werden. Jede dieser Gebetszeiten hat ein spezifisches Gepräge. Dadurch wird das Geschehen des Tages Gott unterstellt. Der Tag bekommt einen bestimmten „Schliff" und eine positive Ausrichtung.
Kategorie:	Mischung aus verschiedenen Gebetsformen (Dank, Bitte, Fürbitte, Bibellese)
Verwandte Formen:	Liturgische Tagzeitengebete; „Stille Zeit" am Morgen (hier werden alle genannten Momente auf 20–30 Minuten am Morgen konzentriert)
Auf drei gezählt:	1. Fünf regelmäßige „Wendepunkte" am Tag festlegen. 2. Für jeden eine Gebetszeit von ca. fünf Minuten reservieren; dieser ein festes Gepräge geben. 3. Das für einige Zeit konsequent Tag für Tag durchhalten.
Zeitaufwand:	Über den Tag verteilt 5 x 5 Minuten; hier: etwas länger, weil's so viel Spaß macht
Benötigte Hilfsmittel:	Losungen oder Bibel; Schreibzeug; Uhr
Meine Erkenntnis:	Feste Regeln müssen nicht immer einengen, sondern können auch befreiend wirken.
Note:	1 Alltagsnah und alltagstauglich.

Tag 48: Der göttliche Liebesbrief

Beten mit der Lectio divina

Gestern habe ich von meiner Alltagsliturgie berichtet. Dieses Ritual möchte ich heute an einem bestimmten Punkt vertiefen. Ich suche nach einer Methode des Bibellesens, die viel Zeit in Anspruch nimmt, aber effektiv ist. Als Theologe bin ich es gewohnt, mir Gedanken zu einem Bibeltext zu machen, ihn klug zu analysieren und auszulegen, eventuell sogar Kommentare dazu zu lesen usw. Das will ich auch gar nicht schlechtmachen, aber gestern saß ich einfach nur da, hatte den Tagestext vor Augen und wollte, dass Gott zu meinem Herzen spricht – und nicht nur zu meinem Kopf. Beides muss sich nicht widersprechen, doch von Dietrich Bonhoeffer gibt es den schönen Ausspruch, dass wir Deutschen gerne so lange über den Glauben nachdenken, bis wir das Nachdenken über den Glauben schon für den Glauben selbst halten. Ich persönlich neige leicht zu diesem Fehlschluss und wundere mich dann, warum mein Kopf beim Bibellesen zwar voll ist, mein Herz aber leer bleibt.

Bei meiner Suche nach einer Methode, wie man die Bibel mehr mit dem Herzen lesen kann, wies mich ein Freund vor einiger Zeit auf eine ziemlich alte, traditionsreiche und dabei ganz einfache Form der Bibelmeditation hin, die schon vielen Menschen geholfen hat, einen Herzenszugang zu dem zu finden, was sie da lesen – und das in recht kurzer Zeit: die sogenannte „Lectio divina" (göttliche Lesung). Diese Art des Bibellesens geht davon aus, dass Gott durch die Bibel zu uns reden möchte – und zwar ganz persönlich. Dass die Bibel eine Art Brief Gottes an uns ist.

Stellen Sie sich vor, Sie haben einen Liebesbrief in der Hand. Den lesen Sie – wenn Sie nicht völlig abgebrüht sind – nicht nur einmal und nehmen ihn zur Kenntnis, sondern wahrscheinlich mehrmals hintereinander. Erst überfliegen Sie ihn, murmeln die geschriebenen Worte vielleicht leise mit, dann lesen Sie ihn etwas intensiver, saugen Wort für Wort in sich auf, beim dritten Mal treten Sie in einen inneren Dialog mit dem Gelesenen, und beim vierten Lesen genießen Sie einfach nur das Gefühl, zu lieben und geliebt zu sein. Ähnlich funktioniert die „Lectio divina". Sie besteht darin, dass man einen Bibeltext insgesamt viermal liest, und zwar auf verschiedene Weise:

1. Die ***„lectio“*** (Lesung): Ich lese den Text aufmerksam und laut.
2. Die ***„meditatio“*** (Meditation): Aus dem gelesenen Abschnitt wähle ich mir einen Vers oder auch nur ein Wort aus, das mich besonders anspricht. Diesen Vers beziehungsweise dieses Wort wiederhole ich immer wieder und meditiere über ihn beziehungsweise es .
3. Die ***„oratio“*** (Gebet): Ich trete beim dritten Lesen in einen inneren Dialog mit Gott über das Gelesene, etwa, indem ich mich frage: „Was bedeutet das für mich? Wozu lädt mich Gott ein? Was soll ich tun?“ usw., und darauf antworte.
4. Die ***„contemplatio“*** (Verinnerlichung): Bei der vierten und letzten Lesung frage und denke ich nicht groß nach. Ich entspanne mich in Gottes Gegenwart und freue mich an der Tatsache, dass er zu mir spricht.

Sie finden, das klingt simpel? Ist es auch. Aber kraftvoll! Mein heutiger Text zum Beispiel findet sich im 3. Kapitel des Römerbriefs des Apostels Paulus. Ein superkomplizierter Text, an dem sich schon viele die Zähne ausgebissen haben. Und nach einem Liebesbrief klingt das, was da steht, schon mal gar nicht. Im Gegenteil: Paulus schimpft mit den Leuten ziemlich herum. Also in mehrfacher Hinsicht ein echter Test für die Tragfähigkeit der „Lectio divina“.

Ich lese den Text also ein erstes Mal und merke, wie ich innerlich anfange zu protestieren. Das Menschenbild des guten Paulus ist ausgesprochen negativ, wie ich finde. Er redet von Blutvergießen und bösartiger List und Tücke – zweifellos gibt es das alles, aber als allgemeine Beschreibung des Menschen scheint es mir doch etwas undifferenziert. Mein Kopf schwankt zwischen Fragen und Einwänden, und ich will gerade anfangen, meine intellektuelle Maschinerie in Gang zu setzen, als ich mich auf den Boden meiner Übung zurückhole. Ich soll einfach nur laut lesen. Es gibt zweifellos eine notwendige Zeit für die gedankliche Auseinandersetzung mit diesem Text, jetzt gerade aber ist sie nicht. Heute steht „Lectio divina“ auf dem Programm.

Dann kommt der zweite Durchgang: die Meditation. Wie ich bereits früher ausgeführt habe, besteht „Meditation“ seinem christlichen Ursinn nach in der oftmaligen, lauten Wiederholung eines Bibelverses oder Gedankens. „Meditieren tut man mit dem Mund“ (und nicht nur in Gedanken), lautet die Regel der alten Wüstenväter. Fragen Sie mich nicht, warum, aber unter allen Versen des eben gelesenen Textes bin ich an Folgendem hängen geblieben: „Gott ist wahrhaftig, aber alle Menschen sind Lügner“ (Römer 3,4). Ich gebe zu, das ist nicht der positivste aller Sätze, und mir tun sich dabei eine Menge Fragen auf. Trotzdem: Dieser Vers hallt (vielleicht gerade deswegen) in mir nach, also wiederhole ich ihn einige Minuten lang.

Als Drittes folgt das Gebet – der innere Dialog mit Gott über das, was ich da gerade meditiert beziehungsweise murmelnd wiederholt habe. Ich bin erst mal beleidigt, mich hier so einfach als „Lügner“ abgeurteilt zu sehen. Auf der anderen Seite fällt mir die bekannte Untersuchung ein, der zufolge wir Menschen im Durchschnitt 200-mal (!) am Tag lügen. Wahrscheinlich ist das auch schon wieder gelogen, aber so ganz von ungefähr kommt diese Zahl sicherlich nicht. Und wenn ich ganz genau hinschaue, fällt mir auch das eine oder andere Beispiel ein, wo ich in den vergangenen 24 Stunden Kompromisse mit der Wahrheit gemacht habe, will sagen: Dinge heruntergespielt, übertrieben, verallgemeinert, verdrängt oder auch bewusst verschwiegen habe. Ganz zu schweigen von den vielen unbemerkten Momenten, in denen ich mir tagtäglich selbst etwas vormache. Am schlimmsten sind wahrscheinlich die Lügen, die wir uns selbst glauben; wenn wir unserer eigenen Propaganda auf den Leim gehen. Ich bilde mir normalerweise viel auf meine Authentizität ein, aber wenn ich ganz ehrlich bin, ist mein Verhältnis zur Wahrheit durchaus nicht immer ungetrübt. (Also glauben Sie bitte auch nicht alles, was in diesem Buch steht.)

Umso mehr fängt plötzlich die andere Seite des Satzes an zu leuchten: „Gott ist wahrhaftig.“ Als Theologe weiß ich, dass man diesen Satz aus dem hebräischen Urtext ebenfalls übersetzen kann mit: „Gott ist treu.“ Das legt auch der Kontext des von mir ausgewählten Verses nahe. Wir Menschen entsprechen so ganz und gar nicht Gottes Standard. Eigentlich kann sein Urteil über uns oft nur lauten: „Du passt nicht zu mir!“ Aber dennoch sucht Gott die Gemeinschaft mit uns. Er ist beides: wahrhaftig *und* treu. Und das berührt mich dann doch zutiefst: Wahrscheinlich bin ich tatsächlich ein Lügner und passe darum nicht zu Gott. Aber Gott ist treu. Er steht zu mir. Und das ist, wenn ich es recht betrachte, kaum zu fassen. Der Gott der Wahrheit hasst zwar die Lüge, aber er liebt uns Lügner. Ich selbst hasse nicht nur die Lüge, sondern oft genug auch den Lügner. Oder verachte ihn zumindest. Aber da ich offensichtlich selbst einer bin, werde ich wohl zukünftig etwas barmherziger damit umgehen müssen, wenn ich andere bei einer Unwahrhaftigkeit ertappe. Und ich werde darauf hoffen, dass sie das auch mit mir tun.

Und damit bin ich bei meinem vierten Schritt: die Verinnerlichung. Ich lese den Text noch einmal und diesmal entfaltet er bei mir eine völlig andere emotionale Wirkung als beim ersten Lesen. Ich bin zwar immer noch nicht begeistert über die einseitig negativen Aussagen über uns Menschen, merke aber, dass die Hauptaussage des Textes eine ganz andere ist: Gott ist treu. Selbst wenn es um uns viel schlimmer bestellt wäre, als wir uns das eingestehen, ändert es doch nichts an Gottes Gnade und Liebe uns gegenüber. Im Gegenteil: Es macht sie besonders groß. Und das ist schon verblüffend. Denn all unseren religiösen Instinkten und auch allen großen religiösen Systemen zufolge liebt Gott die Guten und hasst die Bösen. Die Bibel hingegen hat eine ganz andere Botschaft: Gott liebt uns – selbst dann, wenn wir viel übler drauf sind, als wir meinen.

Ehe ich mich versehe, ist aus dem Text, den ich zunächst als sehr beleidigend empfand, auf einmal doch ein Liebesbrief geworden. Ich habe meine Zweifel, ob die These, dass die Bibel ein Liebesbrief Gottes an uns ist, durchgängig auf jeden Text anzuwenden ist. Sie wurde von Menschen geschrieben und entsprechend „menschelt" es in der Bibel immer wieder. Und bei einigen Texten ist von der Liebe Gottes nun wahrhaftig nicht viel zu spüren (nehmen Sie nur die Rachepsalmen). Aber manchmal geben wir vielleicht einfach nur zu schnell auf. Die Bibel ist zwar ein durch und durch menschliches Buch, aber trotzdem schlägt hinter ihr das pulsierende Herz eines liebenden Gottes. Und vielleicht sollten wir beim Bibellesen nicht lockerlassen, bis wir mit diesem liebenden Herz Gottes in Berührung gekommen sind. Das ist mir heute gelungen. Durch eine simple kleine Übung hat Gott mein Herz erreicht. Und damit nicht nur meine Gefühle, sondern auch mein Denken verändert.

Portfolio

Name:	**Lectio divina**
Erklärung:	Die „Lectio divina" ist eine Methode, mit der man einen Bibeltext nicht so sehr mit den Mitteln des Intellekts als vielmehr mit dem Herzen erfasst.
Kategorie:	Gebet mit der Bibel
Verwandte Formen:	Andere Formen des Bibellesens, z. B. die „Ignatianische Methode"
Auf vier gezählt:	1. Den Bibeltext laut lesen. 2. Einen Vers, der einen besonders anspricht, einige Minuten lang vor sich hin murmelnd wiederholen. 3. In einen inneren Dialog mit Gott über das derart Meditierte treten. 4. Den Text noch einmal lesen und sich darüber freuen, dass Gott da ist und zu uns spricht.
Zeitaufwand:	Ca. 5–10 Minuten; kann ausgeweitet werden
Benötigte Hilfsmittel:	Bibel
Meine Erkenntnis:	Auch hinter erst mal befremdlichen Bibeltexten schlägt das liebende Herz Gottes.
Note:	2+ Hat mich positiv überrascht.

Tag 49: Nichts ist schwieriger als Nichtstun

Beten durch Heiligung des Sabbats

„Am siebten Tage sollst du ruhen", heißt es in der Bibel. Und heute ist der siebenmalsiebte Tag meines Selbstversuchs. Grund genug, heute einen Megasabbat zu feiern, sozusagen einen „Sabbat hoch zwei". Das nenne ich mal eine Übung: einen Tag lang nichts zu tun – und das noch als „Gebet" zu verstehen! Denn genau das bedeutet das hebräische Wort *schabbat* seinem Wortsinn nach: ausruhen, die Arbeit unterbrechen, auf „Pause" drücken. Gemeint ist also nicht ein Ausruhen um seiner selbst willen nach dem Motto: „Wie herrlich ist es, nichts zu tun, und dann vom Nichtstun auszuruh'n" (Wilhelm Busch). Wer sechs Tage ohnehin tatenlos war, braucht nicht unbedingt einen Sabbat oder wird ihn ganz anders gestalten müssen als jemand, der die Woche über hart gearbeitet hat. Der Sabbat ist so etwas wie eine heilige Unterbrechung des Alltags. Egal, ob wir im Berufsleben stehen oder zu Hause den Haushalt und die Kinder managen müssen oder uns sonst irgendwie in einem Hamsterrad bewegen: Einen Tag sollen wir von dem ausnehmen, was uns sonst so sehr in Beschlag nimmt. Was das für mich bedeutet und wo ich bei mir die Pausentaste zu drücken habe, ist mir völlig klar: Ich arbeite viel und gerne und nicht selten nehme ich mir etwas von meiner Arbeit mit nach Hause – auch übers Wochenende. Da ich mein Hobby zum Beruf gemacht habe, fällt es mir nicht immer leicht, hier die Grenzen zu ziehen. Aber Arbeit ist auch dann Arbeit, wenn ich sie gern tue. Und das Sabbatgebot sagt nicht: „Unterbrich deine Arbeit, wenn sie dir keinen Spaß macht!", sondern: „Unterbrich deine Arbeit!" Also nehme ich mir das für heute vor: ein gepflegtes Nichtstun. Die Herausforderung wird darin bestehen, dieses Nichtstun sinnvoll zu gestalten.

Die Juden, die wir mit Fug und Recht als Erfinder des Sabbats bezeichnen können, feiern ihren Ruhetag bekanntlich am Samstag, also am Ende der Woche. Und dabei beziehen sie sich auf Gott selbst. Dieser, so lesen wir im Schöpfungsbericht der Bibel, ruhte am siebten Tage von seiner Arbeit. Und so sollen auch wir es machen, denn wir sind zu seinem Bilde geschaffen. Eine erstaunliche Aussage: Selbst Gott musste offensichtlich von seiner Arbeit ausruhen. Oder hat er am siebten Tag gar nicht ausgeruht, sondern – sozusagen als allergrößtes Schöpfungswerk – die Ruhe geschaffen? Auf jeden Fall dient die Ruhe des Sabbats ganz sicher nicht nur der Erhaltung unserer Arbeitskraft, sondern ist auch ein Wert in sich selbst. Und ich finde den Gedanken spannend, dass wir Gott nicht nur dann ähnlich sind, wenn wir etwas schaffen, sondern auch dann, wenn wir ausruhen. So wie Martin Luther sich inmitten des größten Trubels der Reformation gelassen zurücklehnen und sagen konnte: „Während ich mein Tröpflein Wittenbergisch Bier trinke, läuft draußen im Lande das Evangelium."

Als die Christen den Ruhetag in Erinnerung an die Auferstehung Jesu Christi auf den Sonntag, also ersten Tag der Woche, verschoben, signalisierten sie damit: Es geht nicht um den konkreten Wochentag, sondern um einen bestimmten Rhythmus von Arbeit um Ruhe. Heilig wird ein Tag nicht dadurch, dass „Samstag" oder „Sonntag" auf dem Kalender steht, sondern dadurch, dass wir ihn heiligen, das heißt, ihn zu etwas Besonderem machen. Für Menschen, die am Wochenende arbeiten müssen, kann das durchaus auch der Montag sein. Wobei die Betonung hier auf „müssen" liegt, denn so wichtig es ist, dass Menschen etwa in der Krankenpflege oder in Notdiensten auch am Sonntag tätig sind, so sehr sollten wir es auch als hohes Gut begreifen, dass es in unserer Kultur einen freien Tag in der Woche gibt, den 90 Prozent unserer Bevölkerung gleichzeitig begehen können und dürfen. Auch darum wähle ich für meine Sabbatübung den Sonntag. Eigentlich hatte ich sie erst für nächste Woche vorgesehen. Doch da ich am gestrigen Samstag erst spät nachts von der Arbeit nach Hause gekommen bin und total erschöpft war, entschloss ich mich spontan, meine Sabbatübung vorzuziehen. Wenn es einen Tag gibt, an dem „Nichtstun" für mich wirklich verlockend ist, dann ist es der heutige. Ich bin definitiv fertig. Wie sehr, merke ich daran, dass ich am Sonntagmorgen erst um kurz nach neun aufwache. Für mich ist das ungewöhnlich spät. Du lieber Himmel – fast die Hälfte meines Sabbatsonntages habe ich bereits verpennt!

Was nun? Den Besuch eines Gottesdienstes kann ich vergessen. Unsere Kinder sind zwar schon lange wach, aber noch im Schlafanzug. Bis wir die gewaschen, mit Frühstück versorgt und angezogen bekommen, können wir bestenfalls noch dem Küster beim Abschließen der Kirche zusehen. Hat schon mal jemand darüber nachgedacht, wie familienunfreundlich die Gottesdienstzeiten hierzulande sind? Sie stammen noch aus der Zeit, in der die Menschen überwiegend Landwirtschaft betrieben und die Bauern sich den Kirchgang nur zwischen der ersten und zweiten Stallfütterung einrichten konnten. An diesem Zeitfenster hält die Kirche bis heute eisern fest, obwohl das für die meisten Menschen genau in der Mitte des freien Wochenendes liegt und höchstens noch Leuten entgegenkommt, die an seniler Bettflucht leiden. Bedürfnissen Werktätiger oder junger Familien wird das aber nicht wirklich gerecht. Wenigstens ein- oder zweimal in der Woche möchte man ausschlafen. Ist das nicht auch ein Form von Sabbatheiligung, und wenn ja: Warum muss ausgerechnet die Kirche einen daran hindern, indem sie darauf besteht, ihre sicherlich sehr sinnvolle Art, den Sonntag zu begehen, zu nachtschlafender Uhrzeit zu verrichten? Aber das nur am Rande.

Oh Mann, da will ich mal den Sabbatsonntag heiligen und ausgerechnet heute verschlafe ich den Gottesdienst! Das fängt ja gut an! Aber Not macht erfinderisch. In meiner Verzweiflung schalte ich den ZDF-Fernsehgottesdienst ein, der um 9:30 Uhr übertragen wird. Ich gestehe, dass mir das ein bisschen peinlich ist. Der durchschnittliche Zuschauer beim ZDF, habe ich gelesen, ist 65 Jahre alt, ein Altersschnitt, der durch die Fernsehgottesdienste nicht unbedingt gesenkt wird. Die Jungs vom Kirchen-TV machen sicherlich eine gute Arbeit und haben nicht ganz umsonst zwei Millionen Zuschauer – etwa genauso viele, wie sonst in ganz Deutschland in die Kirche gehen. Aber die paar Male, bei denen ich da reingeschaut habe, dachte ich regelmäßig: „Das ist noch nichts für mich – ich versuche es in zehn Jahren noch einmal." Offensichtlich sind die zehn Jahre schon vorbei, denn ich finde diesen (übrigens katholischen) Fernsehgottesdienst erstaunlich gut! Das fängt bei der Musikauswahl an, bei der klassische und moderne Elemente in einer Weise integriert sind, wie ich es selten erlebt habe. Die Liturgie ist in frischer, lebendiger Sprache formuliert und gleichzeitig tiefgehend. Die Übertragung, so kann ich später im Abspann lesen, erfolgt aus einer Jugendkirche. Aha, ich wunderte mich schon! Das Einzige, was an diesem Gottesdienst fehlt, sind echte Menschen, zu denen ich Beziehungen aufbauen kann. Auf der anderen Seite blenden sie eine Nummer ein, wo man den ganzen Tag anrufen kann, wenn man über irgendwas reden möchte. Ein schöner Service!

Nach dem Gottesdienst frühstücken wir gemächlich auf der Terrasse. Danach gehe ich in mein Arbeitszimmer und überlege mir, wie ich mein Nichtstun sinnvoll gestalten kann. Ich schlage meine Bibel auf, und zwar bei den Zehn Geboten. In 2. Mose 20 lese ich das Sabbatgebot im Original nach und stoße auf eine Überraschung. Ich habe im Konfirmandenunterricht noch gelernt: „Du sollst den Sabbattag heiligen." Im Original aber heißt es: „Gedenke des Sabbattages, dass du ihn heiligest." Erst in einer sehr viel späteren Version (5. Mose 5) heißt es dann: „Den Sabbattag sollst du halten, dass du ihn heiligest." Eine spannende Akzentverschiebung, wie ich finde. Denn im einen Fall ist der Gläubige bestrebt, die Regeln dieses Tages einzuhalten – es dem Sabbat recht zumachen und ihn dadurch zu heiligen. Im anderen Fall, in der ursprünglichen Version hingegen, liegt die Betonung darauf, dem Sinn des Ganzen nachzuspüren, sich darauf zu konzentrieren, was der Sabbat im Tiefsten bedeutet, und sich damit in Einklang zu bringen:

- Die Heiligung des Sabbats geschieht dadurch, dass ich Abstand nehme von dem, was mich sonst die Woche über beschäftigt, und vielleicht einmal aus dieser Distanz heraus über meine Arbeit nachdenke: über ihren Sinn und Zweck; was ich erreicht habe und was ich erreichen möchte; ob ich das tue, was ich wirklich tun will; und ob ich vielleicht etwas ändern möchte. Gott selbst, so lesen wir in der Schöpfungsgeschichte, evaluierte am siebten Tag die Arbeit der vergangenen sechs Tage: „... und siehe, es war sehr gut."
- Zur Heiligung des Sabbats gehört aber auch, dass ich mir darüber hinaus überlege: Wer bin ich eigentlich jenseits der Koordinaten, die mich von Montag bis Samstag bestimmen? Habe ich mich daran gewöhnt, mich nur über meine Arbeit oder meine Kinder zu definieren, oder gibt es da noch ein anderes „Ich", das leben will, ein weiteres Bild Gottes in mir, das derzeit noch verhüllt ist und auf seine Entdeckung wartet?
- Zum Gedenken des Sabbats gehört schließlich, dass ich Gott danke. Dafür, dass ich bin, wie ich bin, dass ich eine sinnvolle Aufgabe habe, dass ich die Möglichkeit habe, Geld zu verdienen, dass ich Verantwortung wahrnehmen kann, sei sie bezahlt oder unbezahlt. Ich danke ihm aber auch für all das, was ich jenseits meiner vielen Werktagsfunktionen im Leben bin, und nicht zuletzt für das viele Gute, das Gott mir in meinem Leben erwiesen hat.

Derartige Gedanken gehen mir durch den Kopf. Und ich merke, wie gut mir das tut. Für so etwas habe ich im normalen Ablauf des Alltags in der Tat keine Zeit. Das muss auch nicht jeden Tag sein. Aber wenn ich nie solche Zeiten der Reflexion und des „Gedenkens" habe, plätschert die Zeit einfach nur dahin und verrinnt. Die Griechen haben zwei Begriffe für Zeit: *chronos* und *kairos*. *Chronos* ist die verrinnende Zeit, in der jede Sekunde unterschiedslos wie die vorige verläuft. *Kairos* hingegen ist die gefüllte Zeit, *quality time* würden wir heute sagen, das, was manche Augenblicke vor anderen auszeichnet und zu etwas Besonderem macht. Der Sonntag – wenn ich ihn wirklich zum Gedenken nutze – ist nicht nur in sich selbst *Kairos*, sondern wertet das, was ich an den anderen Tagen der Woche tue, ebenfalls auf und verwandelt auch diese Zeit, die allzu oft einfach nur zu verstreichen und zu verrinnen droht, in *quality time*.

Es ist 12:00 Uhr mittags, ich habe des Sabbats gedacht, und dadurch sind dieser Tag und mit ihm zusammen auch die Tage davor und danach zu etwas „Heiligem" geworden. Den Nachmittag versuche ich wirklich mal, auf „Pause" zu drücken. Ich werfe draußen den Grill an, halte Mittagsschlaf und lese ein gutes Buch. Aber das Ganze fällt mir gar nicht so leicht. Gepflegtes Nichtstun ist durchaus eine Kunst. Tatsächlich ertappe ich mich dabei, dass ich den Computer hochfahre und „nur mal kurz meine Mails checken" will. Einfach nur, damit ich beruhigt bin; es könnte ja was Dringendes sein. Als ich merke, was ich da tue, schalte ich den Rechner beschämt wieder aus und bin etwas unangenehm berührt. Für wie unentbehrlich halte ich mich und das, was ich tue, eigentlich, dass ich nicht mal einen Tag wirklich abschalten mag? Doch scheinbar gehört auch das zum Gedenken des Sabbattages: dass ich gegebenenfalls mal mit der Nase darauf gestoßen werde, wie sehr mich die Arbeit im Griff hat und mit ihren vielfältigen Krakenarmen immer wieder nach mir greift. Das merke ich ebenfalls, als ich mich am Abend mit einem alten Freund auf ein Glas Wein treffe. Wir haben uns lange nicht mehr gesehen, tauschen Geschichten aus, lachen oft und haben viel Spaß – um dann nach einer guten Stunde *worüber* zu reden? Genau: über die Arbeit! Ich sage doch: Krakenarme. Natürlich ist Reden über die Arbeit nicht dasselbe wie Arbeit. Aber trotzdem sind wir plötzlich mittendrin. Schließlich sind wir nicht nur Freunde, sondern auch Kollegen und inspirieren uns gerne gegenseitig. Ich frage mich, ob ich ihm mit gleichem innerem Engagement von meinem Sabbattag erzählt hätte. Oder nicht doch eher wieder darüber, dass ich ein Buch über solche Sachen schreibe.

Als ich spätabends ins Bett sinke, freue ich mich auf die Arbeit (das tue ich allerdings meistens) und denke, es war ein schöner und auch guter Tag. Eine Irritation habe ich allerdings noch: Im Grunde konnte ich das alles nur tun (oder lassen), weil mir meine Frau einen Haufen Arbeit vom Hals gehalten hat. Gut, ich habe gegrillt, aber das ist wirklich null Arbeit, sondern reines Vergnügen für mich. Aber sie hat das Frühstück und das Abendessen vor- und nachbereitet. (Und, ähm, den Grill geputzt.) Vor allem aber hat sie sich um die Kinder gekümmert, während ich Mittagsschlaf hielt, mein Buch las oder mir erbauliche Gedanken zum Sabbatgebot machte. „Lass nur, du hast diesen Tag Pause wirklich nötig", sagte sie. Das fand ich zwar auch und habe es schamlos in Anspruch genommen.

Aber ich frage mich, wie ich diesen Sabbat verbracht hätte, wenn meine Frau das nicht derart mitgetragen hätte. Wer kleine Kinder hat, kann nicht einfach einen Tag lang auf die Pausentaste drücken, so gerne das wahrscheinlich alle Eltern mal tun würden. Dabei bräuchte meine Frau einen „Kindersabbat" pro Woche mindestens ebenso nötig wie ich das Abschalten von meiner Arbeit. Und Abwechseln ist irgendwie auch nix, da wir sonst am Wochenende völlig aneinander vorbeileben würden. Irgendwie ist das Konzept des Sabbats noch nicht ganz ausgereift, finde ich. Was daran liegen mag, dass Gott zu dem Zeitpunkt, als er das Gebot erließ, zwar die Sechstagewoche kannte, aber scheinbar noch keine Kinder hatte. Als das dann der Fall war, hat sein Sohn das göttliche Gebot auch prompt relativiert – und zwar mit Segen seines Vaters: „Der Sabbat ist um des Menschen willen da und nicht der Mensch um des Sabbats willen." Auf gut Deutsch: Der Sabbat ist dazu da, uns Stress zu nehmen, und nicht, um uns zusätzlichen Stress zu bereiten. Nicht nur mangelnder Wille oder fehlende innere Ruhe führen uns dazu, hinsichtlich des Sabbatgebots Kompromisse einzugehen. Das oft sicherlich auch. Aber manchmal sind es einfach unsere Lebensumstände, die uns dazu zwingen. Und dann ist es auch okay so. Im Prinzip aber ist das Sabbatgebot eine feine Sache. Es will uns helfen, Balance zu halten zwischen Arbeit und Erholung, zwischen weltlichem und geistlichem Leben. Es will eine Atempause schaffen, eine Art Luftöffnung, durch die Gottes Geist in unser Leben strömen kann, um uns mit frischer Energie und neuen Gedanken zu versorgen. Ein Tag Ruhepause in der Woche hilft mir nicht nur zu regenerieren, sondern auch bewusster zu leben. Ich finde es ein starkes Stück, dass Gott uns so etwas nicht nur erlaubt, sondern sogar gebietet! Und wenn wir es nicht schaffen, gerne auch mal ein Auge zudrückt.

Portfolio

Name:	**Heiligung des Sabbats**
Erklärung:	Der Sabbat im Judentum beziehungsweise der Sonntag im Christentum ist ein Ruhetag, an dem keine Arbeit verrichtet werden soll und bei dem sich der Mensch in bevorzugter Weise der Gegenwart und dem Einfluss Gottes in seinem Leben widmet.
Kategorie:	Asketisches Gebet; Hingabe und Handeln
Verwandte Formen: ..	Stille; Bibellese; aber auch Gottesdienst
Auf drei gezählt:	1. Einen Tag lang alle Arbeit und Mühe strikt ruhen lassen. 2. Das eigene Sein, Tun und Lassen durch Gebet, Bibellese und/oder Gottesdienstbesuch vor Gott reflektieren. 3. Ausruhen und genießen.
Zeitaufwand:	Ziemlich genau 24 Stunden
Benötigte Hilfsmittel:	Eine Bibel; ansonsten so wenig wie möglich
Meine Erkenntnis:	Nichtstun kann ganz schön anstrengend sein!
Note:	2 Ein noch nicht ganz ausgereiftes Konzept.

Tag 50: Glaube geht durch die Nase

Beten mit Weihrauchopfer

Ich gebe zu, dass ich diese Übung nicht am 50. Tag gemacht habe, sondern irgendwo mittendrin in meinem Gebetsprojekt. Aber als ich Gott damals mein „Rauchopfer“ darbrachte, war mir schlagartig klar, dass dies ein idealer Schluss für mein Buch wäre. Außer dass ich die Übung ans Ende gestellt habe, ist sie aber genau so passiert, wie ich sie hier schildere.

Jahrtausende, bevor die Menschen zu einem persönlichen Gott beteten, haben sie den Göttern Opfer gebracht: um sie zu beschwichtigen oder um ihre Verehrung zu zeigen. Später wurden den Tieropfern dann Weihrauch und andere wohlriechenden Harze und Duftstoffe beigemischt, weil sie – im wahrsten Sinne des Wortes – bestialisch stanken. Irgendwann einmal im Lauf der Religionsgeschichte trat das Rauchopfer ganz an die Stelle des Tieropfers. Der aufsteigende Rauch stand dabei symbolisch für die von uns Menschen zu Gott aufsteigenden Gebete. Im Protestantismus hat das nie eine große Rolle gespielt, wohl aber im Katholizismus und vor allem in der Orthodoxie. Wobei dort weniger die Kategorie des Opfers im Vordergrund steht – obwohl die entsprechenden Harze früher teuer waren –, als vielmehr die Tatsache, dass der Duft, den der aufsteigende Weihrauch hinterlässt, in gewisser Weise auch die Gegenwart Gottes repräsentiert: Wo immer Menschen ehrlichen Herzens beten, lässt Gott sich bei ihnen nieder: voll reinigender und heilender Wirkung und vor allem von betörender Intensität.

Ob Weihrauch tatsächlich halluzinogene Stoffe enthält, wie oftmals behauptet wird, ist wissenschaftlich umstritten. Und vielleicht bilde ich es mir ja auch nur ein, aber ich finde schon, dass der Geruch eine euphorisierende Wirkung hat. Fakt ist jedenfalls, dass die katholische Kirche seit 1570 die Verwendung von Weihrauch im kirchlichen Hochamt (Festgottesdienst) verbindlich vorschreibt, seinen Gebrauch darüber hinaus aber strengstens verbietet. Sollte es sich bewahrheiten, dass Weihrauch tatsächlich Cannabis enthält, wäre der Besuch eines feierlichen Hochamts damit die einzig vom Vatikan legitimierte Form des Drogenkonsums. Vor allem aber wäre es eine einleuchtende Erklärung dafür, warum katholische Gottesdienste mit Abstand besser besucht werden als evangelische.

Ich oute mich hiermit als Weihrauch-Fan. Zwar kenne auch ich das Gefühl, in einem überfüllten Feiertagsgottesdienst eingenebelt am Gang einer katholischen Kirche zu sitzen und nach Luft zu ringen, weil irgendein übereifriger Messdiener das Rauchfass allzu euphorisch schwingt. Aber das buche ich mal auf das Konto „Überdosis". In haushaltsüblichen Mengen jedoch finde ich den Geruch würzig, stimulierend und geheimnisvoll.

Im Alten Orient verbanden die Menschen die Erfahrung der Gegenwart Gottes nicht nur mit optischen und akustischen Eindrücken, sondern interessanterweise auch mit einem Geruchserlebnis. Ganz im Sinne dieser Tradition gilt Weihrauch für die orthodoxe Kirche bis heute als der „Duft des Himmels". Eine gewagte Aussage: Schließlich reagieren die Menschen höchst unterschiedlich auf Gerüche. Den Veilchenduft, den meine Großmutter so liebte, würde sich heute keiner mehr ernsthaft auf die Klamotten schütten. Duftbäumchen in Autos, die angeblich angenehm riechen, aktivieren bei mir eher den Würgreiz. Und so manches Parfüm, das ich noch vor wenigen Jahren gern auftrug, finde ich heute ganz und gar scheußlich. Es gibt zwar Gerüche, die jeder schlimm findet, aber es gibt offensichtlich keine, die alle Menschen zu allen Zeiten gleichermaßen toll finden. Schon gar nicht Weihrauch, an dem sich bekanntlich viele Geister scheiden. Wie also müsste ein Duft beschaffen sein, von dem Menschen übereinstimmend sagen: „Ja, so muss Gott riechen"?

Der Geruchssinn spielt für unser inneres Empfinden eine viel wichtigere Rolle, als wir ahnen. Gerüche aktivieren – bewusst oder unbewusst – Erinnerungen. So können kaum wahrnehmbare Düfte beispielsweise entscheiden, ob wir uns irgendwo heimisch oder fremd fühlen. Forschungen zeigen außerdem, dass der Geruch eines Menschen bei unserer Partnerwahl und Partnerbindung ein zwar unbewusster, aber ganz entscheidender Faktor ist. Liebe geht, so komisch das klingt, tatsächlich oft durch die Nase. Ist der Gedanke wirklich so abwegig, dass auch der Glaube durch die Nase geht, will sagen, dass Gerüche und Erinnerungen bei vielen unserer religiösen Erlebnisse eine wichtige, wenn auch unbewusste Rolle spielen?

Ich erinnere mich an einen Heiligabend vor vielen Jahren, an dem ich eine evangelische Christvesper besuchte. Die Predigt war ganz in Ordnung, aber wenn die Gemeinde nicht ein knappes Dutzend Weihnachtslieder gesungen hätte, wäre ich von der Gestaltung des Gottesdienstes her nie auf den Gedanken gekommen, dass wir gerade Heiligabend haben. Es war einfach ein ganz normaler, durch einige weihnachtliche Texte und Lieder angereicherter evangelischer Gottesdienst, den wir da feierten. Außer einem lieblos mit einigen Kugeln und Strohsternen aus der Gründerzeit hergerichteten Weihnachtsbaum war nichts Besonders zu sehen, nichts zu betasten, nichts zu schmecken und nichts zu riechen. Während die Botschaft von Weihnachten bekanntlich lautet: „Das Wort ward Fleisch", erlebte ich an diesem Abend sozusagen die Umkehrung dieses Wunders: Der Zauber des Heiligabends hatte sich in blutleere Worte verwandelt und ich ging innerlich leer nach Hause

In meiner Verzweiflung besuchte ich später am Abend noch einen katholischen Gottesdienst. Wow, was für ein Unterschied! Ein Meer von Lichtern, Farben, Klängen und Gerüchen erfüllte den Raum. Jeder Besucher erhielt eine Kerze, die er an einem Feuer vor der Krippe entzünden durfte. Zwei riesige Tannenbäume schmückten den Altarraum und die am Gottesdienst Beteiligten trugen bunte Gewänder. Hier wurde Jesu Geburt wirklich gefeiert! Es *roch* sogar nach Weihnachten: nach Weihrauch, Tannenduft und Gewürzen. Mein Herz war erfüllt von dieser Erfahrung, und ich glaube, seit meiner Kindheit keine so wunderbare Weihnacht mehr erlebt zu haben. Und die Predigt war zu allem Überfluss auch noch erste Sahne. Ich erinnere mich noch heute – über zwanzig Jahre später – an einzelne Passagen. Aber noch mehr hat sich in mein Bewusstsein eingebrannt, was ich damals durch meine fünf Sinne aufgenommen habe.

Als „guter Protestant" hatte ich gelernt, mich damit zufriedenzugeben, wenn ich im Gottesdienst eine ordentliche Predigt zu hören bekam. Die Art der Musik war in aller Regel sowieso nicht meins und mit den anderen Sinnen hat es die evangelische Kirche nie sonderlich gehabt. Wenn die Predigt also ganz gut war, galt für mich die Devise: „Take the money and run! – Nimm das als gute Erfahrung mit. Sei zufrieden und erwarte nicht noch mehr." Doch irgendwann fragte mich ein katholischer Freund, wozu denn meiner Meinung nach die anderen 75 Prozent des Gottesdienstes da wären, wenn es letztlich doch nur auf die Predigt ankäme. „Um mich Demut zu lehren", antwortete ich halb flapsig, halb resigniert und dachte mir: „Mein lieber Freund, an der Stelle hast du's gut! Ihr Katholiken sprecht in euren Gottesdiensten alle fünf menschlichen Sinne an – bei uns Protestanten hingegen gibt's immer nur etwas auf die Ohren!"

Seit der eben geschilderten Heiligabend-Erfahrung mag ich es nicht einfach bei dieser Feststellung belassen. Ich gehe schließlich als ganzer Mensch in den Gottesdienst und nicht nur als aufwendig verpacktes Großhirn. Ein gelungener Gottesdienst sollte darum auch meine fünf Sinne ansprechen, darunter auch mein Bauchgefühl, meinen archaischen Sinn für Verzauberung. Und allem voran mein Herz. Ich weigere mich zu glauben, dass Gott meiner Großhirnrinde näher ist als meinem Reptiliengehirn. Es hat Gründe, dass er mir beides mit auf den Weg gegeben hat. Darum warte ich, wann immer ich in einem Gottesdienst sitze, auf einen „magischen Moment", eine Art sakramentale Erfahrung. Ich will in einem Gottesdienst nicht nur intellektuell befriedigt werden, sondern auch einen „Zauber" spüren, einen gotterfüllten Moment, in dem Licht von außen heilsam in meine Seele hereinbricht und mich aufrichtet, in dem ich eine Erfahrung von Transzendenz mache, weil Gott selbst mich berührt. Da ich mit Kirchenmusik, wie gesagt, nicht viel anfangen kann und das Abendmahl – so wie es normalerweise in der Kirche gefeiert wird – in aller Regel auch spurlos an mir vorübergeht (siehe Tag 37), ist der Korridor, in dem das passieren kann, bei mir relativ eng. Und doch habe ich immer wieder erlebt, dass Gott mich inmitten eines Gottesdienstes unverhofft auf unbegreifliche Weise berührte, in aller Regel über irgendetwas, das ich über die Sinne aufnahm: durch ein Bild, ein Lied, eine Geste, durch den Geschmack von Brot und Wein, durch eine Umarmung oder im Duft eines Salböls auf meiner Stirn.

Und damit komme ich endlich zu meiner heutigen Übung: Ich sitze in einem (evangelischen!) Gottesdienst. Der Pfarrer hat gute, herzberührende Worte gesprochen. Ich habe eifrig mitgeschrieben und bin schon mal halb zufrieden. Doch heute „stimmt" nicht nur die Predigt des Pfarrers, sondern auch das Sinnliche. Kerzen erleuchten den einfach, aber schön gestalteten Gottesdienstraum, eine blumengeschmückte Ikone lädt das Auge zum Verweilen ein. Nach der Predigt stellt der Pfarrer plötzlich ein kleines Räuchergefäß auf den Altar, entzündet es mit einem langen Streichholz und holt eine Schale mit kleinen Körnern hervor. Ich ahne es schon: Weihrauch! Es ist ewig her, dass ich diesen Duft gerochen habe! Die Verknappung, die die katholische Kirche mit ihrem Weihrauchverbot von 1570 geschaffen hat, tut ihre Wirkung. Ich verbinde diesen Duft innerlich tatsächlich mit etwas ganz Besonderem, um nicht zu sagen: mit der Gegenwart Gottes. Ich merke, dass ich mich leise zu freuen beginne und dass mich die bloße Aussicht auf den Geruch von Weihrauch in einen Zustand gespannter Erwartung versetzt.

Der Pfarrer erklärt, dass Weihrauch in vielen Religionen das Sinnbild der vom Menschen zu Gott hin aufsteigenden Gebete ist. Und er lädt uns ein, uns aus der Schale zu bedienen: Jeder solle sich ein Körnchen Weihrauch nehmen und sich ein Gebet überlegen: einen Dank oder eine Bitte, die er sozusagen mit dem Rauch nach oben schicken wolle. Aber – so schränkt er ein – bitte nur *ein* Körnchen. Zum einen müssten wir uns so auf das wirklich Wichtige konzentrieren. Außerdem, verrät er uns augenzwinkernd, hätten die Leute beim letzten Mal, als er das gemacht habe, gleich voller Gier mehrere Körner genommen, sodass die im Raum befindlichen Rauchmelder angeschlagen und die Feuerwehr herbeigerufen hätten.

Ich habe also – wie alle im Raum – nur einen Wunsch frei. Erinnerungen an König Salomo (siehe Tag 16) werden wach: Soll ich die Gelegenheit ergreifen und um Weisheit bitten? Keine schlechte Idee. Oder soll ich lieber ein Wort des Dankes sprechen? Wenn Sie nur *ein* Gebet sprechen könnten, welches wäre das? Ich wähle heute tatsächlich eine Bitte. Ich war die letzten Wochen so sehr in mein Gebetsprojekt vertieft und es hat mich so intensiv beschäftigt. Also nehme ich die Gelegenheit wahr, lege das Körnchen Weihrauch auf das Räuchergefäß und bete:

„Herr, ich bitte dich für die Menschen, die dieses Buch lesen.
Ich möchte, dass sie dabei viel lachen
und hier und da vielleicht auch zu Tränen gerührt werden.
Vor allem aber wünsche ich mir,
dass sie über all dem näher zu dir finden
und Lust bekommen, selbst wieder mehr
und vor allem ‚bunter' zu beten."

Während der köstliche Duft zum Himmel steigt, bete ich also für Sie, liebe Leserin und lieber Leser. Mein Selbstversuch hat mir enormen Spaß gemacht und mich wirklich bereichert. Ich habe den Eindruck, etwas mehr von Gottes Buntheit erfasst zu haben und ihn deswegen mehr zu lieben als zuvor. Aber das wäre noch kein Grund gewesen, ein Buch über diese Erfahrung zu schreiben. Meine Hoffnung ist vielmehr, dass dieses Buch Ihnen hilft, Ihrer Beziehung zu Gott neuen Ausdruck zu verleihen. Oder zu einer solchen Beziehung überhaupt zu finden.

Das ist mein Wunsch und mein Gebet. Dafür habe ich heute mein Stück Weihrauch in die Räucherschale gelegt. Ob dieses Gebet etwas bewirkt hat oder ob es nur Schall und Rauch war, was da nach oben gestiegen ist, wissen Sie und Gott allein.

Portfolio

Name:	**Beten mit Weihrauch/Rauchopfer**
Erklärung:	Weihrauch ist über viele Religionen hinweg das Sinnbild der zu Gott aufsteigenden Gebete. Sein besonderer, intensiv betörender Duft erinnert außerdem daran, dass Gott anwesend ist, wenn wir beten.
Kategorie:	Gottesdienstliches Gebet; Gebet mit den Sinnen
Verwandte Formen:	Fürbitte; alle Arten des Gebets, die mit Farben, Tönen, Geschmäckern, Berührungen und Gerüchen zu tun haben; Salbung
Auf drei gezählt:	1. Weihrauchkörnchen auf brennende Kohle, Räucherschale o. Ä. legen. Oder einen Gottesdienst besuchen, in dem Weihrauch eingesetzt wird. 2. Den Duft bewusst als „Duft des Himmels" aufnehmen, sich davon berühren und reinigen lassen. 3. Sein Gebet zusammen mit dem Rauch nach oben steigen lassen.
Zeitaufwand:	Je nach Setting einen ganzen Gottesdienst lang; hier: rund 15 Minuten, bis alle ihre Gebeten gesprochen hatten.
Benötigte Hilfsmittel:	Weihrauch; Kohle; Feuer; Gefäß
Meine Erkenntnis:	Diesen Geruch will ich tatsächlich „heiligen Momenten" vorbehalten.
Note:	Keine. Diese Note geben Sie. Denn ob mein Gebet in diesem Fall etwas bewirkt hat, wissen Sie allein.

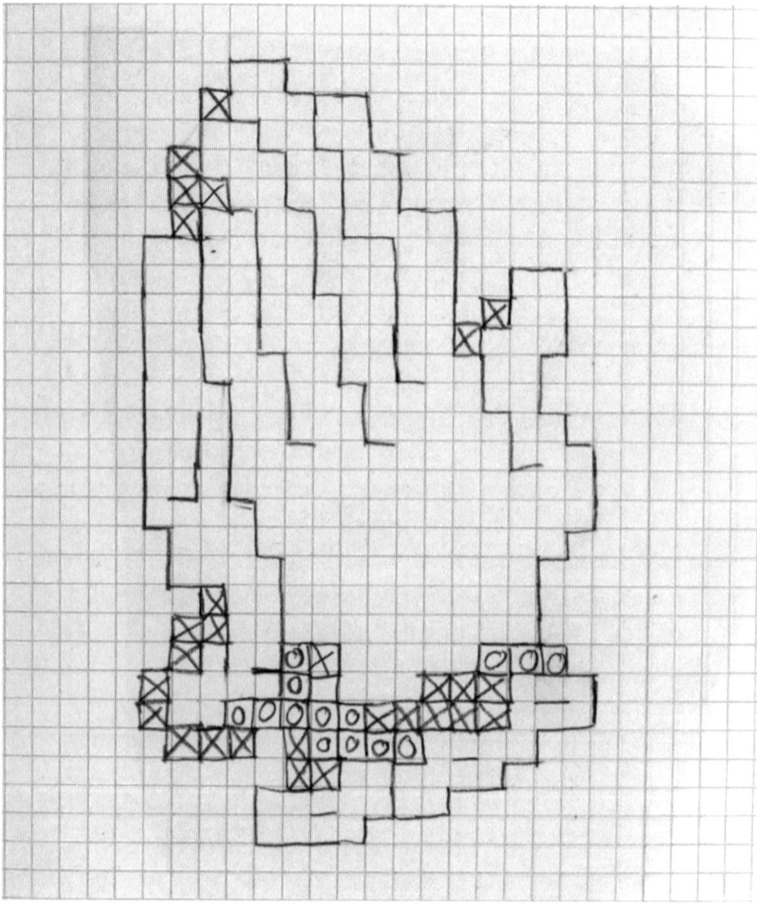

Nachwort

Fast genau ein Jahr ist es her, dass ich mich auf meine spirituelle Reise gemacht habe. Wenn ich Menschen von meinem Projekt erzählt habe, bin ich immer wieder gefragt worden: „Und, was hat dir dein Selbstversuch gebracht? Betest du jetzt öfter? Bist du Gott nähergekommen? Hast du neue Gebetsformen entdeckt, die du nun häufiger praktizierst?"

Zweifellos habe ich mein Gebetsrepertoire um einige neue Formen erweitert – etwa um die „fünf Stellschrauben", das „Gebet des Jabez" oder die „Perlen des Lebens". Aber viel wichtiger ist, dass Beten für mich in diesem Jahr einfacher und selbstverständlicher geworden ist. Es hat für mich heute nicht mehr so stark den Charakter einer frommen Pflicht, sondern den einer ganz natürlichen Lebensäußerung: so wie Atmen, Lernen, Lachen oder Lieben. Nichts, was ich mir eigens vornehmen muss, sondern etwas, das sozusagen auf dem Weg passiert.

Früher habe ich mir oft bestimmte, fest definierte Zeiten fürs Beten genommen. Das tue ich heute immer noch – viele meiner Gebetsformen wären anders gar nicht denkbar –, aber die Trennlinie zwischen meinem Gebet und meinem „normalen Leben" verläuft nicht mehr so scharf. Durch die Vielfalt an Gebetsformen erlebe ich größere Teile meines Lebens in einer Art „Unmittelbarkeit zu Gott". Ich lebe in dem starken Bewusstsein, dass Gott immer da ist, und das ist ein gutes, mich ständig begleitendes Gefühl. Manchmal formuliere ich dabei eigene Worte des Gebets, oft halte ich Gott meine Situation aber auch einfach nur „hin" oder beziehe ihn in irgendeiner Weise mit ein.

Die Frage, ob ich durch meinen Selbstversuch Gott nähergekommen bin, würde ich heute ganz anders stellen. Denn das Problem ist nicht die fehlende Nähe Gottes, sondern dass uns oft das Sensorium dafür fehlt. Gott ist immer da und auch immer nah, davon bin ich überzeugt. Nur scheinen Sender und Empfänger irgendwie auf unterschiedlichen Frequenzen zu kommunizieren. Mit den fünfzig Arten zu beten habe ich sozusagen die Bandbreite verlängert, innerhalb derer ich auf „Empfang" gehen kann. Gebet ist keine Methode, mittels derer ich Gott dazu bringe, sich mir zu nähern. Sondern durch das Beten öffne ich mich für die (bereits vorhandene) Nähe Gottes. Und je vielfältiger mein Gebet ist, desto höher ist die Wahrscheinlichkeit, etwas von seinen „Signalen" aufzufangen.

Im Rückblick auf das vergangene Jahr kann ich dankbar feststellen, dass es eins der glücklichsten meines bisherigen Lebens gewesen ist. Dass das allein an meinem Gebetsprojekt gelegen hat, will ich gar nicht behaupten. Viele äußere Dinge haben sich in meinem Leben geändert: So bin ich in diesem Jahr umgezogen, habe einen neue Stelle angetreten, 15 Kilo abgenommen (ja, es hat sich einiges getan seit meiner Vaterunser-Übung!) und anderes mehr. Aber so ganz zufällig ist der Zusammenhang mit meinem „Jahr des Gebets" sicherlich auch nicht. Denn einige Schritte, die ich gegangen bin, waren durchaus mit einem Risiko verbunden und die Dinge hätten auch ganz anders ausgehen können. Es wäre zu platt, wenn ich behaupten wollte, dass Beten glücklich macht. Aber es macht uns empfänglicher für die Gegenwart Gottes in unserem Leben. Und die ist nun einmal ermutigend, stärkend, heilsam, inspirierend und tröstend – und wenn sich das nicht positiv in unserm Inneren niederschlägt, was dann?

Ich danke Ihnen, dass Sie sich die Zeit genommen haben, mich auf meiner spirituellen Reise zu begleiten. Ich hoffe, dass ich Ihnen im Verlauf des Buches etwas zurückgeben konnte. Vielleicht probieren Sie im kommenden Jahr einmal jede Woche eine neue Gebetsform aus. Sie müssen ja nicht genau die gleichen wählen, die ich mir ausgesucht habe. Auf den nächsten Seiten habe ich für Sie weit über hundert Weisen zu beten aufgelistet. Und ich bin mir sicher: Wenn Sie einmal auf die Spur gekommen sind, werden Sie noch viel mehr finden.

Lassen Sie sich von Fehlversuchen nicht entmutigen – auch bei mir waren viele „Dreier" und „Vierer" dabei –, und haben Sie vor allem den Mut, sich strikt an dem zu orientieren, was Ihnen weiterhilft oder guttut. Suchen Sie Ihre ureigene Form des Betens. Finden Sie die „Frequenzen", auf denen bei Ihnen die Kommunikation mit Gott gelingt. Es gibt hundert Weisen zu beten. Fünf bis zehn davon treffen bei Ihnen ins Schwarze. Konzentrieren Sie sich auf diese und lassen Sie die restlichen 90 Arten zu beten getrost erst mal beiseite.

Beten, davon bin ich überzeugt, ist ein Grundbedürfnis des Menschen. Unsere Seele ist dialogisch angelegt. Und weil das so ist, sollte uns Beten in aller Regel Spaß machen, so wie wir uns normalerweise auch gern unterhalten. Es darf so bunt, lustvoll und leidenschaftlich sein, wie Kommunikation nun einmal ist. Dabei brauchen wir negative

Emotionen keineswegs auszuklammern. Wie unter uns Menschen kann es auch im Gespräch mit Gott durchaus unangenehme Dialoge geben. Aber im Großen und Ganzen sollte unser Gebet etwas sein, worauf wir Lust haben und was uns mit Inspiration, Freude und Kraft erfüllt. Beten muss nicht langweilig sein. Dass es anders geht, habe ich im vergangenen Jahr erlebt. Vielleicht konnte ich Sie ein wenig neugierig machen. Nun ist an Ihnen, sich auf Entdeckungsreise zu begeben.

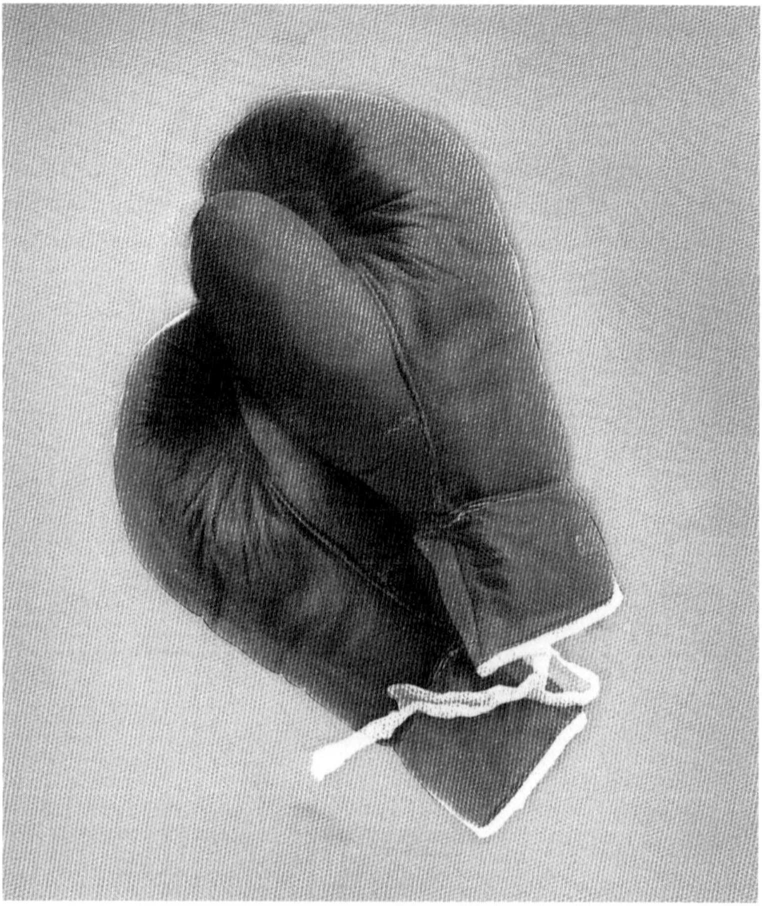

Über 100 Weisen zu beten

Im Folgenden finden Sie eine Auflistung von über 100 Arten zu beten. Die genaue Anzahl bleibt unscharf, weil manche Gebetsformen sehr ähnlich oder verwandt sind. Einige Weisen zu beten habe ich den unten aufgelisteten Kategorien auch doppelt zugeordnet. Fett gedruckt finden Sie die Gebetsformen, die in diesem Buch ausführlich behandelt wurden. Kursiv gedruckt sind Gebetsideen, die im Rahmen meines Selbstversuchs nur am Rande erwähnt oder nebenbei mit behandelt wurden. Die Zahl am Ende der Spalte bezieht sich auf den entsprechenden Tag meines Selbstversuchs.

	Tag
1: Grundgebetsarten	
1. Das Gebet der Sehnsucht	**02**
2. Die Anrede Gottes	**11**
3. Das Bittgebet	**16**
4. Die Klage (das „Ich kann nicht mehr“-Gebet)	**18**
5. Die Bitte um Vergebung (Bußgebet)	**14**
6. Die Fürbitte	**06**
7. Das Dankgebet	**03**
8. Der Lobpreis	**12, 43**
9. Die Anbetung (liebende Betrachtung der Namen und Eigenschaften Gottes)	**23,** *12*
10. Schweigen vor Gott (einfach da sein)	**28, 15**
2: Das persönliche Gebet	
1. Tagebuch (den vergangenen Tag Revue passieren lassen)	**08**
2. Betendes Vorausschauen auf den Tag	*47, 08*
3. Gebet der Öffnung (für Gottes Geist, Gaben ...)	
4. Anhand des Vaterunsers beten	**13,** *46*
5. Rachepsalm	**36**
6. Gebet für meine Feinde/Anderen Menschen vergeben	*36, 14*
7. Gott vergeben	*18,* **29**
8. „12 x 5“(verschiedene Gebetsweisen im 5-Minuten-Takt)	
9. Über den Tag verteilte Gebete (Gebetsgewohnheiten)	**47,** *39*
10. Meine Wünsche abgeben (Loslassen)	

5: Meditative Gebetsformen

6: Wiederholungsgebete

7: Beten mit Leib und Seele

8: Stimmungsgebete

9: Kreative Gebetsformen

10: Hingabe und Handeln